千華50 築夢踏實

 千華公職資訊網

 f 千華粉絲團

 棒學校線上課程

郵局外勤法規何時改版呢?

我在思考要考三等還是四等?

請問我要買教師資格檢定考試的套書,可以去哪裡買得到?

沒問題…知道您們的回覆很即時,無疑是對購買書籍的消費者最大的回饋。

請問監獄管理員有哪些書呢?

真人客服・最佳學習小幫手

- 真人線上諮詢服務
- 提供您專業即時的一對一問答
- 報考疑問、考情資訊、產品、優惠、職涯諮詢

盡在 千華LINE@

 LINE 加入好友
千華為您線上服務

 千華數位文化
Chien Hua Learning Resources Network

公務人員
「高等考試三級」應試類科及科目表

高普考專業輔考小組◎整理

完整考試資訊

http://goo.gl/LaOCq4

★普通科目

1.國文◎（作文80%、測驗20%）
2.法學知識與英文※（中華民國憲法30%、法學緒論30%、英文40%）

★專業科目

一般行政	一、行政法◎　　　二、行政學◎　　　三、政治學 四、公共政策
一般民政	一、行政法◎　　　二、行政學◎　　　三、政治學 四、地方政府與政治
社會行政	一、行政法◎　　二、社會福利服務　　三、社會學 四、社會政策與社會立法　五、社會研究法　　六、社會工作
人事行政	一、行政法◎　　　二、行政學◎　　　三、現行考銓制度 四、公共人力資源管理
勞工行政	一、行政法◎　　　二、勞資關係　　　三、就業安全制度 四、勞工行政與勞工立法
戶　　政	一、行政法◎ 二、國籍與戶政法規（包括國籍法、戶籍法、姓名條例及涉外民事法律適用法） 三、民法總則、親屬與繼承編 四、人口政策與人口統計
教育行政	一、行政法◎　　二、教育行政學　　三、教育心理學 四、教育哲學　　五、比較教育　　六、教育測驗與統計
財稅行政	一、財政學◎　　二、會計學◎　　　三、稅務法規◎ 四、民法◎
金融保險	一、會計學◎　　二、經濟學◎　　　三、貨幣銀行學 四、保險學　　五、財務管理與投資學
統　　計	一、統計學　　二、經濟學◎　　　三、資料處理 四、抽樣方法與迴歸分析
會　　計	一、財政學◎　　二、會計審計法規◎　　三、中級會計學◎ 四、政府會計◎

法　　制	一、民法◎　　　　二、立法程序與技術　　　　三、行政法◎ 四、刑法　　　　五、民事訴訟法與刑事訴訟法
法律廉政	一、行政法◎　　　二、行政學◎ 三、公務員法（包括任用、服務、保障、考績、懲戒、交代、行政中立、利益衝突 　　迴避與財產申報） 四、刑法與刑事訴訟法
財經廉政	一、行政法◎　　　二、經濟學與財政學概論◎ 三、公務員法（包括任用、服務、保障、考績、懲戒、交代、行政中立、利益衝突 　　迴避與財產申報） 四、心理學
交通行政	一、運輸規劃學　　二、運輸學　　　　　　三、運輸經濟學 四、交通政策與交通行政
土木工程	一、材料力學　　　二、土壤力學　　　　　三、測量學 四、結構學　　　　五、鋼筋混凝土學與設計 六、營建管理與工程材料
水利工程	一、流體力學　　　二、水文學　　　　　　三、渠道水力學 四、水利工程　　　五、土壤力學
水土保持 工程	一、坡地保育規劃與設計（包括沖蝕原理） 二、集水區經營與水文學 三、水土保持工程（包括植生工法） 四、坡地穩定與崩塌地治理工程
文化行政	一、文化行政與文化法規　　　　　　　二、本國文學概論 三、藝術概論 四、文化人類學
機械工程	一、熱力學　　　　二、流體力學與工程力學　　三、機械設計 四、機械製造學

註：應試科目後加註◎者採申論式與測驗式之混合式試題(占分比重各占50%)，應試
　　科目後加註※者採測驗式試題，其餘採申論式試題。

各項考試資訊，以考選部正式公告為準。

千華數位文化股份有限公司
新北市中和區中山路三段136巷10弄17號
TEL: 02-22289070　FAX: 02-22289076

公務人員
「普通考試」應試類科及科目表

高普考專業輔考小組◎整理

完整考試資訊

http://goo.gl/7X4ebR

★普通科目

1.國文◎（作文80%、測驗20%）
2.法學知識與英文※（中華民國憲法30%、法學緒論30%、英文40%）

★專業科目

一般行政	一、行政法概要※　　　　　　二、行政學概要※ 三、政治學概要◎
一般民政	一、行政法概要※　　　　　　二、行政學概要※ 三、地方自治概要◎
教育行政	一、行政法概要※　　　　　　二、教育概要 三、教育行政學概要
社會行政	一、行政法概要※　　　　　　二、社會工作概要◎ 三、社會政策與社會立法概要◎
人事行政	一、行政法概要※　　　　　　二、行政學概要※ 三、公共人力資源管理
戶　　政	一、行政法概要※ 二、國籍與戶政法規概要◎（包括國籍法、戶籍法、姓名條例及涉外民事法律適用法） 三、民法總則、親屬與繼承編概要
財稅行政	一、財政學概要◎　　　　　　二、稅務法規概要◎ 三、民法概要◎
會　　計	一、會計學概要◎　　　　　　二、會計法規概要◎ 三、政府會計概要◎
交通行政	一、運輸經濟學概要　　　　　二、運輸學概要 三、交通政策與行政概要
土木工程	一、材料力學概要　　　　　　二、測量學概要 三、土木施工學概要 四、結構學概要與鋼筋混凝土學概要

水利工程	一、水文學概要　　　　　　二、流體力學概要 三、水利工程概要
水土保持 工程	一、水土保持（包括植生工法）概要 二、集水區經營與水文學概要 三、坡地保育（包括沖蝕原理）概要
文化行政	一、本國文學概要　　　　　　二、文化行政概要 三、藝術概要
機械工程	一、機械力學概要　　　　　　二、機械設計概要 三、機械製造學概要
法律廉政	一、行政法概要※ 二、公務員法概要（包括任用、服務、保障、考績、懲戒、交代、行政中立、利益衝突迴避與財產申報） 三、刑法與刑事訴訟法概要
財經廉政	一、行政法概要※ 二、公務員法概要（包括任用、服務、保障、考績、懲戒、交代、行政中立、利益衝突迴避與財產申報） 三、財政學與經濟學概要

註：應試科目後加註◎者採申論式與測驗式之混合式試題(占分比重各占50%)，應試科目後加註※者採測驗式試題，其餘採申論式試題。

各項考試資訊，以考選部正式公告為準。

千華數位文化股份有限公司
新北市中和區中山路三段136巷10弄17號
TEL: 02-22289070　FAX: 02-22289076

目次

Chapter 01　基本概念

Chapter 02　政府的策略性人力資源管理

Chapter 12　轉型中公共人力資源管理的重要議題

本書參考資料（依姓氏筆畫排列）

1. 吳瓊恩、張世杰、許世雨、董克用、蔡秀涓、蘇偉業（2006），《公共人力資源管理》，智勝。

2. 許南雄（2016），《人事行政學：兼論現行考銓制度》，商鼎。

3. 許南雄（2022），《2022各國人事制度—比較人事制度》，商鼎。

4. 溫金豐、王群孝、黃家齊、韓志翔、黃良志（2023），《人力資源管理：理論與實務（五版）》，華泰。

5. 詹中原、熊忠勇、黃煥榮、林文燦、黃榮源、程挽華、呂育誠、林怡君、蘇偉業、呂易芝、胡至沛、葉俊麟、趙達瑜、沈建中、莫永榮、王俊元、白佳慧（2020），《公共人力資源管理：理論與實務》，五南。

6. 蔡良文（2018），《人事行政學-論現行考銓制度》，五南。

前言

一、增列「公共人力資源管理」面臨課題

鑒於過去在國考的考科上，對於公務人員實際上在人事行政的工作幫助性的考量，二者間可能有些落差，也就是說，較屬於學術理論的考試科目，對於公務人員的工作幫助不是太大。為此，考選部在112年公告的考科中進行調整。其中，人事行政考科又以刪減「各國人事制度」、「民法總則與刑法總則」、「心理學（包括諮商與輔導）」、增列「公共人力資源管理」為最重要。

刪減考科，尤其是各國人事、民總、刑總、心理學等理論層次居多的考科，固然對同學準備考試來說，無非是在國考苦海中的一件樂事。但困難點在於「公共人力資源管理」的考科，到底要考什麼？如何準備？

相信對於同學而言（其實也對於我在編寫講義），上面的問題在整理中有其困難度，尤其是綜觀現在學者老師們所撰寫的教科書中，**現行考銓制度的內涵通常會併入公共人力資源管理中一起探討（包括考選、考績、訓練等）**，在我撰寫講義時，也不斷在思考應該如何呈現，才會比較符合考試的需求。

二、本書編寫特色

「公共人力資源管理」一科，其準備的方向為了避免與「現行考銓制度」重疊，且相較於「人力資源管理」更著重在公務人員的人資管理內容，故本書配合命題大綱的範疇，其編寫的特色，彙整之後臚列如下：

(一) **依據考選部命題大綱趨勢，聚焦國家考試的準備方向。**

(二) **萃取人力資源管理的理論，掌握人力資源的核心意義。**

(三) **區別私部門人力資源管理，著重公共人力資源的探討。**

(四) **收錄考選部門之專題見解，搭配模擬考題以相互呼應。**

綜上所述，在本書編寫上，盡可能濃縮公共人力資源管理的理論與實際運用流程，搭配考試院、考選部長官的專題分享，讓同學透過準備此書，同步了解學說理論與實務觀點，達到真正的「一本書主義」。

三、考試準備方向

雖然本書盡量協助同學彙整相關的理論，並確保與命題大綱相符，但不可諱言的，近年高普考、各類特考的命題趨勢，均有可能有跨學科的彙整，以及測驗同學申論己見的能力。所以在考試方向上，除了閱讀本書外，如行有餘力仍需廣泛閱讀，建議同學可依下面4大步驟準備。

Step.1：熟讀本書掌握命題大綱的理論與實務。

Step.2：搭配「現行考銓制度」之法制規範，更能了解整體運作。

Step.3：搭配大學教科書，了解學者老師關心的見解。（相關教科書可參閱本書的參考資料）

Step.4：定期參考「國家人力資源論壇」的文章資料，補充學說實務資訊。（參考網站：https://www.exam.gov.tw/NHRF/Default.aspx）

希望透過本書的撰寫與考試準備的方向與建議，期許同學們能更加釐清新科目的考試方向，在初上戰場就奪得先機。

筆者 沙斌邱

國立中山大學社會科學博士

國家級智庫研究員

關鍵核心

1 管理的意義：透過一系列活動或過程，善用組織資源，以有效率與效能方式達成組織目標。

2 管理的基本要素：(1)資源；(2)活動或過程；(3)效率；(4)效能。

3 管理涉及範圍：規劃→組織→任用→領導→控制→決策（組織各層次均會設及管理）

4 人力資源管理的意義：人力資源是指管理工作中對於人員或員工所必須執行的政策與實務。

5 人力資源管理的活動與內容：(1)人力資源規劃；(2)招募任用；(3)績效評估；(4)薪酬制度；(5)訓練發展；(6)勞資關係。

6 公共人力資源管理的意義：公部門為了完成目標，針對其成員之行為動態所訂定的制度、程序與策略設計。其行為動態包括：組織中水平（同仁相互之間）與垂直（上下層級之間）的互動。

7 公共人力資源管理的價值：
(1) 政治的代表性；
(2) 效率（功績制）；

(3) 權益（職務保障）；
(4) 社會公平。

8 公共人力資源管理的功能：
(1) 引進與甄補政策功能；
(2) 激勵政策功能；
(3) 發展政策功能；
(4) 維持與保障政策功能。

9 公共人力資源管理的架構：
(1) 部內制v.部外制v.折衷制；
(2) 幕僚制v.獨立制；
(3) 我國：人事行政局成立後，由於其屬於行政權之下的人力資源管理機關，是行政院的幕僚機關，因此不宜稱為部外制；然而，它卻是行政院各部會以外另設的人力資源管理機關，因此也並非部內制。整體評估後，學者認為，僅能認定其為「獨立制與幕僚制」並存。獨立制是指考試院，至於行政院之下則保留著幕僚制的運作。

10 人事法制的特色：
(1) 高度法令化；
(2) 高度集權化；
(3) 高度一致性。

重點精要

壹、管理的概念

一、管理的意義

(一)定義：

學者黃源協指出，**管理**（Management）是指透過一系列活動或過程，**善用組織資源，以有效率與效能方式達成組織目標**。也就是說，管理是組織為使其成員能有效建構的一個協調與和諧的工作環境，並藉以達成組織任務或目標所從事各種活動的過程。

(二)管理的基本要素：

表1-1　管理的基本要素

資源 **Resources**	係指組織所投入的人力、物力、財力與資訊等資源。
活動或過程 **Activities or Process**	包括：規劃、組織、任用、領導、控制與決策。
效率 **Efficiency**	意指「把事情做對」，即投入和產出之間的成本極小化。例如：投入同樣資源卻有較多的產出，或投入較少資源確有同等的產出，以明智且具成本效益的方式運用資源，就是效率的表徵。
效能 **Efficacy**	意指「做對的事情」，做出正確的決策並成功執行，以達成組織目標。

(三)管理的活動與功能：

1. 規劃：

指設定一個組織目標，並**決定如何以最佳方式達成目標**的過程。目標設定讓工作進行能有特定焦點，且可以協助組織成員

將注意力集中於最重要的事物，特別是讓管理者瞭解如何配置時間與資源。

2. **組織：**

一旦管理者設定好目標，並發展出一套可行的計畫後，接著就是組織執行該項計畫的必要人力及其他資源，包括：要完成什麼、誰來從事何項工作、工作如何統合、層級負責規劃為何等。一言以蔽之，「組織」必須統合與管理各項活動與資源。

3. **任用：**

是指針對組織的各項職位，選擇適當的工作者，指派其擔任組織中的特定位置。其程序包括：工作人力需求確認、現有人力盤點、人才招募、甄選、薪酬、升遷、訓練等相關事項。

4. **領導：**

是指組織中的管理者的工作，即是指導和統整組織成員，執行這項活動，就是管理中的「領導」功能。當管理者激勵員工、指導他人活動、選擇有效的溝通管道或解決源共之間的衝突，就是從事領導工作。易言之，領導即是讓組織中的成員，願意共同協力完成組織任務或目標。

5. **控制：**

是指在目標已經設定、計畫已經形成、結構配置已經確定，且人員已經任用後，為確保後續事物能夠順暢進行，管理者必須監測組織績效。實際績效必須與原先設定目標進行比較，如有偏離，管理者即有責任將組織導回正軌。此種監測、比較與導正的過程，即屬「控制」功能的展現。也就是說，控制是一種監測和評估活動，能夠確保成功管理所需要的效率和效能。另外，控制可分為兩種不同的類型：

(1)**對人控制：**屬於人力資源的一環。

(2)**對事控制：**包括方案績效、品質管理等。

6. **決策：**

是指各種替代方案的產生與評估，以及在其中做出選擇的過程，每一個管理功能均涉及決策。

(1)**規劃方面**：涉及組織整體方向的設定及決定未來工作的分配。

(2)**組織方面**：需要在各種基本的組織形式與回報關係中進行鬆緊選擇。

(3)**任用方面**：將適當的人才放在適當的職位上。

(4)**領導方面**：領導者在每一個狀況中的選擇方式。

(5)**控制方面**：必須就控制的鬆緊和許多使用的可能標準和容許度之間進行選擇。

二、管理職能（Management Competencies）

(一)**意義**：

是指**能夠有效管理的一套知識、技能和態度**。管理者所應具備的管理職能，會隨職位高低而有差異。例如：**高階管理者負有提供組織全面指導的責任**，其任務為組織**規劃長期方向與目標**；因此，高階管理者要能具備寬廣視野，試圖與大環境接觸，包括：社區、政府、利益團體等。因而，一位有效率和效能的高階主管，花在組織內部的時間宜減少，將大部分時間留給大環境的管理和運作。

(二)**內涵**：

根據**英國的管理憲章**（Management Charter Initiative，MCI），是建立了對管理活動的分析，並強調有效管理者不僅能夠「知」，也能夠「行」。MCI制定第一級管理者、中階管理者、高階管理者的管理職能標準。如下表所示：

表1-2　管理職能標準（MCI）

基本職能	具體要素
啟動和執行有關服務、產品和體系之變革與改善	(1) 確認服務、產品和體系的改善機會。 (2) 協商和承諾引進變革。
監控、維持和改善服務與產品的輸送	(1) 確認和同意組織或部門所需的資源供給。 (2) 確認和同意顧客的要求。

基本職能	具體要素
監控與控制資源的運用	(1) 控制成本和提升價值。 (2) 依預算監控和控制活動。
取得並配置方案或活動所需要有效資源	(1) 為方案的預算計畫進行辯護。 (2) 協商和同意預算。
招募和甄選員工	(1) 界定將來的人力需求。 (2) 決定獲得高品質員工的詳細說明書。
發展團隊、個人和自我來提升績效	(1) 藉由規劃和活動發展和改善團隊。 (2) 確認、檢視和改善個人的發展活動。
規劃、分派並評估團隊、個人和自己所執行的工作	(1) 為團隊和個人設定及更新工作目標。 (2) 分派工作並依據目標評估團隊及個人。
開創、維繫和提升有效的工作關係	(1) 建立和維繫員工的信任和支持。 (2) 確認和降低人際衝突。
搜尋、評估和組織行動所需的資訊	(1) 取得及評估訊息以協助決策。 (2) 記錄和儲存訊息。
交換解決問題和決策的相關訊息	(1) 引導會議與團體討論。 (2) 建議並告知他人相關訊息。

資料來源：黃源協（2016）

貳、人力資源管理的概念

一、 人力資源管理的定義

依據學者方世榮指出，人力資源是指管理工作中對於人員或員工所必須執行的政策與實務，包括以下：

(一)進行工作分析，以確定每一員工的工作本質。

(二)勞力需求規劃，招募合格的員工。

(三)遴選合格的人員。

(四)新進員工之導引與訓練。

(五)制定員工的薪酬制度。

(六)提供激勵誘因與福利。

(七)考核績效。

(八)溝通、面談、諮商、維持紀律。

(九)訓練與發展。

(十)建立員工的承諾。

此外，一位管理者亦須瞭解下列事項：

(一)公平的就業機會與承諾性的行動。

(二)員工保健及安全。

(三)處理申訴與勞工關係。

依據學者沈介文的觀點，**人力資源管理**（Human Resource Management，HRM）是指一種有效管理人員的過程，其**目的在於使員工、組織及社會等等的利害關係人，均能受有利益**。其重點如下：

(一)人力資源管理需要**高階支持**：真正有效的人力資源管理，需要高階主管的支持或指導。

(二)人力資源管理需要**直線單位的支持**：傳統人世管理中的直線經理，往往是被動參與，但現代人力資源管理中的直線經理則需要更主動積極。事實上，現代組織的許多人力資源管理功能，都已經轉由直線單位來執行，人資部門指從旁協助、輔導或提供專業諮商。例如：由直線單位自行招募，人資部門則設定一般性的招募原則，並對直線部門進行招募訓練等等。

(三)人力資源管理強調**組織與員工的一起成長**。傳統人事管理比較強調選用人才，而現代人力資源管理則更強調與組織的共同發展，屬於一種長期、跨部門的團隊合作觀點。因此，現代人力資源管理相對重視員工的成長與整體的工作生活品質。例如：提供長期訓練發

展、針對未來績效進行評估,以培養未來經理人、提供家庭照顧以減少其後顧之憂等等。

至於人力資源管理的活動內容,則包括以下:

表1-3 人力資源管理的活動內容

管理活動	內容說明
人力資源規劃	預測長短期的人力需求以及勞動市場供給情形,同時也要考慮員工與組織的發展及教育訓練等等。一般必須先進行工作分析,以獲得必要資訊,以利人力資源規劃的進行。
招募任用	除了盡可能地瞭解與評估潛在員工知識、技術與態度外,也應多瞭解潛在員工的需求,並且透過工作預示(job preview)或其他方法,讓潛在員工先行瞭解組織特色,包括制度、文化、人員之間的關係等。
績效評估	在人員被任用後,組織需要透過績效評估瞭解員工的具體表現,除可作為薪資、獎金發放及職位調整參考外,也可修正原來招募方式或是規劃教育訓練設計等。
薪酬制度	由於績效考核與組織的薪酬制度息息相關,因此人力資源管理者對於薪酬制度的規劃與執行,亦須特別注意。
訓練發展	績效考核也與訓練發展有關,因為績效未達理想的員工,也可能意味著需要安排更多的訓練與發展。其中,所謂「訓練」,係指與工作內容較直接相關的能力養成;所謂「發展」,則指與工作間接相關而範圍較為廣泛的能力養成。

管理活動	內容說明
勞資關係	必須改善勞資關係，包括：工作環境改善、提升組織對員工權利的重視、訓練員工瞭解自己的基本權利義務、建立申訴管道與申訴制度等。

資料來源：陳月娥等（2018）

參、公共人力資源管理的基本概念

一、 公共人力資源管理的定義

公共人力資源管理（Public human resource management，PHRM），其定義為公部門為了完成目標，針對其成員之行為動態所訂定的制度、程序與策略設計。其行為動態包括：**組織中水平**（同仁相互之間）與**垂直**（上下層級之間）的互動。也同時發生在組織成員的人際之間，以及成員與機構組織間。

有關其行為動態性質，依據學者Berman的分析，又可分為：
(一)**互動型**：例如溝通、授權、領導；
(二)**互惠型**：例如俸給、福利；
(三)**衝突型**：例如權利、保障、服務規範、利益衝突。

公共人力資源管理的發展主軸，即是要兼顧平衡實踐心理目標以及生產目標，前者指的是「人性」，也就是以人為本的管理哲學；後者則指的是「科學」，即追求科技理性為目標的管理哲學，並以績效主義為工作核心。

因此，公共人力資源管理人員，其任務即是協助組織運用其最珍貴的資產：「人」，以完成組織生產的目標。

二、 公共人力資源管理的目的與價值

有關公共人力資源管理的目的，依據美國公共人事管理學者Llorens等人認為，有其四種：

(一)計畫目的：

包括預算準備、員工編制計畫、績效管理、工作分析、俸給與酬勞等。

(二)募集目的：

員工招募與選拔。

(三)發展目的：

訓練、職能評估、員工工作意願及智能提升。

(四)制裁保障目的：

維持雇主與員工之間的期望與責任，即透過法律制度之保障，確立紀律（服務、行政中立）、健康（保險）、安全（退休撫卹），以及員工身分保障（任用）等。

此外，Llorens等人亦強調公職（公共職務）是稀有的公共資源，其因有稅收的限制，甚至於可用以衡量社會經濟發展狀況，故個人與團體均相互競逐，進而影響到公共政策的制訂與分配。基於此種「**競逐遊戲賽局**」的互動，公共人力資源管理之價值，可分述為以下四種：

(一)政治的代表性：

公職的任用，考慮的是人員的忠誠度與政治代表性，以作為主要考量功績指標。

(二)效率：

人員的專業能力與績效條件，即所謂「功績制」。

(三)權益：

排除政治干預與親權對待，用以保障職務工作安全及正當績效。

(四)社會公平：

人員的組成公平及多元人力的管理，以維持組織的生命力。

三、 公共人力資源管理的功能

我國的公共人力資源管理，根據考試院院史、學者蔡良文的分析，基本上可由以下4項政策功能作為研究架構，用以追溯人力資源管理核心價值與沿革，如下表所示：

表1-4 我國公共人力資源管理的功能

引進與甄補政策功能	指公務人力資源招募（recruitment）後，經甄選合適的專業人力，由各機關首長對考選合格人源派以適當職務。
激勵政策功能	(1) 指提升公務人員能力與工作士氣。 (2) 其政策工具包括：褒獎激勵、待遇福利等。 (3) 俸薪、給與、獎金或近代人力資源管理所力推的「總報酬」（total compensation）概念，均屬此類。
發展政策功能	(1) 指強化人力工作之能、改善態度、激發潛能及獎優劣汰，進而促進自我成長及運用生涯規劃。 (2) 其政策工具包括：考績、升遷、發展、訓練、進修等。
維持與保障政策功能	(1) 要求公務人員「行政中立」與「依法行政」，並在公務人員受到非法侵權時，可經由救濟程序得到合理補償及權益保障。 (2) 例如：透過退休撫卹制度的健全完善，即是此功能的彰顯。

資料來源：蔡良文（2008）、詹中原等（2020）

四、 兩制合一的新人事制度一人文主義與科學主義

(一)人事制度基本分類：

1. **品位分類（rank classification）：**
   是指以公務人員的「品級位階」為管理基礎，例如：由高到低，簡任九級、薦任十二級、委任十五級等。其主要強調的內涵如下：
   (1)**官階；**
   (2)**年資；**
   (3)**資格的「官階級別」；**
   (4)**「不」討論所擔任的工作性質及職責。**

2. **職位分類（position classification）：**
   是指以公務人源所擔任的「職位」，其內涵如下：
   (1)**職系（series）：** 按工作性質相似程度訂定為職系。
   (2)**職級（class）：** 依職責輕重、繁簡難易，設定高低職級。
   (3)**職等（grade）：** 將不同職系中職務繁簡難易、責任輕重程度相當之各職級，歸納為職等，因而可組成高低不同的職等。

(二)品位分類與職位分類的利弊得失：

表1-5 品位分類與職位分類的利弊得失

	品位分類制	職位分類制
優點	(1) 以人為中心，順應人性，切合我國文化傳統。 (2) 無職系區分，平調人員甚少限制。 (3) 僅有三個職等區分，升遷阻礙較少，易於培養人才。 (4) 每一職位的工作指派，無書面標準之束縛，有因才器使的便利之效。	(1) 以事為中心，重視工作。 (2) 職系區分與職等區分細密，體系嚴明。 (3) 鼓勵專才專業。 (4) 工作、職等、薪俸三者較為配合。

	品位分類制	職位分類制
優點	(5) 人員有品位之榮，可加強其道德感與責任感。 (6) 薪俸與品位配合，同才同酬，易於永業制度發展。	
缺點	(1) 忽視專才，易有用非所長之現象。 (2) 責任與報酬不易相當。 (3) 累積年資即可升遷。	(1) 忽視人員與人性。 (2) 升遷平調極為困難，不切實用。 (3) 使用調查、評價、標準、歸級等大量文書與繁複程序，重重束縛，固定呆板，難以適應人事動態需求。 (4) 重利輕義，視人為物。

資料來源：徐有守（2016）

(三)兩制合一的新人事制度構想

1. **基本結構**：所謂兩制合一，意即「官職併立」的人事法制，其基本結構重要內容如下：

   (1)**簡併職系**：由原來的159個簡併為51個，並區分技術性與行政性2類。

   (2)**官等與職等並列**：官等與職等相互配合，將第1～5職等列為委任、第6～9職等列為薦任、第10～14職等列為簡任。

2. **學者評價**：按學者詹中原、熊忠勇的見解，其對兩制合一的人事制度評價均表肯定，分述如下：

   (1)呈現近代我國公共人力資源管理發展的核心價值。

   (2)反映出理論與實務所共同追求的學科目標，即人文主義與科學主義融合並重的特質。

   (3)呼應西方公共人力資源管理同時追求「心理」與「生產」的雙重價值目標。

肆、公共人力資源管理的組織與法制架構

一、 公共人力資源管理的組織架構

(一)公共人力資源管理之機構類型

1. 部內制v.部外制v.折衷制

   (1)**部內制**：指各部官吏之考選、任用、調動、考績等事宜，<u>由各該部之主管決策</u>，切合實際需要。其優點如下：

     A.具備獨立地位，**不受行政首長干預**。

     B.多半採**委員制的**組織設計，且限制委員屬同一政黨的比例。

     C.能夠**集中資源**，對人事業務做通盤規劃，避免各機關自行其事。

   (2)**部外制**：在各行政組織之外，<u>設立**獨立超然的人力資源主管機關**</u>，具有相當之獨立性，而普通行政系統之人事單位受其監督或指揮。其優點如下：

     A.人事行政機關與行政部門合一，**事權統一**，可增進效率。

     B.各行政部門所做人事業務的決策，切合實際需要。

     C.在業務推行上，<u>無須往返協調溝通</u>。

   (3)**折衷制**：**獨立於外部之機構，但僅掌理部分人事事項**，例如：考選。至於其他人事行政事務，仍由普通行政機關掌理。雖然可以兼顧部外制與部內制的優點，但實際上也無法避免二種制度的缺點。

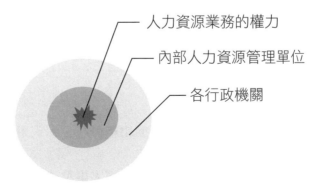

人力資源業務的權力

內部人力資源管理單位

各行政機關

圖1-1　部內制的機構樣態

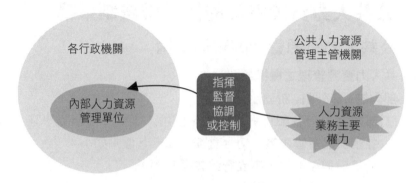

圖1-2 部外制的機構樣態

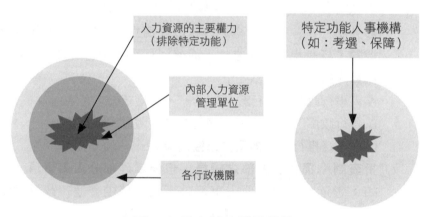

圖1-3 折衷制的機構樣態

資料來源：蔡良文（2008）、詹中原等（2020）

2. **幕僚制v.獨立制：**

(1)**幕僚制：**

A.人事權隸屬於行政權。

B.人事機構隸屬於行政機關的組織體系，即人事機構係所屬行政機關的幕僚單位。

C.人事主管機關與各行政機關所轄人事單位並無指揮監督關係，而具有聯繫協調關係。

(2)**獨立制：**

　　A.人事行政職權獨立於行政權之外，人事權與行政權分立制衡。

　　B.人事行政總機關獨立於行政機關之外，二者不具指揮監督關係。

3. **我國組織架構：**

公共人力資源管理在我國實務運作上，習慣稱為**人事行政**，依我國憲法及其增修條文規定，我國公共人力資源管理事項，應**由考試院掌理**。因此，公共人力資源管理與考試權的範疇，應屬重疊。但我國之組織結構屬於何種系統，則可分為以下兩個階段加以觀察：

(1)**民國56年行政院人事行政局成立前：**「獨立制」、「部外制」體系。

(2)**民國83年行政院人事行政局法制化：**人事行政局成立後，由於其屬於行政權之下的人力資源管理機關，是行政院的幕僚機關，因此不宜稱為部外制；然而，它卻是行政院各部會以外另設的人力資源管理機關，因此也並非部內制。整體評估後，學者認為，僅能認定其為**「獨立制與幕僚制」並存**。獨立制是指考試院，至於行政院之下則保留著幕僚制的運作。

(二)**公共人力資源管理的法制架構**

表1-6 公共人力資源管理之法制架構及分類

	主要法規	說明
憲法及有關法規	(1) 憲法、憲法增修條文、 (2) 司法院大法官解釋、 (3) 中央法規標準法、 (4) 行政程序法、 (5) 訴願法、 (6) 行政訴訟法、 (7) 公文程式條例。	主要係公共人力資源管理法制的上位概念及共通性法律，但須注意，實際上均非考試院主管。

	主要法規	說明
組織	(1) 考試院主管：考試院及相關部會組織法規。 (2) 非考試院主管： 　A. 中央行政機關組織基準法、 　B. 中央政府機關總員額法、 　C. 行政法人法。	除考試院及所屬部會的組織法另外，其餘概屬行政院主管，且由行政院人事行政總處負責。
官規	(1) 考試院主管： 　A. 公務員服務法、 　B. 公務人員行政中立法、 　C. 公務人員協會法。 (2) 非考試院主管： 　A. 宣誓條例、 　B. 公職人員財產申報法、 　C. 公職人員利益衝突迴避法、 　D. 公務人員交代條例。	部分法規是國民政府時代的舊例，由行政院主管，例如：宣誓條例、公務人員交代條例等。另外，部分法規是因應時代需求而定，因而另定主管機關，如：公職人員財產申報法，由監察院主管。
考選	典試法、監試法、公務人員考試法、專門職業及技術人員考試法等。	均由考試院主管。
銓敘	包括任用、俸給、考績、陞遷、獎懲、保險、退休、撫卹及考試分發相關法規。	除少數法規（如獎章條例、行政院暨所屬機關約僱人員僱用辦法等）由行政院主管外，大部分由考試院主管。
保障暨培訓	保障及培訓相關法規。	大部分由保訓會主管，部分法規由考試院與行政院會銜處理。
退撫基金管理	退撫基金相關法規。	均由考試院主管

	主要法規	說明
其他	例如：國籍法、遊說法、地方制度法等。	主要是相關法規的內容與公共人力資源管理相關。例如：公務人員可否兼具外國國籍，需參照國籍法之規定。

資料來源：考試院（2019）、詹中原等（2020）

伍、人事法制的特色

一、 高度法令化

其用意在於，希望透過法令化的途徑，使人事業務的運作獲得控制，不至於偏離常軌。

二、 高度集權化

我國考試院乃「最高公共人力資源管理機關」，法制事項幾乎由考試院主責。

三、 高度一致性

是指所有的人事管理事項均以法令明定，各機關必須以同一標準操作這些法令，且不只是原則性的規範，在技術層面也有同樣要求，少有彈性處理空間。

四、 評析

學者施能傑認為，將人事管理工作視為法律保留領域，已是人事政策主管機關的理念，導致人事管理法令數量遠超過任何一項與民眾相關政策業務所使用的法令體系，但卻未引導出好的人事政策策略方向和有效具體的管理措施。

模擬試題

一、何謂「人力資源規劃」？組織何以需要有人力資源規劃？

本題重點：了解人力資源規劃之意涵。

解 (一)人力資源規劃的意義：

「人力資源規劃」乃是組織考量環境的變遷，配合組織整體的策略規劃，追求組織的發展與目標的達成，以及組織人力資源的有效開發與運用，透過分析以預測組織各發展階段的人力資源需求與供給，並發展滿足這些人力需求的政策計畫，以確保能夠「適時」、「適地」獲得「適量」、「適用（質）」人員的一系列管理歷程。

人力資源規劃將組織的策略規劃轉化成特定的人力資源數量與素質的計畫，此包含人力資源需求預測和可用人力資源預測兩部分。透過人力資源規劃之預測可達到下述目標：

1. 合理分配人力：改善各部門勞力分配不均之狀況，追求人力合理化。

2. 配合業務與組織發展的需要：培植企業未來發展所須各類人力、擬訂徵補與訓練發展計劃。

3. 降低用人成本：檢討現有人力結構，找出影響人力運用之瓶頸，以發揮人力及組織效能。

4. 滿足員工事業生涯發展之需求:結合組織成長與個人成長的生涯規劃。

簡言之，人力資源規劃之目的旨在有效運用及開發組織的人力資源。

(二)組織需要人力資源規劃之原因：

1. 保證組織目標的達成：人力資源規劃的首要目的，即是有系統、有組織地規劃人員的數量與結構，並利用職位設計、人

員補充、教育培訓與人員配置等管理方法，保證選派最佳人選以完成預定目標。

2. 適應環境變化的需要：諸如人口規模、社會經濟發展、法律變遷等影響，將直接影響組織人力的需求；此外，組織內部環境亦時常發生變化，例如技術開發、生產與行銷方式改變等。因此，人力資源規劃應讓組織能夠更好地掌握未來不確定的環境，迅速適應環境變化，即時調整人力資源，以保持競爭優勢。

3. 提高管理效率：良好的人力資源規劃將有助於降低人事成本，因為透過人力資源的有效規劃，管理人員能夠迅速預測人力的短缺或冗餘，迅速調整人員工需的不平衡狀態，以減少人力資源浪費或彌補人力資源的不足。

二、我國現行職位分類從民國76年起施行至今，即將屆滿30年，共對我國人是行政現代化與專業化發展貢獻卓著，然亦有論者反思其負面效應。試析論我國現行職位分類制的優點與限制。

本題重點：了解職務分類之意涵，並歸納文官制度興革規劃方案對於職務分類之現況，並分析其問題與改進之道。

解 (一)職務分類的意義：

職務分類係指以工作為基礎的人事分類法制。亦即，將公務人員所擔任的職位，依其工作性質區分類別，是為「縱」的分類；接著再依工作程度（包括：責任輕重、繁簡難易、資格條件等），分別評定職等，是為「橫」的分類。前者稱為「職系劃分」，後者稱為「職等品評」。最後，將職系與職等相似者，歸為同一「職級」。在人事管理措施上，對同一職級之工作人員，應均以相同方式對待之。

(二)現行職務分類的問題與建議：

　　1. 現行制度評析：

　　　現行公務人員任用法係以職務管理為核心，藉由職等標準、職務列等表，以及職組暨職系名稱一覽表等，區分各職務之權責程度及專業性質，並據此作為進用所需學識、知能之公務人員，以達該法「專才專業、適才適所」之立法核心。

　　　其中，有關職務列等之檢討與調整，參酌文官制度興革規劃方案之分析，考試院雖於民國85年間通盤調整薦任第八職等以下公務人員之職務列等，以取得中央與地方機關職務列等之合理及平衡；惟薦任第八職等以上之列等，囿於現行制度以十四職等之架構，並在機關內部職務結構緊密排列下，實難進行通盤、整體之檢討調整，各機關因此有調高列等之建議。因而，對於各職系間的調任設計，尚有略嫌僵化之問題，有待進一步檢討改進。

　　2. 檢討改進之道：

　　　參酌文官興革規劃方案並加以分析，現行公務人員任用法之十四職等架構下，各層級職務之間列等結構緊密；其中，薦任第八職等課長、薦任第九職等科長、簡任第十二職等司長（或處長）等關鍵性職務，其列等調整向上連動後，勢必面臨十四職等不敷所需的困境。因此，現行十四職等之架構實有重行檢討之必要，以利全盤規劃，謀求整體平衡、合理之職務列等調整方案。另外，對於職組暨職系名稱一覽表有關單向或相互調任之規定，宜在專才專業、適才適所之前提下，兼顧機關用人需要，酌做修正。

三、試說明幕僚制與獨立制兩種人事機構之主要特色與優點，並以之為基礎，對我國現行人事體制與實務運作，提出總體評析。

本題重點：熟悉幕僚制與獨立制之理論內涵，並加以分析即可。

解 (一)幕僚制（原始設計）

　　早期，各國人事體制主要為部內制、部外制與折衷制等三種，多屬於「幕僚制」之性質。因為如果將人事行政權劃分為考選權、法制權與執行權3個層次，西方民主國家的行政機構，不論為部內制或部外制，運作上頂多以「考選權」與「法制權」屬於獨立行政權，而不涉及各個行政機關之人事執行權，因而多具有幕僚性質。美國「人事管理局」、法國「人事暨國家改革部」與德國「聯邦文官委員會」等，皆屬之。

(二)獨立制（我國所採制度）

　　依據我國憲政制度，考試權不僅獨立於行政之外，考試院更與行政部門分立制衡，因此無法與前揭部外制、部內制相提並論。我國獨特的考試院設計，主責制定各項考試、銓敘與保障政策；在人事行政部分，則為「一條鞭」體系。人事人員乃獨立於行政指揮監督系統之外，而行政院所屬各機關之人事行政管理業務，則由行政院人事行政總處負責。

(三)二者之差異

　　1. 幕僚制之意涵在於以一「行政體系」下，設立最高人事行政主管機關；獨立制則採取行政權與人事權分立之體制。採行幕僚制之國家，其行政權皆包含人事權，我國則採獨立制，行政權與人事權實際上為相互制衡。

　　2. 幕僚制當中的「部外制」，雖然亦有獨立行使考選與人事法制之權限，但仍無法與行政權分立。

(四)現行我國採獨立制面臨之課題

　　獨立制是我國獨有的人事行政類型，其與幕僚制最大的差異，在於行政權與人事權之關係。誠如前述，幕僚制屬人事權協助行政權、人事做為行政之幕僚角色，以協助行政體系之運作；然而，我國所採的獨立制則是以人事權制衡行政權，導致行政體系於用人上多受限制。

　　換言之，當我國之行政機關有用人之需求時，當須另受到人事權之制衡，而非由人事權協助行政機關尋覓適當人才。如此一

來，人事權與行政權之運作將有所扞格，僅有「防弊管理」之意涵，而無法達成「興利管理」之效果。因此，我國獨立制之設計，是否真符合當代政府運作之形式，是有必要重新思考之課題。

四、試說明我國現行人事主管機關與各級人事管理機構之組織運作體系。

本題重點：熟悉中央人事主管機關（考試院、人事行政總處）以及各級人事主管機關（各級主管人員）之相關法令規定。

解 (一)中央人事主管機關：我國之中央人事主管機關，因受五權憲法之概念影響，與其他各國之體制截然不同，涉及人事之中央主管機關，院層次即有「考試院」、「行政院」，而行政院轄下與人事相關者即為「人事行政總處」。以下分述之：

1. 考試院：

現行係依據憲法增修條文第6條第1項規定，考試院為國家最高考試機關，掌理左列事項，不適用憲法第八十三條之規定：一、考試。二、公務人員之銓敘、保障、撫卹、退休。三、公務人員任免、考績、級俸、陞遷、褒獎之法制事項。從憲法增修條文之內容可知，考試院為我國最高考試機關，亦為我國最高之人事行政機關。

進而，依據考試院組織法第6條規定，考試院下設考選部、銓敘部、公務人員保障暨培訓委員會、公務人員退休撫卹基金監理委員會等。

2. 行政院人事行政總處：

行政院為辦理人事行政之政策規劃、執行及發展業務，特設人事行政總處。現行有關行政院行政人事總處所主責之內容，係依據「行政院人事行政總處組織法」第2條規定，掌理下列事項：

(1)人事法制之研究建議及行政院所屬機關人事行政之綜合規劃。

(2)行政院所屬機關及地方機關人事機構設置、人事人員管理、訓練、進修與人事資訊系統之研析、規劃及推動。

(3)行政院所屬機關組織結構功能與行政法人制度之研析及推動。

(4)機關員額管理之研析、規劃、監督、評鑑與有關法令之研擬及解釋。

(5)行政院所屬機關及地方機關公務人員考試分發、任免、級俸與陞遷之規劃、執行及國營事業機構負責人、經理人派免之審核。

(6)行政院所屬機關及地方機關公務人員訓練、進修與在職培訓發展之規劃、執行及評鑑。

(7)行政院所屬機關及地方機關公務人員服務、差勤之研究建議與辦公時間之規劃、擬議及考績、考核、考成與獎懲之規劃及執行。

(8)員工給與之規劃及擬議。

(9)行政院所屬機關及地方機關公務人員退休、撫卹之核轉、研究建議與保險、資遣、福利之規劃及執行。

(10)其他有關人事行政之政策規劃、執行及發展業務。

(二)各級人事機構：

1. 主管機關：銓敘部。

依據「人事管理條例」第1條規定：「中央及地方機關之人事管理，除法律另有規定外，由考試院銓敘部依本條例行之。」由此可知，全國各機關之人事管理，係由銓敘部掌理。

2. 人事管理機構之設置，依據人事行政管理條例規定，分述如下：

(1)一般行政機關之人事管理機構（第2條、第3條參照）；

(2)中等以上公立學校之人事管理機構（第9條參照）；

(3)公營事業之人事管理機構（第9條參照）。

3. 掌管事項：

依據人事管理條例第4條之規定，人事管理機構之職掌如下：

(1)關於本機關有關人事規章之擬訂事項。

(2)關於本機關職員送請銓敘案件之查催及擬議事項。

(3)關於本機關職員考勤之紀錄及訓練之籌辦事項。

(4)關於本機關職員考績考成之籌辦事項。

(5)關於本機關職員撫卹之簽擬及福利之規劃事項。

(6)關於本機關職員任免、遷調、獎懲及其他人事之登記事項。

(7)關於本機關職員俸級之簽擬事項。

(8)關於本機關需用人員依法舉行考試之建議事項。

(9)關於本機關人事管理之建議及改進事項。

(10)關於所屬機關有關人事案件之依法核辦事項。

(11)關於人事調查統計資料之搜集事項。

(12)關於銓敘機關交辦事項。

關鍵核心

1 公共行政7大特質：
    (1) 強調公共性；
    (2) 管制與服務並重；
    (3) 兼採管理、政治與法律途徑；
    (4) 組織規模擴大；
    (5) 業務性質複雜；
    (6) 專業化取向；
    (7) 相互依存度高。

2 公共人力資源管理的利害關係人：

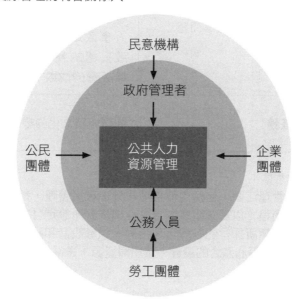

3 社會對於公共人力資源管理的影響：
    (1) 傳統價值觀：
        強調政治的回應性、注重組織效率與效能、重視公務人員的個人權利、期盼社會公平。
    (2) 當代價值觀：
        重視個人課責、強化分權政府、建構公私協力社區互利之責任。

4 策略性人力資源管理的意涵：
　　(1) 係人力資源管理與策略管理的結合，包括：在員工之間創造共享企業價值理念，在運作上進行差異化競爭策略等。而人力資源管理涉及人員的進用，應為企業管理的重要夥伴。
　　(2) 傳統人力資源管理與策略性人力資源管理的差異：

	PM	HRM
主要活動	針對非管理職的員工進行訓練	更強調管理層級方面的人力規劃與發展
管理者	管理其所屬單位的人事問題	強調人事部門與實作部門的整合問題（認為實作部門管理者能否妥善做好人力資源運用與發展的工作，以及整個組織的人事政策是否能與策略架構獲致妥適的整合，將攸關整個組織經營的成敗）
管理任務	較不重視組織發展定位	強調組織文化的塑造與變革領導

5 策略管理的意義：
　　組織的各項管理活動，包括內部管理和外部環境管理，都必須是有意識性的目的導向過程，以實踐組織為求生存與成長所設定且定期調整的目標。透過策略使組織所採行的各種管理活動、組織設計和組織變遷等能形成一個相互協調、支援和整合的設計，讓組織資源永遠得以做最有效的運用。

6 策略管理的目的：
　　(1) 評估組織內在的資質（competencies）和能力（capabilities）；
　　(2) 評估外在環境的威脅和機會；
　　(3) 決定組織活動的範圍；
　　(4) 創造和傳遞策略遠景；
　　(5) 管理組織的變革過程。

7 策略管理的流程：

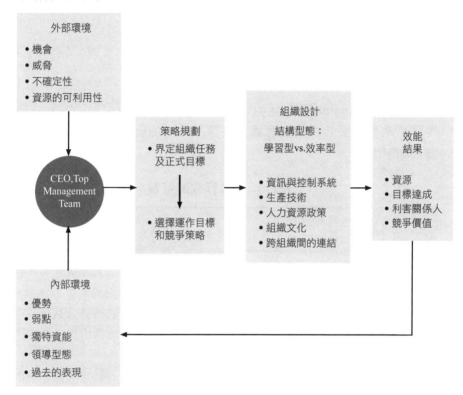

8 新公共管理的策略人力管理觀點：

(1) 解除官僚化與推動分權化：

透過分權化的措施，轉變傳統官僚體系的特徵，從講求遵守程序規則的「層級節制」體系文化，轉變成強調「結果取向」、「顧客服務取向」與「權力下放」的企業文化。

(2) 民營化：

減少政府在許多產業部門決策方面的干預角色；允許原來的國營企業在資本市場獲取私部門的資金投入；創造政府的收益及減少公共部門的開支與債務；在公共部門管理方面引進企業化的經營原則與組織文化；促進公共組織的競爭力與效率。

(3) 管理者主義：

私人企業的管理實務與工具可以應用到政府部門，並能有效解決一些經濟與社會問題。

重點精要

壹、公共行政的特質

依據學者J.J Corson和J.P. Harris的觀點，公共行政係政府的部分活動，也就是政府落實其目的與意圖之各種手段。而就公共行政的特質，可臚列如下：

表2-1 公共行政的特質

特質	內涵
一、強調公共性	公共性是公共行政的本質特徵，亦是與私人企業管理的重要區隔，其具體的表現在三個面向。 (1) 公共行政係**以憲法為基礎**，憲法提供公共行政存在的空間，以及公共部門特有的價值觀；但也同時對其運作形成限制。 (2) 公共行政**專注公共利益**，政府有義務提升公共服務品質，甚至於在道德思考角度下，公共利益更應被視為政府運作的重要使命。 (3) 公共行政**參與主權運作**，在民主社會，主權屬全體國民，政府機關與公務人員是公共信託人（public trust）的角色，是人民主權的代理人；因其能夠參與公共政策的制定與執行，並根據社會整體的考量進行資源、地位的分配，此種代理人的觀念，使公務人員的各種行動均具有法律效力，並以政府的強制權力（coercive power）為後盾。

特質	內涵
二、管制與服務並重	公共行政的行動在於服務社會，但由於其作為具有法定效力，並可從事一定程度的強制作為，因此衍生出對公眾的強制權力。然而於事實層面從不同角度觀之，管制與服務是並存的概念，政府**對某些人所提供的服務，在另外一批人眼中，即可能變成是一種管制**；同時政府的許多措施，也常包括管制與服務兩種內涵，例如建立大眾運輸系統，對一般市民可說是一種服務，但對運輸業者而言，則是一種管制；又如食品衛生稽查，對民眾是一種保障，對業者則是一項管制。
三、兼採管理、政治與法律途徑	公共行政具有許多複雜的功能與概念，其行動與決策過程，可從管理、政治與法律來觀察。 (1) 公共行政組織就如同一個大企業，必須**借鑑企業管理的原則與價值**來治理，並思考如何用最少的資源，以有效的方式來從事各種活動，公共行政的要旨就是在於追求效能、效率以及經濟最大化。 (2) 公共行政**強調公共性**，公共問題的解決，端賴各方意見或利益的共同參與；公務人員作決定要考慮各種因素，決策的成效取決於政治力量的支持與否，由此顯示公共行政的本質就涉及政治問題。 (3) 公共行政不僅強調依法行政，也**重視法律的制定與施行**，憲法所揭示照顧弱勢族群、保障人民權益；行政法等所規範行政體系之法令；以及法律所堅持公平、平等、正義的核心價值等，都是公共行政遵循的重要圭臬。

特質	內涵
四、組織規模擴大	由於政府職能日漸擴展，勢必僱用更多的人員來處理業務；同時政府組織結構也相對的膨脹。所以公務人力數量、政府組織規模、各機關內部結構，都日趨龐大繁多，此為各國共見的趨勢，由此遂形成公共行政規模龐大的特性，**政府公部門堪稱是最大的組織**。
五、業務性質複雜	政府行政經過不斷的改進與發展，不僅其組織與人員相隨擴充；又為了發揮行政積極性、效率性、創新性的作為，以滿足民眾多元而殷切之需求，公共行政所牽涉的業務愈來愈趨複雜。舉凡國家安全、國際關係、維持治安、發展經濟、宏揚文化、普及教育、發達科技、繁榮社會、增進福利、改善民生、充實生活、保護消費…等都是其範疇，而且彼此間相互牽絆、相輔相成，其錯綜複雜性顯現無遺。
六、專業化取向	公共行政的業務包羅萬象，性質複雜，絕不是具有普通常識的人即能勝任，尤其現代政府組織為應付實需，不僅部門繁多、功能不一，而且分工日趨繁細，各有所司，更必須由擁有專門知識技能者來擔任。許多國家人事制度，由傳統的品位制度，改為職位分類（position classification）制度，即是公共行政專才專業的具體表現。
七、相互依存度高	政府部門是一個龐大的組織，必須靠各部門發揮功能，才能達成總體目標，儘管依專業分工，各有所司，但**彼此間仍相互依存**，無論是各機關相互間或各機關內部單位彼此間，甚至是同一部門的主管或部屬，各成員之間的互動，都息息相關。就政策的擬定而言，也要兼顧相關單位的權責與立場，避免扞格牴觸；至於跨部會的大方案，更有賴大家齊心協力，始克有成。

資料來源：蔡祈賢（2008）

貳、公共人力資源管理的利害關係人

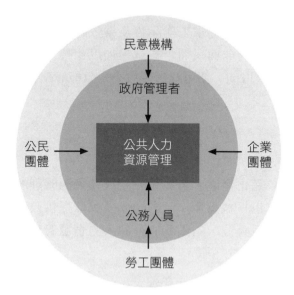

圖2-1　公共人力資源管理利害關係人

資料來源：吳瓊恩等（2006）

一、 政府管理者

政府管理者在公共人力資源管理的角色與民間雇主類同，也**偏好經濟、效率**等管理價值，希望人力資源管理相關措施能協助政府有效率地提供各項公共服務與財貨。

不過，政府畢竟不同於企業，許多政治性的考量與社會正義政策等不同層面的壓力，使得政府管理者有時必須**兼顧這些非基於經濟的價值**目標，例如：裁員不易、優惠特定團體擔任公職等作法，都受這些價值觀的影響。

二、 公務人員

相較於政府管理者，一般公務人員即類似公務部門當中的員工角色。其對於一個令人感到安全、滿足、參與、有意義的工作條件及環境，

舉凡待遇、保障、工作負擔等工作生活品質議題，均是公務人員追求的議題。

不過，一般公務人員在追求工作品質及績效時，通常是以其他政府員工做為參考對象，而非與民間企業員工加以比較。故這種與政府管理者截然不同的價值取向，便可能影響效率、效能等工作價值。

三、 公民

隨著政策議題多元化發展，公民在公務人力資源管理的角色雖非直接利害關係人，但也日益重要。原則上，公民以提供政府管理者施政上所需資源的納稅者身分，主張政府公共人力資源管理改革，必須以提高公共服務品質為優先主張。

因此，當社會上普遍覺得公共品質不佳時，公民就會傾向支持政府管理者所偏好的效率、效能等經濟價值，而不支持公務人員偏好的工作安全保障、待遇等價值。

四、 民間企業

雖然在人才競爭上，民間企業與政府之間屬於相互競爭的關係，但二者同樣都會面臨如何調和經濟效率與員工生活品質價值之衝突。因此，多數民間企業或團體，通常較反對政府進行有利於公務人員工作生活品質的政策（例如：調薪、休假制度等），以減少隨之產生的員工要求。

此外，民間企業亦屬於納稅人，再加上企業多追求效率，故通常會希望政在公共人力資源管理方面亦能達到「花得愈少、做得愈好」的經濟價值。

參、整體社會對公共人力資源管理的影響

一、 傳統價值觀

(一)政治回應性：

必須有能力對於民選官員所代表的人民意志有所回應，故通常影響的範疇為**政務官**或**政務人員**。

(二)組織效率與效能：

社會大眾普遍認為，**任用最有能力的人**來擔任公職，才會達到最好的工作效率與效能。

(三)個人權利：

公務人員的工作安全保障，以及任何行政處分與對待均須符合正當法律程序。故除了制定法制外，仍應追求公務人員與政府進行工作相關議題的**團體協商或簽訂契約**。

(四)社會公平：

強調對於人力市場上的**相對弱勢**，例如：原住民族、身心障礙人士等，應盡可能使其與其他一般公民擔任公職的機會相等。

二、 當代價值觀

(一)個人課責：

社會公民必須**依照自己的目標，做出最適當的選擇**，故社會大眾期待政府規模與公務人力規模可以縮小，並以彈性化的方式將公共服務交給民間或以市場化方式提供。

(二)分權政府：

此價值亦希望政府可以**小而美**，人力規模不要過大。不過分權政府的核心在於，社會大眾對於國家、政府，甚至對於公務人員的不信任感。

(三)社區責任：

　政府機關所提供的公共服務，必須由營利組織及非政府組織增強，尤其是政府應該提供更多以社區為主的公共服務方案。此一主張源於「**在地精神**」的發揮，亦即「**問題發生在哪裡，就由哪裡解決**」。此項價值最顯著的影響，即在於創造了許多逐漸替代各級政府提供公共服務的非營利組織，降低了公務人員的需求與必要性。

表2-2　新興價值對於公共人力資源管理的訴求

新興價值的核心訴求	
項目	說明
公共服務的市場化與非政府化	原本應由政府與公務人員提供的公共服務，逐漸轉由民營化、特許協定、補助、抵用券、志工，以及各種管制與租稅誘因等機制來提供。
公共僱用關係逐漸彈性化	公共服務地提供，不再必然是以永業化的全職公務人員為主，亦可能在某些職位開放給私部門的人員來共同競爭與擔任。

資料來源：Klingner & Nalbandian（2003）、吳瓊恩等（2006）

肆、策略性人力資源管理

一、人力資源管理與策略管理之結合

(一)在員工之間創造共享企業價值理念：

　自1980年代開始，西方企業界追求「卓越文化」（cultures of excellence），企業若能更重視人的價值提升、塑造共享組織文化，以及促進員工對組織的承諾與忠誠態度，將有助於組織績效的改善與競爭力的提升。

(二)差異化策略競爭：

　透過產品與服務品質提升及創新，提高競爭優勢。當企業採取差異化策略競爭時，勢必需要調整其原有的組織結構與內部管理過程。

例如：調整進料後勤、生產作業、出貨後勤、行銷與銷售、售後服務等主要價值活動與彼此間的環節關係。

(三)**人力資源管理作為企業管理之重要夥伴：**
企業競爭策略應<u>包含完整的人力資源管理策略</u>，例如：如何獲得組織所需要的人力資本？如何對人力資本做有效利用？如何維繫人力資本的永續發展？

二、人力資源管理（HRM）與傳統人事管理（PM）之異同

(一)PM**的意義：**

1. Paul Pigors**和**Charles A. Myers：「因為管理目的在透過人員達到有效的結果，在任何一個組織的所有管理階層中，人事行政乃是一項基本的管理功能與活動，人事行政……對員工進行組織與處理，期盡可能讓他們內在能力得以充分實現，替他們自己和團體獲致最大效率；同時，藉以讓所屬組織能夠獲得關鍵性的競爭優勢與最適的結果。」

2. Leon C. Megginson：「人事管理的最重要面向就是<u>**對人力資源的指導與控制**</u>……人事功能若要獲致成功的績效表現，必須要求每個管理者所處的企業環境中，幫忙達成各方面的組織方案與目標。」

(二)HRM**的意義：**

1. R.Wayne Mondy**和**Robert M. Noe：「人力資源管理是<u>**利用人力資源以達成組織目標**</u>，……一個人力資源管理者乃是那些平常扮演諮詢與幕僚角色的人，和其他管理者合作，幫助他們處理人力資源的問題。」

2. Charles J. Fombrun、Noel M. Tichy、Mary A. Devanna：「一個重要的管理任務就是聯繫正式結構和人力資源系統（人員選任、評鑑、獎勵和發展），藉此將能推動組織的策略目標。」

(三)二者相似處：

  1. 均強調要努力整合PM/HRM和組織目標達成之間的關係。

  2. 均屬於直線（實作）部門管理者之職權範圍內的管理活動。

  3. 均強調促進員工個人能力的充分表現，藉此增進工作滿足感，以有效達成組織的整體目標。

  4. 均強調「把對的人放在對的工作位置上」。

(四)二者相異處：

  根據學者Legge的觀點，認為PM與HRM的差異之處，可整理如下：

表2-3　PM與HRM的差異處

	PM	HRM
主要活動	針對非管理職的員工進行訓練	更強調管理層級方面的人力規劃與發展
管理者	管理其所屬單位的人事問題	強調人事部門與實作部門的整合問題（認為實作部門管理者能否妥善做好人力資源運用與發展的工作，以及整個組織的人事政策是否能與策略架構獲致妥適的整合，將攸關整個組織經營的成敗）
管理任務	較不重視組織發展定位	強調組織文化的塑造與變革領導

資料來源：Legge（1995）、吳瓊恩等（2006）

三、 策略管理之核心概念

(一)意義：

  1. 根據John A. Kay的解釋，企業策略主要為分析企業的競爭優勢，通常需要辨認、發展相關市場的獨特能力，才有可能塑造出企業的競爭優勢。因此，企業在進行策略規劃時，首要的步驟即

是**分析內、外部環境的特徵**，藉此發掘企業本身所可能擁有的優勢條件。

2. 學者施能傑提出更為完整的定義：「整個策略管理理論的基調是說，組織的各項管理活動，**包括內部管理和外部環境管理**，都必須是有意識性的**目的導向過程**，以實踐組織為求生存與成長所設定且定期調整的目標，……透過策略使組織所採行的各種管理活動、組織設計和組織變遷等能形成一個相互協調、支援和整合的設計，讓組織資源永遠得以做最有效的運用。」

(二)**目的：**
企圖認清組織目前與未來的方向，藉由下列幾個有計畫的步驟，期望達成組織未來的策略目標：
1. 評估組織內在的資質（competencies）和能力（capabilities）；
2. 評估外在環境的威脅和機會；
3. 決定組織活動的範圍；
4. 創造和傳遞策略遠景；
5. 管理組織的變革過程。

(三)**競爭策略理論：**
依據Michael Porter的「競爭策略理論」，其對於企業、組織之基本假設如下：
1. 競爭是企業生存、成敗的關鍵，故競爭策略的正確選擇，將使企業或組織在既定的結構上，仍然能找出最有力的競爭位置。
2. 產業結構的5種競爭力要素：
   (1)**潛在的新競爭對手**、
   (2)**既有的競爭者**、
   (3)**替代品的威脅**、
   (4)**客戶的議價實力**、
   (5)**供應商的議價實力**。
   因此，如何選擇正確的競爭策略，比選擇有利可圖的產業來得重要。
3. 競爭策略的目的是要創造企業的競爭優勢，其優勢來自於「為顧客所創造的價值」。

4. 為了創造顧客的價值，同時也是創造企業本身的競爭優勢，企業可以採取「**成本領導**」的策略，或採取「**差異化**」的競爭策略，建立本身產品或服務的獨特性。

(四)**策略性管理之重要流程**：

一個理性的策略規劃過程，可含括以下6個重要步驟：

1. 發展組織哲學與提出組織的任務陳述（mission statement）；
2. 環境的掃描評估；
3. SWOT分析；
4. 策略目標的形成；
5. 擬定達成這些目標的各種可能備選策略方案；
6. 評估和選擇這些策略方案。

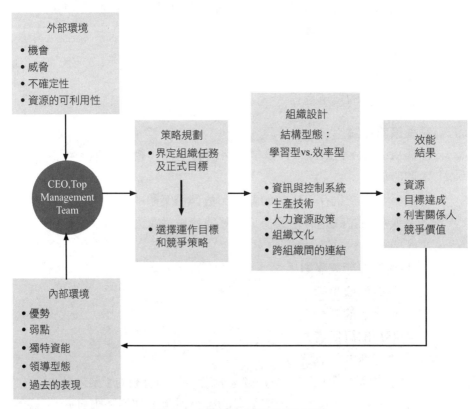

圖2-2　策略管理的流程架構

資料來源：吳瓊恩等（2006）

伍、公共行政的人力資源管理理論

一、 傳統模式

(一)**時期：**

　　1800年代晚期，即美國公共行興起初期。

(二)**目的：**

　　為**矯正分贓政治**的弊病，避免政府公務人員的晉用與升遷受到政治裙帶關係的影響，開始推動公共行政人力資源管理的制度。

(三)**模式：**

　　強調政府制度中應設立一些**「防弊」的措施**，以杜絕政治人物對於行政事務的非專業干預，行政體系應該建立一個**無私、中立**和**依法行政**的永業化文官體系為圭臬。

(四)**特徵：**

　　將**人事管理權予以中央集權化**，亦即設立一個中央人事管理機構，負責公務人員的甄選、任用、職位分類等人事功能，並監督各個政府單位的人事運作是否違反相關人事法規，以維護整個政府人事單位的專業性與公平性。

二、 改革模式

(一)**時期：**

　　1970年代到1980年代

(二)**目的：**

　　由於過度防弊與監督的心態，容易導致僵化的毛病，因而進一步追求改革，目標在捨棄過去一板一眼的法規捍衛者角色，轉而充分<u>回應業務部門實際的管理需求</u>。

(三)**模式：**

　　將**人事管理權和決策權下放給業務單位的管理階層**，讓業務單位的管理者能夠自行決定該單位員工的招募、聘任、薪酬與職位分類等人事決策。

(四)**特徵**：

美國<u>《政府績效與成果法案》</u>（Government Performance and Results Act, GPRA）。

1. **顧客服務取向**：

   期望政府人事單位能夠增進目前人事功能的效率與效果，以充分回應顧客（業務單位的管理者）之需求。

   換言之，政府人事單位應設法協助業務單位**在人事法規限制下，找出可行的方式，解決業務上的問題**。

2. **組織發展及諮詢取向**：

   期望人事單位能夠擴充其現有角色，同時可針對組織設計、組織發展、員工激勵與生產力等方面的問題，提供更廣泛的諮詢幫助。

   人事官員在此脈絡下，更像是「**變革推動者**」，協助業務部門在組織內部推動一些新的管理工具和途徑。

三、 策略模式

(一)**時期**：

1987年以降。

(二)**目的**：

擴張人事管理的傳統功能角色，應著重於日趨複雜的組織內、外在環境的變遷需求，並促進人事單位在整體組織管理及發展上的貢獻。

(三)**模式**：

平衡傳統模式與改革模式之間的相互衝突價值要求，舉例如下：

1. 有些人事功能**保留傳統「集權化」機制**，可能比「分權化」更有利。公務人員的保障與申訴機制，若完全由各業務機關單位自行處理，則可能容易受到業務單位主管的干涉而失之客觀。

2. 策略模式雖然強調業務單位的彈性化管理及人事自主權，但這些單位的人事措施仍然是**以達成整個組織目標為最終考量**。

(四)**特徵**：

自1989年美國雷根總統時代的「**福爾克委員會**」，到1993年柯林頓總統時代的「**國家績效評估**」等文官體系改革報告文件，改革模式建議多圍繞在人力資源管理的議題上：

1. **強化管理的人事自主權**；
2. **增進公共人事管理體系的彈性與回應性**；
3. **促進公共部門的績效表現**；
4. **採用私部門人事管理技術**；
5. **人力資源管理的運作應更具有策略性的意涵**。

陸、新公共管理的策略人力管理觀點

依據OECD的國家新公共管理改革方案，在公共人力資源管理層次上，可具體表現出以下3個重要內涵：

一、 解除官僚化與推動分權化

(一)**核心**：

透過分權化的措施，轉變傳統官僚體系的特徵，從講求遵守程序規則的「層級節制」體系文化，轉變成強調「結果取向」、「顧客服務取向」與「權力下放」的企業文化。

(二)**課題**：

公共選擇理論認為，公務人員基於自身利益的考量，可能會有鞏固所屬單位資源地盤的傾向，而藉由政治的過程握有執政領導地位的政務官，可能只熱衷於政治、權力，缺乏可與公務人員媲美的專業知識基礎。再者，因為公務人員享有永業化的職業保障權利，除非犯了無法原諒的錯誤，否則政治人物很難對其做出嚴重的懲罰或免除。基此，政務官有時很難駕馭與領導龐大的公務人員體系。

(三)處理方式：

透過績效管理、資訊管理系統、建立跨部門的水平協調機制、將重要職位開放給民間人才等，均是目前各國所熱衷嘗試的新公共管理改革手段。

二、民營化

(一)核心：

民營化的目的即手段，並非僅止於將國營事業的股權釋出，以企圖用私人企業的管理模式，取代傳統官僚體制的運作模式，其背後包含：

1. 減少政府在許多產業部門決策方面的干預角色；
2. 允許原來的國營企業在資本市場獲取私部門的資金投入；
3. 創造政府的收益及減少公共部門的開支與債務；
4. 在公共部門管理方面引進企業化的經營原則與組織文化；
5. 促進公共組織的競爭力與效率。

(二)課題：

不論是將政府業務委託外包給民間部門經營，或是經由改制為法人化的機構，仍有下列挑戰：

1. 哪些業務可以委外經營？
2. 現有人力調配如何規劃？
3. 有哪些單位可以進行「法人化」？
4. 相關人員的職位與身分如何轉移？
5. 公務人員的權利如何轉化與保障？

三、管理者主義

(一)核心：

管理者主義是關於政府業務與公共服務之提供，該如何進行控制與協調的觀念。其基本預設立場為：「私人企業的管理實務與工具可以應用到政府部門，並能有效解決一些經濟與社會問題」。

(二)相關理論：

1. **新泰勒主義：**

   反映公部門追求效率的價值，並為解決公部門財務問題，期**透過財務管理相關控制手段**，將可以**督促**政府部門的公共經費花在刀口上，以**改善浪費**的情況。

   強調如何設立清楚的組織目標，並發展績效指標以衡量成員貢獻，以及透過獎金制度激勵員工。

2. **追求卓越學派：**

   卓越的企業（組織）需要**積極主動的管理風格**，且**能夠設法貼近與重視顧客的意見**；更重要的是，應該捨去過去嚴格管控與不信任部屬的管理心態。

   因此，如何創造一個重視人才與開誠布公的組織文化，便益顯重要。進而，可透過授權方式，盡量讓基層人員成為自己工作上的主人，賦予人員充分的自由裁量空間。

模擬試題

一、請說明現代人力資源管理的趨勢？

本題重點：了解策略性人力資源管理之意涵。

解　現代的人力資源管理比起過去傳統的人力資源管理，其趨勢可說明如下：

(一)人力規劃從「機械觀」走向「人性觀」：

　　1.機械觀人力規劃：企業較強調資金運用與生產技術，而人力只是生產要素之一環，其重要性恐不如資金或機械設備。

　　2.人性觀人力規劃：在策略性人力資源管理的概念興起後，逐漸轉向對於人力的重要性，並積極探討人性的需求，尊重個人的人性尊嚴，並充分激勵人力的潛能。

(二)從人力「管理」走向人力「發展」：

　　擴張人事管理的傳統功能角色，應著重於日趨複雜的組織內、外在環境的變遷需求，並促進人事單位在整體組織管理及發展上的貢獻。

(三)管理者的角色走向「參與管理」：

　　強調人事部門與實作部門的整合問題，認為實作部門管理者能否妥善做好人力資源運用與發展的工作，以及整個組織的人事政策是否能與策略架構獲致妥適的整合，將攸關整個組織經營的成敗。

二、公共行政的人力資源管理的發展為何？請說明之。

本題重點：了解公共行政的人力資源管理理論。

解 (一)傳統模式（1800年代晚期）：

　　1. 目的：為矯正分贓政治的弊病，避免政府公務人員的晉用與升遷受到政治裙帶關係的影響，開始推動公共行政人力資源管理的制度。

　　2. 模式：強調政府制度中應設立一些「防弊」的措施，以杜絕政治人物對於行政事務的非專業干預，行政體系應該建立一個無私、中立和依法行政的永業化文官體系為圭臬。

　　3. 特徵：將人事管理權予以中央集權化，亦即設立一個中央人事管理機構，負責公務人員的甄選、任用、職位分類等人事功能，並監督各個政府單位的人事運作是否違反相關人事法規，以維護整個政府人事單位的專業性與公平性。

(二)改革模式（1970～1980）：

　　1. 目的：由於過度防弊與監督的心態，容易導致僵化的毛病，因而進一步追求改革，目標在捨棄過去一板一眼的法規捍衛者角色，轉而充分回應業務部門實際的管理需求。

　　2. 模式：將人事管理權和決策權下放給業務單位的管理階層，讓業務單位的管理者能夠自行決定該單位員工的招募、聘任、薪酬與職位分類等人事決策。

　　3. 特徵：

　　　(1)顧客服務取向：

　　　　期望政府人事單位能夠增進目前人事功能的效率與效果，以充分回應顧客（業務單位的管理者）之需求。換言之，政府人事單位應設法協助業務單位在人事法規限制下，找出可行的方式，解決業務上的問題。

　　　(2)組織發展及諮詢取向：

　　　　期望人事單位能夠擴充其現有角色，同時可針對組織設計、組織發展、員工激勵與生產力等方面的問題，提供更廣泛的諮詢幫助。人事官員在此脈絡下，更像是「變革推動者」，協助業務部門在組織內部推動一些新的管理工具和途徑。

(三)策略模式：（1987～至今）

　　1. 目的：擴張人事管理的傳統功能角色，應著重於日趨複雜的
　　　組織內、外在環境的變遷需求，並促進人事單位在整體組織
　　　管理及發展上的貢獻。

　　2. 特徵：

　　　(1)強化管理的人事自主權；

　　　(2)增進公共人事管理體系的彈性與回應性；

　　　(3)促進公共部門的績效表現；

　　　(4)採用私部門人事管理技術；

　　　(5)人力資源管理的運作應更具有策略性的意涵。

三、人力資源管理單位主管如何積極扮演組織策略小組的成員？請說明之。

本題重點：了解策略性人力資源管理下主管的角色。

解　依據策略性人力資源管理的概念，人力資源管理的各個功能，相
　　較於一般營運部門，應屬於後勤部門，以與各功能相互配合運
　　作，協助組織整體目標的達成。因此，人力資源管理扮演重要的
　　支援角色，在現行策略性人力資源管理的概念下，已非單一功能
　　運作，進而成為組織運作成敗的關鍵。

　　在組織策略小組中，人力資源主管可依據下列各階段，提供人力
　　支援：

(一)設定組織策略方向：

　　規劃組織整體的方向，包括年度績效、組織目標，以及達到預
　　期績效的短、中、長期工作內容等。

(二)分析組織中人力狀況：

　　了解組織中人力現有的狀況，並挖掘人員的能力與工作需求上
　　的落差。

(三)設計組織具體行動方案：

　　規劃組織的整體行動計畫，包括：任用、訓練、發展、升遷、績效評估等。

(四)執行行動方案：

　　落實前述(一)至(三)各階段的工作。不過值得注意者是，除了重視方案計畫的行動方針外，亦須兼顧其他可能的影響因素，例如：組織財務、人員與單位之間的協調等。

(五)方案後續評估與檢討：

　　針對行動方案的執行情形進行評估與檢討，以有效追蹤並作為下一次的調整方向。

關鍵核心

1 平等價值是政府人事管理的核心價值：

1960年代開始的黑人民權運動以及反選美的女權運動（feminist movement），讓美國社會從「公平」（equality,特別是種族與性別）的角度檢視各種社會組織的歧視問題。

2 當代組織多樣性來源：

組織多樣性管理意指藉著創造一個「涵容性」（inclusive）的工作環境，讓人力多樣性的正面影響可以被放大，而其負面影響可以被控制，最終期待能夠創造更好的組織績效。

(1) 世代差異：

新世代的人力站在衣食無缺的大環境中，更重視「工作-生活」的平衡發展，而不只單純追求增加收入，跨世代的管理益形重要。

(2) 工作變遷：

人類在上個世紀所創造的工作，在21世紀大半都會消失，特別是物聯網、大數據與人工智慧的快速發展之前提下，當代職場中所需要的能力不斷在改變中。

(3) 法制落差：

「非典型人力」不斷增長，公部門人力資源管理者面對同樣是員工但是卻適用不同人資法規的狀態（公務員服務法與勞動基準法），不論從領導統御、資源配置、甚至差假福利計算等面向，都必須更費心進行客製化管理。

3 平等就業機會與弱勢優惠行動：

(1) 平等就業機會政策：

政府為防止個人因為其種族、膚色、性別、宗教、年齡、國籍等其他因素歧視而被剝奪就業機會，以建立公平競爭就業環境之政策。

(2) 弱勢優惠行動政策：

原來是指消除婦女和少數民族成員就業的人員障礙，不過到1960年代末，該語意轉變為：「向迄今為止社會地位一直低下的人提供補救的機會」。其目的在於消除以往的歧視所造成的後果。

項目	平等就業機會	弱勢優惠行動
目的	公平： 避免就業的歧視，塑造平等的機會	矯正與補償： 扭轉過去歧視造成的不平等
衡量指標	質化、量化資料	質化、量化數據資料
驅動力	由法律、聯邦法令所驅動	法令的要求及組織基於管理上的需求所驅動
主要範圍	僱用	僱用、升遷
結果	提供無就業歧視的工作環境，並保障所有人均有平等的權利	矯正過去的歧視現象
主要標的	全體國民	弱勢團體
執行方式	經由聯邦正式立法，要求各機關配合	透過行政命令或政策執行，並分為自願與非自願2種
取向	過程取向 （立足點的平等）	結果取向 （齊頭式的平等）
價值立場	平等（權利）	社會代表性

重點精要

壹、前言

多元化管理（diversity management）是開發人力資源的工具之一，其基本理念便是重視、尊重組織成員的差異性及獨特性，並創造一個能對多元團體產生包容性和支持性的組織。

因而，多元化管理對於管理者而言對複雜的員工問題，是一項新的選擇。從私部門的管理經驗可知，如能**將人力資源的異質性（heterogeneity）運用得當，確保人力資源對於組織有所貢獻**，並創造組織內的人力資源成為難以模仿與取代的獨特資產，將是組織保持競爭優勢的來源。這種發揮人力異質性的觀念，便是多元化管理的精神之一。

就政府而言，如何吸納社會中不同族群、性別、文化、年齡、生活形態的人民為其效力，並且能夠愉快地生活、工作在其中，是國家能否和諧發展、取得競爭優勢的關鍵。進一步而言，在全球化的競爭環境中，只有擁有多元化的觀點，多元化的組成人力、多元化技能的工作團隊，才能因應變動不居的時代環境及處理多重複雜的問題。

貳、政府人事管理的核心價值

一、平等價值

(一)濫觴：

　　1960年代開始的黑人民權運動以及反選美的女權運動（feminist movement），讓美國社會從「公平」（equality,特別是種族與性別）的角度檢視各種社會組織的歧視問題

(二)項目：

　　1.「平等就業」（equal employment opportunity, EEO）、
　　2.「積極平權行動」（affirmative actions）、
　　3.「代表性官僚」（representative bureaucracy）。

二、組織效率價值

(一)濫觴：

　　1980年代**新公共管理（new public management）**從英、美開始，帶起一波公共管理的全球風潮，從商業界人力資源管理出發的管理

革命，席捲政府人事管理的領域，（策略性）人力資源管理的專有名詞，成為當下運作的核心思維。

(二)**內涵：**

認為**人力與其他物資資源一樣**，是組織領導們可以進行最適應用的一種資源，因此，組織從晉用、訓練、發展、組織應用、到管理才能（talent），都以**達到組織最大產出為目標**。

上述兩種主要的管理價值相互激盪下的政府人事管理，為了面對外在環境的持續變化，以人力資本（human capital）為核心的策略規劃與執行，本身也不斷在演變中，其中最大的挑戰是政府人力的組合越來越「**多樣**」（diversify）的這個趨勢，導引出「**多樣性管理**」（diversity management）這樣的概念。

參、當代組織多樣性來源

學者陳敦源認為，組織多樣性管理意指藉著創造一個「**涵容性**」（inclusive）**的工作環境**，讓人力多樣性的正面影響可以被放大，而其負面影響可以被控制，最終期待能夠創造更好的組織績效。

舉例而言，我國《身心障礙者權益保障法》第1條規定：「為維護身心障礙者之權益，保障其平等參與社會、政治、經濟、文化等之機會，促進其自立及發展，特制定本法。」即是保障身心障礙者於各種不同環境中有平等的參與權利。

而上述對於身障者的涵容性環境建構，包括對其在參與國考過程中特殊需要的滿足，讓身障者得以延長考試時間、以點字機或盲用電腦或口述應試等特殊作法，當然，這種消極性的差異消除作為，**仍然要面對身障者能力差異的管理**，包括如何讓他們擔任適合其貢獻組織效能的工作。

人力多樣性除了前述傳統以來的種族與性別，以及身心障礙者保護的環節之外，本文整理學者陳敦源的觀點，將當代組織的多樣性來源，進一步分為以下3個來源：

表3-1　當代組織多樣性來源

來源	內涵
一、世代差異	根據美國政治學者Ronald Inglehart的全球文化變遷研究發現，後工業社會因為大環境的變遷，新世代人類對於價值的認知產生巨大變化，基本上是從物質主義轉換到後物質主義的階段，比方說，過去的員工為了改善物質生活，願意任勞任怨地工作。 但是新世代的人力站在衣食無缺的大環境中，更重視「工作-生活」的平衡發展，而不只單純追求增加收入，更重要的，一個組織當中從20多歲到60多歲的人力都有，跨世代的管理益形重要。
二、工作變遷	根據許多科技發展相關的研究發現，人類在上個世紀所創造的工作，在21世紀大半都會消失，特別是物聯網、大數據與人工智慧的快速發展之前提下，當代職場中所需要的能力不斷在改變中。 舉例而言，有人開玩笑說，目前屆齡退休的60歲世代，是個人電腦出現前就進入職場的最後一代，因此，除非特別學習過，他們所用的電腦輸入法都是「秘書輸入法」，意指需要有人代為將手寫的文字輸入電腦，組織不斷更新的才能管理愈趨重要。
三、法制落差	受到新政府運動中政府「小而能、小而美」的改革目標影響，2010年公布通過的總員額法限制了這類人力的增長，然而，政府面對環境變遷業務增長的的壓力不變，因此「非典型人力」不斷增長，公部門人力資源管理者面對同樣是員工但是卻適用不同人資法規的狀態（公務員服務法與勞動基準法），不論從領導統御、資源配置、甚至差假福利計算等面向，都必須更費心進行客製化管理。

資料來源：陳敦源（2021）

肆、平等就業機會與弱勢優惠行動

提到多元化人力的基本前提,即「平等就業機會」(equal employment opportunity)與若是優惠行動(affirmative action)。學者Norma M. Riccucci等人指出,公部門的多元化其實即由平等就業機會與若是優惠行動所演進而來。此種從平權的主張,乃至於補償弱勢之受歧視者,其實是經過許多法令的演進。學者許慶復彙整美國的相關法令如下:

表3-2 美國聯邦政府平等就業機會與若是優惠行動方案之法令演進

年代	法令	涵蓋行為	主管機關
1868年	憲法第十四號修正案	所有人民在法律審判之前,享有公平保障	聯邦法院
1963年	同工同酬法	禁止根據性別而產生報酬上的差別待遇	平等就業機會委員會
1964年	民權法	禁止根據種族、膚色、宗教、性別或祖籍的歧視	平等就業機會委員會
1965年	行政命令11246號	禁止根據種族、膚色、宗教、性別或祖籍的歧視	美國勞工部
1967年	就業年齡歧視法	禁止對超過39歲以上人士的年齡歧視	平等就業機會委員會
1973年	職業復健法	禁止歧視合格的身心障礙者	美國勞工部
1974年	退伍軍人重新適應法	提高身心障礙老兵及其他越戰退伍軍人之就業機會	美國勞工部

年代	法令	涵蓋行為	主管機關
1990年	美國身心障礙者權益保障法	禁止歧視合格的身心障礙者	平等就業機會委員會

資料來源：許慶復（2009）

一、平等就業機會政策

主要係指政府為防止個人因為其種族、膚色、性別、宗教、年齡、國籍等其他因素歧視而被剝奪就業機會，以建立公平競爭就業環境之政策。

二、弱勢優惠行動政策

其意思原來是指消除婦女和少數民族成員就業的人員障礙，不過到1960年代末，該語意轉變為：「**向迄今為止社會地位一直低下的人提供補救的機會**」。其目的在於**消除以往的歧視**所造成的後果。

學者施能傑分析，其雇用政府人員之具體作法，可進一步分述如下：

(一)**配額**（quota）：

強迫僱用或升遷時，必須依比例進用弱勢族群，而無須考慮功績制之相關規定。

(二)**目標時間表**（goal time table）：

某依機構依據功績源則，自行設定在一定時期之內要達成改善特定族群就業狀況的目標，本質上仍依循功績制之規定。

(三)**分類選取法**（racing-norming）：

非根據所有應徵者之成績順序依次挑選，而是將應徵者先依其種族或其他特性分類，再挑選各類成績最佳者。

綜上所述，可見弱勢優惠行動的作為，比平等就業機會更為積極。在政治層面上，弱勢族群更多的參與，有助於國家的整合，並提升政治體制統治之正當性。

表3-3 平等就業機會、弱勢優惠行動之比較

項目	平等就業機會	弱勢優惠行動
目的	公平： 避免就業的歧視，塑造平等的機會	矯正與補償： 扭轉過去歧視造成的不平等
衡量指標	質化、量化資料	質化、量化數據資料
驅動力	由法律、聯邦法令所驅動	法令的要求及組織基於管理上的需求所驅動
主要範圍	僱用	僱用、升遷
結果	提供無就業歧視的工作環境，並保障所有人均有平等的權利	矯正過去的歧視現象
主要標的	全體國民	弱勢團體
執行方式	經由聯邦正式立法，要求各機關配合	透過行政命令或政策執行，並分為自願與非自願2種
取向	過程取向 （立足點的平等）	結果取向 （齊頭式的平等）
價值立場	平等（權利）	社會代表性

資料來源：許慶復（2009）

專題

我國近二十年公務人員人力結構分析

王雪芳銓敘部統計室主任

公務人員是國家政務的推動者，也是公共服務的提供者。掌握公務人力結構的樣貌，對於文官制度興革、人力資源管理至為重要，更攸關著政府整體的治理效能。本文就銓敘統計年報資料進行整理，據以分析近20年全國公務人員人力結構變化的趨勢。

人數穩定持平，行政部門占比成長

依據銓敘統計，全國公務人員統計範圍包括「行政機關」、「公營事業機構」、「衛生醫療機構」、「各級公立學校（職員）」等四類，公立學校教師不包括在內。109年底全國公務人員人數為36萬6,494人（90年底為39萬5,523人），平均年增率為-0.40%，略呈穩定盤整。

按機關性質別觀察，109年底行政機關公務人員人數為25萬7,509人，占70.26%（90年底為21萬7,211人，占54.92%），平均年增率為+0.90%。其中為強化治安，政府近年積極增補基層警力，使得警察人員人數由90年底的7萬4,603人，增至109年底之8萬7,822人，為行政機關公務人員人數成長的原因之一。

至於公營事業機構109年底為6萬642人，占16.55%（90年底為12萬4,581人，占31.50%），平均年增率為-3.72%，20年間大幅下降，主要為89年修正公布「公營事業移轉民營條例」，積極民營化以整頓改造公營事業所致（圖1）。

年底別	比率與人數				總計
90 年	54.92% 217,211人	31.5% 124,581人	7.03% 27,794人	6.56% 25,937人	395,523 人
93 年	58.94% 217,418人	27.16% 100,189人	6.87% 25,360人	7.03% 25,932人	368,899 人
97 年	64.92% 219,615人	21.58% 72,997人	6.20% 20,991人	7.30% 24,702人	338,305 人
101 年	66.57% 228,913人	20.11% 69,137人	5.72% 19,676人	7.60% 26,135人	343,861 人
105 年	67.78% 235,591人	18.69% 64,972人	5.71% 19,852人	7.81% 27,157人	347,572 人
109 年	70.26% 257,509人	16.55% 60,642人	5.37% 19,699人	7.82% 28,644人	366,494 人

■ 行政機關　□ 公營事業　■ 衛生醫療機構　■ 公立學校（職員）

圖1　全國公務人員人數-按機關性質別

資料來源：銓敘統計年報；全國公務人員人力素質統計季報。

中央地方此消彼長，地方治理日益重要

若以機關層級分別觀察，近20年來，中央與地方的公務人員人數呈現「此消彼長」的趨勢。中央機關109年底為19萬3,445人，占52.78%（90年底為24萬6,589人，占62.35%），平均年增率為-1.27%。地方機關109年底為17萬3,049人，占47.22%（90年底為14萬8,934人，占37.65%），平均年增率為+0.79%。地方占比已和中央機關漸趨相當，顯示「地方治理」在政務推動和為民服務上的角色日趨重要（圖2）。

年底別	比率與人數		總計
90 年	62.35% 246,589人	37.65% 148,934人	395,523 人
93 年	58.96% 217,504人	41.04% 151,395人	368,899 人
97 年	55.22% 186,820人	44.78% 151,485人	338,305 人
101 年	54.58% 187,670人	45.42% 156,191人	343,861 人
105 年	53.55% 186,142人	46.45% 161,430人	347,572 人
109 年	52.78% 193,445人	47.22% 173,049人	366,494 人

圖2　全國公務人員人數-按機關層級分

資料來源：銓敘統計年報；全國公務人員人力素質統計季報。

性別意識抬頭，女性撐起半邊天

就性別觀之，109年底全國公務人員男性人數21萬1,431人，占57.69%（90年底26萬1,321人，占66.07%）；109年底女性人數15萬5,063人，占42.31%（90年底13萬4,202人，占33.93%）。

近20年女性占比，緩步遞增，且中央機關女性占比增加幅度較地方機關更為明顯。另若不加計警察人員，女性比率於90年底即已突破四成，109年底為52.03%（圖3、圖4、圖5）。究其原因，除了近20年來公務人員女性應考人穩定增加之外，性別意識的提升亦扮演一定角色。

年底別	比率與人數		總計
90 年	66.07% 261,321人	33.93% 134,202人	395,523 人
93 年	63.81% 235,388人	36.19% 133,511人	368,899 人
97 年	62.29% 210,720人	37.71% 127,585人	338,305 人
101 年	60.14% 206,784人	39.86% 137,077人	343,861 人
105 年	57.92% 201,323人	42.08% 146,249人	347,572 人
109 年	57.69% 211,431人	42.31% 155,063人	366,494 人

■ 男性　■ 女性

圖3　全國公務人員性別比率

資料來源：銓敘統計年報；全國公務人員人力素質統計季報。

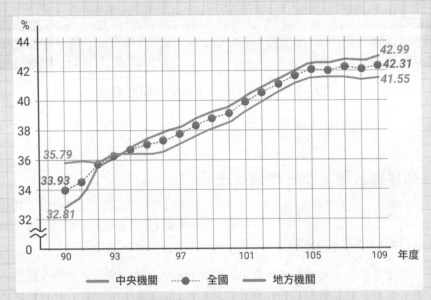

圖4　全國公務人員女性比率-按機關層級分

資料來源：整理自銓敘統計年報

年底別	全國公務人員性別比率 (總計100%)		扣除警察人員性別比率(總計100%)	
90 年	66.07%	33.93%	58.89%	41.11%
93 年	63.81%	36.19%	55.80%	44.20%
97 年	62.29%	37.71%	53.19%	46.81%
101 年	60.14%	39.86%	50.59%	49.41%
105 年	57.92%	42.08%	48.61%	51.39%
109 年	57.69%	42.31%	47.97%	52.03%

■ 男性　　■ 女性

圖5　性別比率-按全國公務人員總數及扣除警察人員分

資料來源：銓敘統計年報；全國公務人員人力素質統計季報。

教育程度顯著提升，人力素質明顯強化

就教育程度結構觀察，109年底全國公務人員具大專以上教育程度者為92.96%（90年底為66.61%），20年間增加26.35個百分點，其中109年底研究所者占25.35%（90年底為5.62%），20年間由於我國高等教育更加普及，整體公務人員教育程度明顯提升，公務人力資源素質也更為強化（圖6）。

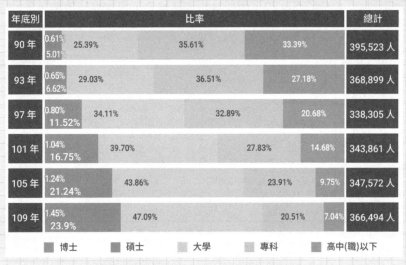

年底別	比率					總計
90 年	0.61% 5.01%	25.39%	35.61%		33.39%	395,523 人
93 年	0.65% 6.62%	29.03%	36.51%		27.18%	368,899 人
97 年	0.80% 11.52%	34.11%	32.89%		20.68%	338,305 人
101 年	1.04% 16.75%	39.70%	27.83%	14.68%		343,861 人
105 年	1.24% 21.24%	43.86%	23.91%	9.75%		347,572 人
109 年	1.45% 23.9%	47.09%	20.51%	7.04%		366,494 人

■ 博士　　■ 碩士　　■ 大學　　■ 專科　　■ 高中(職)以下

圖6　全國公務人員教育程度結構

資料來源：銓敘統計年報；全國公務人員人力素質統計季報。

平均年齡微幅變動，年齡結構漸趨平衡

109年底全國公務人員平均年齡為43.18歲（90年底為42.09歲），20年間平均年齡約在42歲至43歲間微幅增減，變動不大（圖7）。

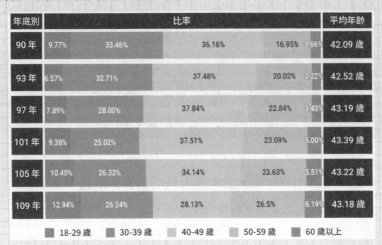

年底別	比率					平均年齡
90 年	9.77%	33.46%	36.16%	16.95%	3.66%	42.09 歲
93 年	6.57%	32.71%	37.48%	20.02%	3.22%	42.52 歲
97 年	7.89%	28.00%	37.84%	22.84%	3.43%	43.19 歲
101 年	9.38%	25.02%	37.51%	23.09%	5.00%	43.39 歲
105 年	10.40%	26.32%	34.14%	23.63%	5.51%	43.22 歲
109 年	12.94%	26.24%	28.13%	26.5%	6.19%	43.18 歲

■ 18-29歲　■ 30-39歲　■ 40-49歲　■ 50-59歲　■ 60歲以上

圖7　全國公務人員年齡結構

資料來源：銓敘統計年報；全國公務人員人力素質統計季報。

另就年齡結構觀察，109年底主要為30-39歲、40-49歲、50-59歲者，三個年齡組占率相當，且各占二成五以上（90年底以30-39歲、40-49歲為主，占率均在三成三以上），觀察近20年來，公務人員核心主力年齡結構範圍，已逐漸擴增（圖8）。

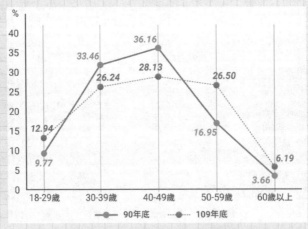

圖8　全國公務人員年齡結構

資料來源：整理自銓敘統計年報

妥善運用有限人力，革新政府治理效能

經由前項分析結果，近20年全國公務人員人力結構已產生大幅變化：

在機關層級部分，中央機關與地方機關人數占比已逐漸相當，顯見積極建構及促進地方跨域合作，充實地方治理機能，已展現成效。

在性別比率部分，女性占比逐漸增加，凸顯臺灣社會性別平權意識漸趨落實。

在教育程度部分，具大專以上教育程度者大幅增加，顯示高等教育的普及和人力素質提升，應為政府提升治理能力的重要基礎。

在年齡結構部分，109年底公務人員核心主力範圍擴增為30-59歲，占比超過八成，研判以公務人員為人生職涯規劃者，占比漸趨穩定，對公務人員經驗傳承及業務銜接應具意義。

面對全球化競爭時代、犯罪多元性趨勢，以及公共安全、民生議題處理等，讓政府職能快速擴增，在有限公務人力資源下，如何妥善運用，提升人力運用效能，已成為革新政府治理的重要目標。依101年新修正行政院組織法「精實、彈性、效能」的組織改造目標，政府治理革新已然成形，由前述分析結果，期能藉由公務人員人力結構概況，提供公務人力資源配置參考。

資料來源：https://www.exam.gov.tw/NHRF/News_EpaperContent.aspx?n=3778&s=42918&type=20C1A3DAF6A74FCE

模擬試題

一、何謂平等就業機會？我國在公共人力資源管理上有關平等就業機會的法律規範及重要內涵為何？請分別討論之。

本題重點：著重探討我國公務人力法制對於實質平等的實踐。

解　平等就業機會的概念，濫觴於1972年（70年代）的美國，其制定了「平等就業機會法」，以落實社會正義及平等原則，進而並落實設立公平就業機會委員會，逐漸成為普世價值。以下謹就題意說明分別敘述之：

(一)平等就業機會的定義：

1. 平等就業機會的意涵，係指全體國民，不論種族、膚色、宗教、性別、年齡、失能與否、原國籍為何，都能得到相等的工作機會。

2. 公部門人事制度強調社會公平的價值，凡是對於無法在工作上公平競爭的情況，在公務職位的任用、陞遷等制度，都會給予平等待遇。

3. 進而，平等就業機會可再細分成2層意涵，茲敘述如下：

(1)消極面：希望建立公平競爭的環境，以達成平等就業的目標。

(2)積極面：給予社會上的弱勢者、受歧視者，可以適用於優惠的雇用政策或是優惠行動方案。

4. 此外，文官制度希望能夠反映公平、公開的價值，並能代表社會多元樣貌。惟此一價值並非固定不變，隨著不同環境、時空的影響，主要目的也會有所調整。例如：早期強

調的是地域代表性，現在則是強調性別、族群、身心障礙人員等社會公平代表性。

(二)我國有關平等就業之規範：

1. 公務人員考試法：依據該法第2條及第6條等規定，公務人員考試以公開方式行之，成績計算不得因身分而有特殊規定；此外為了因應特殊性質機關之需要及保障身心障礙者、原住民族就業權益，得辦理一、二、三、四、五等之考試。

2. 就業服務法：該法第5條第1項規定，為保障國民就業機會平等，雇主對求職人或所僱用員工，不得以種族、階級、語言、思想、宗教、黨派、籍貫、出生地、性別、性傾向、年齡、婚姻、容貌、五官、身心障礙、星座、血型或以往工會會員身分為由，予以歧視。

3. 性別工作平等法：依據該法之立法意旨，為保障性別工作權的平等，雇主對於求職者之招募、甄試、考績、陞遷、薪資、退休、資遣等人事行為，不得因性別或性傾向而有差別待遇。

4. 身心障礙者權益保障法：為維護身心障礙者之權益，保障其平等參與社會、政治、經濟、文化等之機會，促進其自立及發展，特制定本法；並依該法規定，身心障礙者在各級政府機關、公立學校、公營事業機構等，亦有保障進用身心障礙者之比例。

5. 原住民族工作權保障法

6. 為促進原住民就業，保障原住民工作權及經濟生活，特制定本法。且各級政府機關、公立學校、公營事業機構等，亦有保障進用原住民族之比例。

二、請綜合閱讀與分析附表後，提出對以下議題之分析：(1)附表可能
　　涉及的相關理論；(2)附表所呈現的重要現象；(3)造成該現象的可
　　能原因與未來影響；(4)未來可能呈現的趨勢變化與理由；(5)政府
　　人力運用政策是否應依據未來趨勢變化據以調整。

附表　全國公務人員人數按性別分

中華民國**105年底**

項目別	人數（人）			百分比（％）		性比例
	總計	男性	女性	男性	女性	
總計	**347,572**	**201,323**	**146,249**	**57.92**	**42.08**	**137.66**
機關性質別						
行政機關	235,591	144,132	91,459	61.18	38.82	157.59
（不含警察人員）	160,139	75,079	85,060	46.88	53.12	88.27
公營事業機構	64,972	45,574	19,398	70.14	29.86	234.94
衛生醫療機構	19,852	4,940	14,912	24.88	75.12	33.13
公立學校（職員）	27,157	6,677	20,480	24.59	75.41	32.60
年齡別						
未滿30歲	36,140	20,983	15,157	58.06	41.94	138.44
30～50歲	210,153	118,267	91,886	56.28	43.72	128.71
50歲以上	101,279	62,073	39,206	61.29	38.71	158.33
官等別	186,429	80,941	105,488	43.42	56.58	76.33
簡任（派）	8,826	5,961	2,865	67.54	32.46	208.06
薦任（派）	121,086	51,389	69,697	42.44	57.56	73.73
委任（派）	56,517	23,591	32,926	41.74	58.26	71.65

註：1.性比例為每百女子所當男子數〔（男性／女性）＊100〕。

　　2.本表官等別係全國公務人員具簡薦委任（派）官等之人員。

本題重點：活用人力資源管理相關理論，如：玻璃天花板現象、玻璃牆現象等性別議題。

解 (一)表中所論及的理論：

1. 玻璃天花板：

透由上表可以發現，在政府體系中，性別議題已經成為現代政府人力資源管理的重要議題。首先，在官等比例方面，薦任與委任的女性與男性比例為6：4（女性高於男性），但在簡任層級方面，女性與男性的比例則為3：7，顯為男性高於女性。其意味著女性從薦任官陞遷至簡任官較男性更困難，可能有「玻璃天花板」的現象，代表在政府部門中女性在事業生涯向上流動的過程中，可能遭遇到無形的性別障礙。

2. 玻璃牆：

此外，在機關性別比例上，從本表中亦可發現，在醫院與學校的女性比例明顯高於男性，而國營事業則為男性高於女性，意味在前揭機關中可能出現「玻璃牆」現象，亦即可能蘊含有水平的性別隔離，使女性通常被安排於幕僚或支援性的部門或機關，如人力資源、公共關係、法制事務、會計、護理人員等。

3. 黏糊地板：

最後，在委任官性別比例部分，由女性較男性高出許多，可能呈現了「黏糊地板」現象，此即形容女性的生涯發展，可能被限制在組織的底層而無法掙脫，這些工作大多是較不顯眼或不為組織所必需。

(二)表中所呈現的現象：

1. 女性在陞遷上比男性更具有困難度，因此有玻璃天花板的疑慮，這也表示出政府部門在陞遷上有性別不平等之疑慮。
2. 女性多任職於醫院或學校，可知公部門在機關與職務之考量上，仍有性別上的刻板印象。
3. 行政機關、公營事業以及30歲以上年齡者，女性公務人員比例偏低。

(三)造成上開現象的可能原因及影響：

1. 性別特性：

性別特性因素造成女性天花板的原因，為女性本身的特質與天性。例如：女性在職業道路上容易因為需要撫養子女而分心，即使重返職場也落後其他男性，尤其在撫養嬰兒時常常錯失許多可能的陞遷或發展機會。

2. 性別刻板印象：

天花板效應主要與性別刻板印象有關，而由於許多組織的陞遷基準往往掌握在男性手中，使得想要陞遷的女性必須盡可能符合他們的標準。

(四)未來可能呈現的趨勢變化：

1. 未來，玻璃天花板的狀況會有減少的可能性。因為我國許多公務員法規中，已經將性別因素納入，誠如考績委員會、陞遷委員會等，皆有性別比例的規定，應可減少女性陞遷較男性困難的狀況。

2. 性別主流化政策的執行，使得行政機關各項政策都必須納入性別因素加以考量，因此未來公務體系的性別問題，將有望走向公平。

(五)政府政策是否要依據該趨勢修正：

從公平正義的角度而言，加上性別平等、性別主流化係重要的人力資源議題，因此，未來政府的政策與管理措施，都必須將性別因素納入重點考量，以符性別主流化的精神，並減少公部門中性別不平等的狀況。

三、試就憲法及相關法律規定，分別說明考試權行使及公務人員任用「平等」的基本原則。

本題重點：了解公務人員的平等就業原則。

解 依據憲法第7條規定，中華民國人民，無分男女、宗教、種族、階級、黨派，在法律上一律平等；同法第85條則略以：公務人員之選拔，應實行公開競爭之考試制度，……非經考試及格者，不得任用。亦即，憲法之規定乃揭示公務人員之任用，應以平等、公開競爭之方式為之。而有關「平等」原則在考試權行使、公務人員任用之基本原則，說明如下：

平等就業機會

(一)意涵：

1. 公務人員之人事制度，依據憲法第7條之規定，著重強調社會公平的價值，故在公務職位之任用、陞遷等事宜，皆應給予平等待遇。而平等就業機會之意義，主要係防止個人因其種族、膚色、宗教、年齡、國籍等其他因素而被剝奪就業機會。

2. 而平等就業機會之概念，可再分成「消極」與「積極」層面加以探討。消極層面之目的，在於期能透過建立前述公平、公開競爭之環境，以達成平等就業之目標；積極層面之目的，則係透過優惠雇用政策之推行，使社會上之弱勢者、遭受歧視者，得享有實質之平等就業機會保障。

(二)相關規定：

1. 公務人員考試法第2條：「公務人員之考試，以公開競爭方式行之，其考試成績之計算，除本法另有規定外，不得因身分而有特別規定。其他法律與本法規定不同時，適用本法。」此即敘明消極層面之平等就業機會。

2. 公務人員考試法第6條第2項前段：「為因應特殊性質機關之需要及保障身心障礙者、原住民族之就業權益，得比照前項考試之等級舉行一、二、三、四、五等之特種考試。」此即透過實質平等保障之方式，保障身心障礙者、原住民族之就業權益。

3. 公務人員考試法第10條第3項另規定，因懷孕或生產前後無法參加體能測驗者，得保留筆試成績並於下次逕行參加相同考試類科之體能測驗。

4. 此外，身心障礙者權益保障法對於身心障礙者與公務機關之進用比例保障，亦規定於第38條第1項：各級政府機關、公立學校及公營事業機構員工總人數在34人以上者，進用具有就業能力之身心障礙者人數，不得低於員工總人數3%。

5. 最後，原住民族工作權保障法對於原住民族之進用比例亦有保障，規定於該法第5條第3項：原住民地區之各級政府機關、公立學校及公營事業機構，進用須具公務人員任用資格者，其進用原住民人數應不得低於現有員額之2%。

關鍵核心

1 激勵理論：

(1) 科學管理激勵理論：

主要由6個原則構成：科學化工作原則、時間研究原則、按件計酬原則、計畫與執行分離原則、功能管理原則及管理人員專業化原則。

(2) 需求層次理論：

人有5種基本的需求：生理的、安全的、社會的、尊重的及自我實現，這些需求組成需求層次（Needs Hierachy）或階梯，且每一需求只有在次低層次的需求已獲合理滿足之後，才會變得活躍或受激。

(3) 不成熟—成熟理論：

大多數的組織都將員工視為處於不成熟的狀態，將成員自己的控制能力減至最低，結果難免使成員趨向於被動性、依賴性及服從性。因此，管理者欲使員工達到心理的成熟程度，應採行民主的參與決策，適當的運用激勵策略，啟發個人的成就感。

(4) 雙因子理論：

動機因素→是一個人和他本身職務的關係，包括工作本身、成就感、受賞識感、升遷發展及責任感。

維持因素→對自己工作情況或工作環境的關係，它包括組織政策與管理、監督技巧、薪資、人際關係及工作環境等。

(5) 生存關係生產理論：

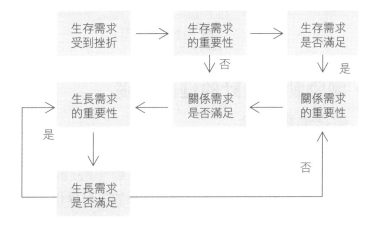

(6) 期望理論：

必須解釋人們想從組織獲得什麼，他們如何相信能夠獲得。激勵乃是期望值的總合乘以期望。因此個人的激勵乃是於完成某項目標，所實際獲得的報償或其自覺可能獲得報償的結果。

(7) 公平理論：

成員會與其他相等地位的人員比較投入與成果。所謂相等地位的人員，可能是同群體內的人，也可能是組織內不同群體的人，或組織外的參照人員。假如兩種比較並不相等，則成員將被激勵去減低此種不一致的現象，而使其達到相等。

2 工作設計與激勵的關係：

人事相適；擁有的感覺；有權思考；對結果負責；成果記錄。

3 激勵面向：

(1) 技術變化性；
(2) 工作確認性；
(3) 工作意義性；
(4) 工作自主性；
(5) 工作回饋性。

4 激勵的方法：

(1) 工作豐富化；
(2) 工作輪調；
(3) 在家工作；
(4) 彈性工作時間；

5 公共人力激勵制度的課題：

(1) 公務人員的任用身分保障；
(2) 層級節制；
(3) 法規限制；
(4) 預算限制；
(5) 升遷體系；
(6) 政治掛帥。

重點精要

壹、激勵制度設計的理論基礎

一、傳統激勵理論

(一)科學管理激勵理論：

科學管理學派的主要代表人物是**泰勒**（Frederick Winslow Taylor）。他的理論主要由6個原則構成：**科學化工作原則、時間**

研究原則、按件計酬原則、計畫與執行分離原則、功能管理原則及管理人員專業化原則。

傳統理論視人為經濟人（Economic Man），唯利是圖，只追求物質或生理欲望的滿足，因而只做可以得到最大經濟利益的工作。

(二)**人群關係學派**：

人群關係學派的主要代表人物為**梅堯**（Elton Mayo）。此學派藉由**霍桑實驗**而獲知：**榮譽威的滿足、人格受尊重、團隊精神的敦促、個人潛能與專長的發揮**等因素能達到激勵的作用，進而提高工作的成效。主張人是屬於心理人、社會人因此重視精神（心理）性及社會性的獎懲，輕忽物質性的獎懲。

二、 內涵理論

(一)**需求層次理論**：

在人類的動機研究中，**馬斯洛**（Maslow）的**需求層次**論已成為一種關鍵概念。其認為人有5種基本的需求：**生理的、安全的、社會的、尊重的及自我實現**，這些需求組成需求層次（Needs Hierachy）或階梯，且每一需求只有在次低層次的需求已獲合理滿足之後，才會變得活躍或受激。

(二)**不成熟一成熟理論**：

Argyris認為，個人自兒童期至成年期的人格發展，要經過七種的變化：

1. 由如幼年的被動狀態，轉至如成年的主動狀態。
2. 個體如幼年的依賴他人狀態，發展至如成人的獨立自主狀態。
3. 由如幼年的少數個體行為方式，發展成如成年的多種方式行為。
4. 由如幼年時之不定的與偶發淺薄的興趣，發展成如成年時深入而強烈的興趣。
5. 由如少年時的短暫、淺視，只重視目前的時間觀念，發展到成熟時，注意過去與未來的長時間觀念。
6. 由如幼年時之順從，聽命於他人，轉移發展到如成年的追求與他人同等地位，或凌駕、支配他人。

7. 個體由如小孩一樣，從缺乏自我認識，發展到如成年時，個體不僅自我認識亦有能力自我控制。

依Argyris的看法，大多數的組織都將員工視為處於不成熟的狀態，將成員自己的控制能力減至最低，結果難免使成員趨向於被動性、依賴性及服從性。因此，管理者欲使員工達到心理的成熟程度，應**採行民主的參與決策**，**適當的運用激勵策略**，啟發個人的成就感。

(三)**雙因子理論**：

Herzberg認為，一個人在組織中具有兩種不同類型的需求：

1. **動機因素**：

有助於高度工作滿足與目標導向努力的**積極因素**，稱之為動機因素或工作激勵因素，此組織因素代表的是一個人和他本身職務的關係，包括**工作本身、成就感、受賞識感、升遷發展及責任感**。

2. **維持因素**：

具備時不一定會增進工作情緒，但是**欠缺時卻會產生不滿**之消極因素，稱之為維持因素，或**保健因素**。維持因素代表組織成員對自己工作情況或工作環境的關係，它包括**組織政策與管理、監督技巧、薪資、人際關係及工作環境**等。

(四)**生存關係生長理論**：

Alderrfe將馬斯洛的需求層次論縮減成為三種的需求，即**生存**（Existence）**需求、關係**（Relatedness）**需求及成長**（Growth）**需求**。兩種理論有很多相似之處。物質可以滿足生存的需求，在工作環境中，生存的需求可藉由報酬、福利，和愉快的環境而獲得滿足。這些需求很少被人注意，尤其是在供給充足的情境下。但是當物質不敷人們所需時，一個人所得到的，就是他人所損失的，此乃經濟學所說的**零合遊戲**（Zero-sum Game）。

ERG理論的基本主張之一是，人們有傳達自己的思想與情感給別人的需求，**同時也需要由對方得到回饋**。關係需求的滿足是合作的歷程，此與生存需求滿足的途徑相反。

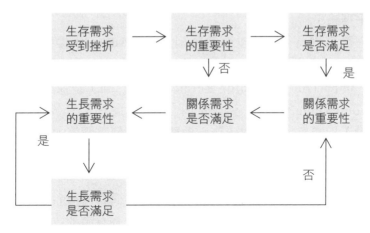

圖4-1　生存關係生長理論的流程

資料來源：Moorhead＆Griffin（1989）

三、過程理論

(一)期望理論：

認為個人是有思想與有理性的人，在他們生活中對未來事情，有信念與預想。所以在分析如何激勵他們時，就必須解釋人們想從組織獲得什麼，他們如何相信能夠獲得。

下列算式可表示激勵的內涵：

激勵＝（期望值×期望）之總和

亦即，激勵乃是期望值[1]的總合乘以期望[2]。因此個人的激勵乃是於完成某項目標，所實際獲得的報償或其自覺可能獲得報償的結果。

【1】　**期望值**：又可稱為個人的偏好。一個人對於第一級結果的偏好，完全視個人是否確信有了一級結果，便必能獲得二級結果而定。茲以生產力與報償的關係為例，某人對生產力的期望，乃是依其對報償的期望而定。若他對 A 報償的慾望很高，則其期望值必高；若他對報償的慾望無動於衷或全無，則其期望值很低，甚至於形成負數。

【2】　**期望**：指的是某一特定行動能否導致某項一級結果的機率。因此，所謂激勵等於各項一級結果的期望值，分別乘以其期望之積的總合。

(二)公平理論：

本理論報酬為行為的重要激勵因子。由Adams所提出，其主要內涵包括：**投入**（Input）、**成果**（Outcome）、**比較人或參照人**（Comparison Person or Reference Person）以及**公平與不公平**（Equity-Inquity）。

1. **投入**指成員認為他對工作所做**貢獻**的任何有價值的東西，如教育程度、經驗、技術、努力程度、工作時數以及個人用於工作的工具（Personal Tool）、材料與設備；

2. **成果**指成員感覺從他的工作中所**獲得**任何有價值的東西，諸如待遇、福利、升遷、地位象徵、被賞識以及有成就感或自我表現的機會。

Adarns認為，成員會與其他相等地位的人員比較投入與成果。所謂相等地位的人員，可能是同群體內的人，也可能是組織內不同群體的人，或組織外的參照人員。假如兩種比較並不相等，則成員將被激勵去減低此種不一致的現象，而使其達到相等。

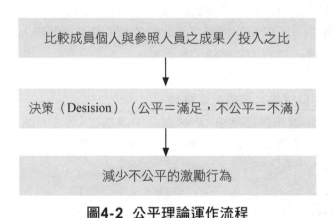

圖4-2　公平理論運作流程

資料來源：蔡培村（1992）

貳、 工作設計與激勵的關係

一、 要素

(一)人事相適：

工作要求與人員的資格相符。

(二)擁有的感覺：

讓人員將工作視為是自己份內的事務。

(三)有權去思考：

人員有工作的自主權，並知道如何改善工作績效。

(四)對結果負責：

確認並增進員工的責任感。

(五)成果記錄：

記錄、追蹤並改善人員的工作績效。

二、 面向

依據學者J. Richard Hackman與Grneg R. Oldham所提出的工作特性模型，可將工作特性對生產力、激勵及滿足感的影響，並可指出個人工作再設計的方向：

(一)技術變化性：

指工作需要各種不同程度、不同種類的技術活動才得以完成，故須了解該項工作需使用多少技術。

(二)工作確認性：

指需要完成整向工作的程度，以及工作中每一部分的界定。

(三)工作意義性：

指工作對於人員及其他人的實質影響。

(四)**工作自主性：**

指工作對於個人實質的**自由程度**、獨立程度及自由裁量程度。

(五)**工作回饋性：**

指個人績效對於工作是否完成的影響程度。

此外，上述5個主要工作面向也可以結合成單一指數，稱之為「潛在激勵指數」（motivation potential score），公式彙整如下：

潛在激勵指數＝

（技術變化性＋工作確認性＋工作意義性）／3×自主性×工作回饋

也就是說，一個工作至少具有技術變化、確認目標或有意亦等任一項，才能達到激勵的要求，且也必須注重工作的自主性與回饋性。

三、方法

因為了解工作設計，也是激勵過程的重要的一部分，進而了解可以透過工作設計的哪些方法來激勵員工：

(一)**工作豐富化：**

此方法為最普遍增進人員工作潛在動機的方法，其要求增加人員對於自身工作的計畫與自主性，並增加員工的自我評估與減少監督。換言之，此方法是從工作本身增加內部激勵。

但也需注意，此方法只有在增加人員責任、自由與獨立性的同時，組織工作也允許員工盡情施展，並提供回饋以正確回應員工績效的狀況下，才能提升其成功機率。

(二)**工作輪調：**

此方法可以使人員有機會嘗試不同的職務、學習新的技術、更換不同的主管以及適應新的工作環境。

也就是說，透過工作輪調的方法，可以重新燃起人員的工作活力，激勵其有更好的績效表現。

(三)**在家工作：**

鑒於科技的進步、社會環境的推動（如：Covid-19疫情），使得工作可以在自己的家中完成，對員工而言，這種工作型態所具有

的彈性，很明顯地會對人員產生正面的激勵，也同步訓練人員的
自身管理技能；對於組織而言，也同時可節省購買或承租更大辦
公室的成本。

(四) **彈性工作時間**：

此方法透過工作時間的彈性化，讓人員只要在每週工作一定的時數
即可，無須限定要在什麼時候上班。進而，彈性工作時間只要求人
員完成其工作即可，較能增加個人價值感，並且能夠降低人員的缺
勤率、減少工作疲乏，以及增加對於組織的認同。

參、公共部門激勵制度的課題

雖然上述激勵理論與實踐方法，可適用於公共部門，但由於公共部門
官僚組織及其「永業制」的身分保障等特性，使得公共部門的激勵過
程，也存在一些困難與限制：

一、 身分保障

公務人員由於有任用身分上的保障（俗稱：**永業制保障**），此種保障
卻使得激勵的手段打了很多的折扣。依照現行法令規定，只有在考績
極差、記兩大過等可能使得工作不保外，尚難像民間企業的人員一樣
進行新陳代謝。

二、 層級節制

由於官僚組織的層級節制，使得公務人員在升遷、溝通、公文傳遞上
均比一般企業緩慢，也較無效率。進而，也使得公務員存在與組織、
他人甚或自身疏離的情況，進而妨礙了激勵手段的運用。

三、 法規限制

公務體系由於受到太多法律規章的限制，使得許多創新作法在行政部
門中難以推行。而且，法令修訂曠日廢時，導致公務人員的行政服務
永遠趕不上人民的期待，因而產生反激勵的效果。

此外，譬如刑法上「圖利罪」、貪汙治罪條例之罪刑，也讓許多公務人員深怕動輒觸犯法律，易採取明哲保身之心態。

四、 預算限制

官僚組織預算有限，且必須受到立法機關的嚴格審核，因此無法做到即時、有效的獎賞作用，同時也無法編列足夠的預算在公務人員的教育訓練上。

五、 升遷體系

公務人員能否升遷，除了受到法令限制外，也時常傳出因意識形態、政黨、團體差異或裙帶關係等原因，而有升遷不盡公平的狀況。在實務上，也可能產生表現良好的公務人員由於受到該部門主管的欣賞，反而使主管捨不得其升遷，進而阻礙其考評分數，而傷害公務人員的士氣和激勵。

六、 政治掛帥

此外，公務體系如果受到政務官或行政首長干預過身，甚至產生太政治化的狀況，亦可能導致反激勵的情形：

(一)**績效放兩邊，政治擺中間**：只要加對政黨、派系，就可官運亨通。

(二)**政治橫行，專業棄守**：如果依專業所制定的政策，輕易被政務官駁回或扭曲，對公務人員的士氣將造成嚴重傷害。

(三)**成群結黨、破壞關係**：組織內部若派系林立，將導致彼此失去信任，使得氣氛不良，甚至工作效率降低。

肆、公共部門激勵方式再建構

一、 珍珠模式

學者丘昌泰所發展出的珍珠模型（PEARL），包括下面5項原則：

(一)**多激發潛能（potential），少嚴密監督：**

　　領導者必須設法讓部屬有成就感，因此必須想辦法賦予重要任務，在指示後讓部屬自己發揮，不採取緊迫盯人方式，以激發部屬的創造力與想像力。

(二)**多民主賦能（empowerment），少集中抓權：**

　　多給部屬一些自主成長的空間，讓其可以在自身權限範圍內決定事項，而不必事事苛責與干預。

(三)**多成為支持者與協助者（assister），少成為控制者與責難者：**

　　領導者如能多讚美部屬的小小成就，部屬自然而然會更加賣力去實踐領導者所交付的任務。

(四)**多獎賞（reward），少處罰：**

　　領導者在面對部屬工作表現良好時，除了表揚與考績獎勵外，建議立即給予稱讚，可對部屬產生很大的激勵效果。

(五)**多關愛包容（love），少結黨營私：**

　　領導者對待部屬，不因政黨屬性、意識形態、族群背景等不同，而有所差別待遇，其首長更忌諱有自己的小團體，避免組織分裂。

二、誠信模式

一個領導者重誠信，則員工基於信任感，自然心悅誠服：

(一)以身作則、身先士卒；

(二)言行合一、言出必行；

(三)公私分明、獨裁為公；

(四)用心領導、內心真誠；

(五)強調建立組織夥伴關係。

三、人力資源管理各方面的配合

(一)**人力規劃：**

　　能以長期規劃的眼光，讓組織人員的需求與供給維持平衡，取得必要之人才。

(二)任用招募：

使人事相適，並招得千里馬人才。

(三)培訓發展：

透過訓練與生涯發展，讓人員技能升級，工作有成較感。

(四)績效評估：

以適時、公平的績效評估，進行適當的獎懲並發掘人才。

(五)員工關係：

建立合作夥伴關係，或讓員工遭受不平待遇時，有申訴與解決之管道。

(六)薪酬獎賞：

以吸引並留住組織所需的人才。

圖4-3　激勵與其他人力資源管理體系的關係

資料來源：吳瓊恩等（2006）

模擬試題

一、公務人員任用法有「初任與升調並重」之規定，請說明初任與升調的意義為何，並論述其在「激勵穩定」與「改革創新」上，何者較為重要？

本題重點：了解《公務人員任用法》之立法目的，以及內陞、外補並重之特色。

解 (一)「初任與升調並重」之意義：

自公務人員任用法第2條：「公務人員之任用，應本專才、專業、適才、適所之旨，初任與升調並重，為人與事之適切配合。」可知，當公務機關組織的職務出缺時，可透過以下2種管道，將職缺補足。一是由內部在職人員陞任補充，即內陞制；另一則是由外界挑選合格的人員補充，即外補制。本法之立法目的，即在於要求公務人員之任用，應依「內陞與外補兼顧原則」辦理，不可過於偏重其中一種，因為此2種管道各有其優缺與利弊。

(二)「初任與升調並重」在「激勵穩定」與「改革創新」上之重要性

1. 內陞制之優點：

(1)從機關內部辦理擢升，可有效提高內部人員士氣。

(2)陞任人員對於既有機關之組織文化、同僚熟悉，應可快速進入狀況，以有效維持機關運作。

(3)由內部陞任，主管對被陞任者的能力、特質知之甚詳，較不會有所用非人之狀況發生。

2. 內陞制之缺點：

(1)機關內符合新職資格之候選人人數有限，難達廣收、慎選之效。

(2)當有眾人爭取同一個職務時，如處理不當，易生摩擦，
　甚至產生組織內之嫌隙，有礙組織正向發展。

(3)組織內成員的流動均來自內部，缺乏新意，可能形成組
　織思維的僵化。

3. 外補制之優點：

(1)甄選的人才眾多，有機會選到更為優秀的人才。

(2)外部人員因相互不認識，降低人際摩擦之機會。

(3)外部人員往往可以帶來新的想法，可提升組織的活力與
　決策的創新。

4. 外補制之缺點：

(1)機關內部人員缺乏陞遷機會，恐影響組織士氣。

(2)新任人員來自組織外部，對於組織文化與人際關係尚待
　磨合，可能需要時間適應。

(3)主管對於新任人員的背景、能力、特質等皆不甚了解，
　進用後是否適才適所，仍有疑慮。

(三)結論：

綜上所述，若機關強調的是「激勵穩定」，即可選擇內陞制
度；若機關強調「改革創新」，則可選擇外補制度。二者因各
有優缺，故《公務人員任用法》強調「二者並重」，應依組織
內部需求為考量依歸，並須注意不可偏廢。

二、績效評估是人力資源管理的重要環節，但常無法發揮該有的功
　能，公共人力資源更為如此。請說明可能公共人力績效評估制度
　現行面臨的課題。

本題重點：了解公共人力績效評估時可能面臨的課題，如身分、層級
制度等。

解　由於公共部門官僚組織及其「永業制」的身分保障等特性，使得
　　公共部門的激勵過程，也存在一些困難與限制：

(一) 身分保障：

　　公務人員由於有任用身分上的保障（俗稱：永業制保障），此種保障卻使得激勵的手段打了很多的折扣。依照現行法令規定，只有在考績極差、記兩大過等可能使得工作不保外，尚難像民間企業的人員一樣進行新陳代謝。

(二) 層級節制：

　　由於官僚組織的層級節制，使得公務人員在升遷、溝通、公文傳遞上均比一般企業緩慢，也較無效率。進而，也使得公務員存在與組織、他人甚或自身疏離的情況，進而妨礙了激勵手段的運用。

(三) 法規限制：

　　公務體系由於受到太多法律規章的限制，使得許多創新作法在行政部門中難以推行。而且，法令修訂曠日廢時，導致公務人員的行政服務永遠趕不上人民的期待，因而產生反激勵的效果。此外，譬如刑法上「圖利罪」、貪汙治罪條例之罪刑，也讓許多公務人員深怕動輒觸犯法律，易採取明哲保身之心態。

(四) 預算限制：

　　官僚組織預算有限，且必須受到立法機關的嚴格審核，因此無法做到即時、有效的獎賞作用，同時也無法編列足夠的預算在公務人員的教育訓練上。

(五) 升遷體系：

　　公務人員能否升遷，除了受到法令限制外，也時常傳出因意識形態、政黨、團體差異或裙帶關係等原因，而有升遷不盡公平的狀況。在實務上，也可能產生表現良好的公務人員由於受到該部門主管的欣賞，反而使主管捨不得其升遷，進而阻礙其考評分數，而傷害公務人員的士氣和激勵。

(六) 政治掛帥：

　　公務體系如果受到政務官或行政首長干預過身，甚至產生太政治化的狀況，亦可能導致反激勵的情形：

1. 績效放兩邊，政治擺中間：只要加對政黨、派系，就可官運亨通。
2. 政治橫行，專業棄守：如果依專業所制定的政策，輕易被政務官駁回或扭曲，對公務人員的士氣將造成嚴重傷害。
3. 成群結黨、破壞關係：組織內部若派系林立，將導致彼此失去信任，使得氣氛不良，甚至工作效率降低。

Chapter

05 | 憲法與政府人力資源管理

 關鍵核心

1 特別權力關係的概念：

指對應於一般統治關係或一般法律關係，係基於法律之特別原因及權力服從關係，係指當事人之一方，在一定範圍內有命令強制之權力，而義務相對人從而負有服從義務之法律關係，若是其權利受到侵害或限制，也不得提起司法救濟。

2 特別權力關係的解除：

我國學界與實務均致力於推動特別權力關係的解除，期能讓公務人員與國家的關係，在憲法的保障下亦有合理的發展。

(1) 釋字第187號；

(2) 釋字第201號；

(3) 釋字第243號；

(4) 釋字第266號；

(5) 釋字第298號；

(6) 釋字第323號；

(7) 釋字第338號；

(8) 釋字第474號；

(9) 釋字第491號；

(10) 釋字第658號；

(11) 釋字第785號。

3 公務人員的權利：

(1) 停職與復職；

(2) 轉任與派職；

(3) 官等與職等；

(4) 俸給權；

(5) 損害賠償請求權；

(6) 涉訟輔助請求權；

(7) 補償請求權；

(8) 費用償還請求權。

4 公務人員的義務：

(1) 忠實義務；

(2) 服從義務；

(3) 保密義務；

(4) 品位保持義務；

(5) 執行職務義務；

(6) 就職義務；

(7) 出差義務；

(8) 堅守崗位義務；

(9) 辦公義務；

(10) 迴避義務；

(11) 保管義務；

(12) 禁止濫權；

(13) 禁止經商或投機事業；

(14) 禁止兼職；

(15) 禁止任職；

(16) 禁止推薦、關說或請託；

(17) 禁止贈受財物；

(18) 禁止接受招待或餽贈；

(19) 禁止動用公款或公物；

(20) 禁止互惠。

5 公務人員的責任：

(1) 民事責任；

(2) 行政責任；

(3) 刑事責任。

重點精要

壹、公務員與國家的關係

一、特別權力關係的概念

公務員與國家之關係，向來被視為典型的「特別權力關係」，以示有別於人民與國家之一般權力關係。

(一)起源：

特別權力關係可追溯至中古時期領主與家臣之關係，乃是德國公法學所獨有之理論，在十九世紀君主立憲體制下之德國，行政權與國民兩者之間的外部關係雖然受到法治國原則所拘束，然而為君主支柱的軍隊與幕僚系統卻不適用法治主義，乃是因為要**維持官吏對君主的傳統忠誠關係**，並使其能與法治主義並行不悖起見，方見該理論之雛形。於是，德國國家法學家Paul Laband認為，國家本身乃是一個封閉主體，因此在該體系中，國家與公務員之間並不存在一般法律關係，而是存在著特別權力關係。之後，再經由Otto Mayer提出「**志願不構成侵害之說**」，主張當公務員進入國家封閉性主體內部時，立即自動放棄其權利，既然為自願放棄，因此自然就無侵害可言，而將其發揚光大。

(二)意義：

所謂的特別權力關係，又稱為特別服從關係，乃是指對應於一般統治關係或一般法律關係，係基於法律之特別原因及權力服從關係，係指當事人之一方，在一定範圍內有**命令強制**之權力，而義務相對人從而**負有服從義務**之法律關係，若是其權利受到侵害或限制，也**不得提起司法救濟**。

(三)發生原因：

1. **法律規定：**

基於「強制」（coercive）或「權力」（power）而形成，諸如：《兵役法》明定役男有服兵役之義務、《強迫入學條例》指出國民有受九年國民教育之義務，以及《刑法》規定受刑人入監獄服刑等。

2. **當事人自願：**

基於「任意」（arbitrary）或「志願」（voluntary）而成立，例如：人民自願應考試服公職成為公務人員、市民使用公立圖書館，以及病患進公立醫院接受治療等。

3. **基於其他一定事實之發生：**

對人為或是天然災害之「緊急」（emergent）處理措施，例如：戰爭、瘟疫、SARS之狀況發生。

(四)特徵：

1. **當事人地位不對等：**

行政主體與特定人民之地位關係，係由行政主體單方面所主導，兩者之地位是主從關係。

2. **義務不確定：**

因為不完全適用法律保留之故，因此行政主體為達行政目的，亦得以行政規則或是特別規則來限制相對人民之權利或課予更多義務，導致相對人民之義務不確定。亦即特別權力之相對人，其義務無確定分量，係概括性的權力服從關係。

3. **有特別規則：**

由於行政主體對相對人所為之處分或指令，均被視為內部行為，大多不涉及重要的法律保留事項。是以，特別權力關係下的一切所有行政行為之處分或指令，不受法律保留原則所拘束，意謂相對人沒有置喙之餘地。

4. **有懲戒罰：**

行政主體或營造物得訂定特別規則拘束相對人，且無須法律依據或授權，對於違反行政義務的相對人，行政主體得依據特別

規則來懲戒或懲處，並可限制其一般國民所享有之權利（人權之限制）。

5. **原則不得爭訟：**

特別權力關係之處分或指令，均被視為內部行為，並非「行政處分」，故不符合權利保護之要件，以往均不得提起行政爭訟（如訴願、行政訴訟）；但在當代特別法律關係理論基礎上，已有明顯的改變（如「基本關係」之自由權利受損者，人民仍得依法提起行政爭訟；但「管理關係」之措施，則仍不受司法審查）。傳統特別權力關係中，人民進入行政內部，行政主體或營造物對其之處置，定性為行政內部之「指令」，而非對外之「行政處分」，故不適用一般權利保護，不得提起行政爭訟（包含訴願和行政訴訟）。

二、 特別權力關係逐步解除

鑒於上述特別權力關係對於公務人員的不合理性，我國學界與實務均致力於推動特別權力關係的解除，期能讓公務人員與國家的關係，在憲法的保障下亦有合理的發展。有關我國公務員與國家之特別權力關係，綜整重要之大法官解釋如下：

表5-1　公務人員特別權力關係之大法官解釋

司法院 大法官解釋	主要內容
釋字 第187號	公務人員依法辦理退休請領退休金，乃行使法律基於憲法規定所賦予之權利，應受保障。其向原服務機關請求核發服務年資或未領退休金之證明，未獲發給者，在程序上非不得依法提起訴願或行政訴訟。本院院字第三三九號及院字第一二八五號解釋有關部分，應予變更。行政法院五十年判字第九十八號判例，與此意旨不合部分，應不再援用。

司法院 大法官解釋	主要內容
釋字 第201號	公務人員依法辦理退休請領退休金，非不得提起訴願或行政訴訟，經本院釋字第一八七號解釋予以闡釋在案。行政法院五十三年判字第二二九號判例前段所稱：「公務員以公務員身分受行政處分，純屬行政範圍，非以人民身分因官署處分受損害者可比，不能按照訴願程序提起訴願」等語，涵義過廣，與上開解釋意旨不符部分，於該解釋公布後，當然失其效力。至上開判例，有關軍人申請停役退伍事件部分，並未涉及公務人員依法辦理退休請領退休金，與本件聲請意旨無關，不在解釋範圍。
釋字 第243號	中央或地方機關依公務人員考績法或相關法規之規定，對公務員所為之免職處分，直接影響其憲法所保障之服公職權利，受處分之公務員自得行使憲法第十六條訴願及訴訟之權。該公務員已依法向該管機關申請復審及向銓敘機關申請再復審或以類此之程序謀求救濟者，相當於業經訴願、再訴願程序，如仍有不服，應許其提起行政訴訟，方符有權利即有救濟之法理。行政法院五十一年判字第三九八號、五十三年判字第二二九號、五十四年裁字第十九號、五十七年判字第四一四號判例與上開意旨不符部分，應不再援用。至公務人員考績法之記大過處分，並未改變公務員之身分關係，不直接影響人民服公職之權利，上開各判例不許其以訴訟請求救濟，與憲法尚無牴觸。
釋字 第266號	依公務人員考績法所為之免職處分，因改變公務員身分關係，直接影響人民服公職之權利，依本院釋字第二四三號解釋，得許受處分之公務員提起行政訴訟。對於未改變公務員身分之其他考績結果有所不服，仍不許以行政訴訟請求救濟。惟公務人員基於已確定之考績結果，依據法令規定為財產上之請求而遭拒絕者，影響人民之財產權，參酌本院釋字第一八七號及第二〇一號解釋，尚非不得依法提

司法院 大法官解釋	主要內容
釋字 第266號	訴願或行政訴訟,行政法院四十八年判字第十一號判例與上述意旨不符部分,應不再援用。至是否係基於已確定之考績結果所得為之財產上請求,係事實問題,應就具體事件依法認定,不在本件解釋範圍,併予說明。
釋字 第298號	憲法第七十七條規定,公務員之懲戒屬司法院掌理事項。此項懲戒得視其性質於合理範圍內以法律規定由其長官為之。但關於足以改變公務員身分或對於公務員有重大影響之懲戒處分,受處分人得向掌理懲戒事項之司法機關聲明不服,由該司法機關就原處分是否違法或不當加以審查,以資救濟。有關法律,應依上述意旨修正之。本院釋字第二四三號解釋應予補充。至該號解釋,許受免職處分之公務員提起行政訴訟,係指受處分人於有關公務員懲戒及考績之法律修正前,得請求司法救濟而言。
釋字 第323號	各機關擬任之公務人員,經人事主管機關任用審查,認為不合格或降低原擬任之官等者,於其憲法所保障服公職之權利有重大影響,如經依法定程序申請復審,對復審決定仍有不服時,自得依法提起訴願或行政訴訟,以謀求救濟。行政法院五十九年度判字第四○○號判例,與上開意旨不符部分,應不再援用。
釋字 第338號	主管機關對公務人員任用資格審查,認為不合格或降低原擬任之官等者,於其憲法所保障服公職之權利有重大影響,公務員如有不服,得依法提起訴願及行政訴訟,業經本院釋字第三二三號解釋釋示在案。其對審定之級俸如有爭執,依同一意旨,自亦得提起訴願及行政訴訟。行政法院五十七年判字第四一四號及五十九年判字第四○○號判例應不再援用。本院上開解釋,應予補充。

司法院 大法官解釋	主要內容
釋字 第474號	公務人員參加公務人員保險，於保險事故發生時，有依法請求保險金之權利，該請求權之消滅時效，應以法律定之，屬於憲法上法律保留事項。中華民國四十七年八月八日考試院訂定發布之公務人員保險法施行細則第七十條（八十四年六月九日考試院、行政院令修正發布之同施行細則第四十七條），逕行規定時效期間，與上開意旨不符，應不予適用。在法律未明定前，應類推適用公務人員退休法、公務人員撫卹法等關於退休金或撫卹金請求權消滅時效期間之規定。至於時效中斷及不完成，於相關法律未有規定前，亦應類推適用民法之規定，併此指明。
釋字 第491號	憲法第十八條規定人民有服公職之權利，旨在保障人民有依法令從事於公務之權利，其範圍不惟涉及人民之工作權及平等權，國家應建立相關制度，用以規範執行公權力及履行國家職責之行為，亦應兼顧對公務人員之權益之保護。公務人員之懲戒乃國家對其違法、失職行為之制裁。此項懲戒得視其性質，於合理範圍內，以法律規定由其長官為之。中央或地方機關依公務人員考績法或相關法規之規定對公務人員所為免職之懲處處分，為限制人民服公職之權利，實質上屬於懲戒處分，其構成要件應由法律定之，方符憲法第二十三條之意旨。公務人員考績法第十二條第一項第二款規定各機關辦理公務人員之專案考績，一次記二大過者免職。同條第二項復規定一次記二大過之標準由銓敘部定之，與上開解釋意旨不符。又懲處處分之構成要件，法律以抽象概念表示者，其意義須非難以理解，且為一般受規範者所得預見，並可經由司法審查加以確認，方符法律明確性原則。對於公務人員之免職處分既係限制憲法保障人民服公職之權利，自應踐行正當法律程序，諸如作成處分應經機關內部組成立場公正之委員會決議，處分前並應給予受處分人陳述及申辯之機會，處分書應附記理由，並表明救濟方法、期間及受理機關等，設立

司法院 大法官解釋	主要內容
釋字 第491號	相關制度予以保障。復依公務人員考績法第十八條規定，服務機關對於專案考績應予免職之人員，在處分確定前得先行停職。受免職處分之公務人員既得依法提起行政爭訟，則免職處分自應於確定後方得執行。相關法令應依本解釋意旨檢討改進，其與本解釋不符部分，應自本解釋公布之日起，至遲於屆滿二年時失其效力。
釋字 第658號	公務人員退休法施行細則第十三條第二項有關已領退休（職、伍）給與或資遣給與者再任公務人員，其退休金基數或百分比連同以前退休（職、伍）金基數或百分比或資遣給與合併計算，以不超過公務人員退休法第六條及第十六條之一第一項所定最高標準為限之規定，欠缺法律具體明確授權；且其規定內容，並非僅係執行公務人員退休法之細節性、技術性事項，而係就再任公務人員退休年資採計及其採計上限等屬法律保留之事項為規定，進而對再任公務人員之退休金請求權增加法律所無之限制，與憲法第二十三條法律保留原則有違，應自本解釋公布之日起至遲於屆滿二年時失其效力。
釋字 第785號	**本於憲法第16條有權利即有救濟之意旨，人民因其公務人員身分，與其服務機關或人事主管機關發生公法上爭議，認其權利遭受違法侵害，或有主張權利之必要，自得按相關措施與爭議之性質，依法提起相應之行政訴訟，並不因其公務人員身分而異其公法上爭議之訴訟救濟途徑之保障。中華民國92年5月28日修正公布之公務人員保障法第77條第1項、第78條及第84條規定，並不排除公務人員認其權利受違法侵害或有主張其權利之必要時，原即得按相關措施之性質，依法提起相應之行政訴訟，請求救濟，與憲法第16條保障人民訴訟權之意旨均尚無違背。**

資料來源：作者整理

貳、公務人員之權利、義務與責任

一、權利

公務人員之身分應予保障，非依法律不得剝奪。基於身分之請求權，其保障亦同。（公務人員保障法第9條）

(一)停職與復職：

公務人員**非依法律**，**不得**予以停職。公務人員於停職、休職或留職停薪期間，仍具公務人員身分。但不得執行職務。（公務人員保障法第9-1條）

經依法停職之公務人員，於停職事由消滅後三個月內，**得申請復職**；服務機關或其上級機關，除法律另有規定者外，應許其復職，並自受理之日起三十日內通知其復職。依前項規定復職之公務人員，服務機關或其上級機關應回復原職務或與原職務職等相當或與其原敘職等俸級相當之其他職務；如仍無法回復職務時，應依公務人員任用法及公務人員俸給法有關調任之規定辦理。經依法停職之公務人員，於停職事由消滅後三個月內，未申請復職者，服務機關或其上級機關人事單位應負責查催；如仍未於接到查催通知之日起三十日內申請復職，除有不可歸責於該公務人員之事由外，視為辭職。（公務人員保障法第10條）

受停職處分之公務人員，其停職處分經撤銷者，除得依法另為處理者外，其服務機關或其上級機關應予**復職**，並準用前條第二項之規定。前項之公務人員於復職報到前，仍視為停職。依第一項應予復職之公務人員，於接獲復職令後，應於三十日內報到，並於復職報到後，回復其應有之權益；其未於期限內報到者，除經核准延長或有不可歸責於該公務人員之事由外，視為辭職。（公務人員保障法第11條）

(二)轉任與派職：

公務人員因**機關裁撤**、**組織變更**或**業務緊縮**時，除法律另有規定者外，其具有考試及格或銓敘合格之留用人員，應由上級機關或承受其業務之機關辦理**轉任**或**派職**，**必要時先予輔導**、**訓練**。

依前項規定轉任或派職時，除自願降低官等者外，其官等職等應與原任職務之官等職等**相當**，如無適當職缺致轉任或派職同官等內低職等職務者，應依公務人員任用法及公務人員俸給法有關調任之規定辦理。（公務人員保障法第12條）

(三)**官等與職等**：

公務人員經銓敘審定之**官等職等應予保障**，非依法律不得變更。（公務人員保障法第13條）

(四)**俸給權**：

公務人員經銓敘審定之**俸級應予保障**，非依法律不得降級或減俸。（公務人員保障法第14條）

(五)**損害賠償請求權**：

公務人員因機關提供之安全及衛生防護措施有瑕疵，致其生命、身體或健康受損時，得**依國家賠償法請求賠償**。

公務人員執行職務時，發生意外致受傷、失能或死亡者，應發給慰問金。但該公務人員有故意或重大過失情事者，得不發或減發慰問金。

前項慰問金發給辦法，由考試院會同行政院定之。（公務人員保障法第21條）

(六)**涉訟輔助請求權**：

公務人員依法執行職務涉訟時，服務機關應輔助其**延聘律師為其辯護**及**提供法律上之協助**。前項情形，其涉訟係因公務人員之故意或**重大過失**所致者，應**不予輔助**；如服務機關已支付涉訟輔助費用者，應予追還。第一項之涉訟輔助辦法，由考試院會同行政院定之。（公務人員保障法第22條）

(七)**補償請求權**：

公務人員經指派於**上班時間以外**執行職務者，服務機關應給予**加班費、補休假、獎勵或其他相當之補償**。（公務人員保障法第23條）

(八)**費用償還請求權**：

公務人員執行職務墊支之必要費用，得請求服務機關償還之。（公務人員保障法第24條）

二、 義務

(一)**作為義務**

1. **忠實義務**：

公務員應恪守誓言，忠心努力，依法律、命令所定執行其職務。（公務員服務法第1條）

2. **服從義務**：

長官就其監督範圍以內所發命令，屬官有**服從**之義務。但屬官對於長官所發命令，如有意見，得隨時陳述。（公務員服務法第2條）

公務員對於兩級長官同時所發命令，以上級長官之命令為準；主管長官與兼管長官同時所發命令，以主管長官之命令為準。（公務員服務法第3條）

公務人員對於長官監督範圍內所發之命令有服從義務，如認為該命令違法，應負報告之義務；該管長官如認其命令並未違法，而以書面署名下達時，公務人員即應服從；其因此所生之責任，由該長官負之。但其命令有違反刑事法律者，公務人員無服從之義務。前項情形，該管長官非以書面署名下達命令者，公務人員得請求其以書面署名為之，該管長官拒絕時，視為撤回其命令。（公務人員保障法第17條）

3. **保密義務**：

公務員有絕對**保守**政府機關**機密**之義務，對於**機密事件**，無論是否主管事務，均不得洩漏；**退職後亦同**。

公務員未得長官許可，不得以私人或代表機關名義，任意發表有關職務之談話。（公務員服務法第4條）

4. **品位保持義務**：

公務員應誠實清廉，謹慎勤勉，不得有驕恣貪惰，奢侈放蕩及冶遊、賭博、吸食煙毒等足以損失名譽之行為。（公務員服務法第5條）

5. **執行職務義務：**

公務員執行職務，應力求切實，不得畏難規避，互相推諉或無故稽延。（公務員服務法第7條）

6. **就職義務：**

公務員接奉任狀後，除程期外，應於一個月內就職。但具有正當事由，經主管高級長官特許者，得延長之，其延長期間，以一個月為限。（公務員服務法第8條）

7. **出差義務：**

公務員奉派出差，至遲應於一星期內出發，不得藉故遲延，或私自回籍，或往其他地方逗留。（公務員服務法第9條）

8. **堅守崗位義務：**

公務員未奉長官核准，不得擅離職守；其出差者亦同。（公務員服務法第10條）

9. **辦公義務：**

公務員辦公，應依法定時間，不得遲到早退，其有特別職務經長官許可者，不在此限。

公務員每週應有二日之休息，作為例假。業務性質特殊之機關，得以輪休或其他彈性方式行之。

前項規定自民國九十年一月一日起實施，其辦法由行政院會同考試院定之。（公務員服務法第11條）

10. **迴避義務：**

公務員執行職務時，遇有涉及本身或其家族之利害事件，應行迴避。（公務員服務法第17條）

11. **保管義務：**

公務員職務上所保管之文書、財物，應盡善良保管之責，不得毀損、變換、私用或借給他人使用。（公務員服務法第20條）

(三)不作為義務

1. **禁止濫權：**

公務員不得假借權力，以圖本身或他人之利益，並不得利用職務上之機會加損害於人。（公務員服務法第6條）

2. **禁止經營商業或投機事業：**

公務員不得經營商業或投機事業。但投資於非屬其服務機關監督之農、工、礦、交通或新聞出版事業，為股份有限公司股東，兩合公司之有限責任股東，或非執行業務之有限公司股東，而其所有股份總額未超過其所投資公司股本總額百分之十者，不在此限。

公務員非依法不得兼公營事業機關或公司代表官股之董事或監察人。

公務員利用權力、公款或公務上之秘密消息而圖利者，依刑法第一百三十一條處斷；其他法令有特別處罰規定者，依其規定。其離職者，亦同。

公務員違反第一項、第二項或第三項之規定者，應先予撤職。（公務員服務法第13條）

3. **禁止兼職：**

→**兼任他項公職或業務：**

公務員除法令所規定外，不得兼任他項公職或業務。其依法令兼職者，不得兼薪及兼領公費。依法令或經指派兼職者，於離去本職時，其兼職亦應同時免兼。（公務員服務法第14條）

→**兼任非以營利事業或團體之職務：**

公務員兼任非以營利為目的之事業或團體之職務，受有報酬者，應經服務機關許可。機關首長應經上級主管機關許可。前項許可辦法，由考試院定之。（公務員服務法第14-2條）

→**兼任教學或研究工作：**

公務員兼任教學或研究工作或非以營利為目的之事業或團體之職務，應經服務機關許可。機關首長應經上級主管機關許可。（公務員服務法第14-3條）

4. **禁止任職：**

公務員於其離職後三年內，不得擔任與其離職前五年內之職務直接相關之營利事業董事、監察人、經理、執行業務之股東或顧問。（公務員服務法第14-1條）

離職公務員違反本法第十四條之一者，處二年以下有期徒刑，得併科新臺幣一百萬元以下罰金。犯前項之罪者，所得之利益沒收之。如全部或一部不能沒收時，追徵其價額。（公務員服務法第22-1條）

課外小知識

釋字第637號
公務員服務法第十四條之一規定：「公務員於其離職後三年內，不得擔任與其離職前五年內之職務直接相關之營利事業董事、監察人、經理、執行業務之股東或顧問。」旨在維護公務員公正廉明之重要公益，而對離職公務員選擇職業自由予以限制，其目的洵屬正當；其所採取之限制手段與目的達成間具實質關聯性，乃為保護重要公益所必要，並未牴觸憲法第二十三條之規定，與憲法保障人民工作權之意旨尚無違背。

5. **禁止推薦、關說或請託：**
   公務員對於屬官不得推薦人員，並不得就其主管事件有所關說或請託。（公務員服務法第15條）
6. **禁止贈受財物：**
   公務員有隸屬關係者，無論涉及職務與否，不得贈受財物。公務員於所辦事件，不得收受任何餽贈。（公務員服務法第16條）
7. **禁止接受招待或餽贈：**
   公務員不得利用視察、調查等機會，接受地方官民之招待或餽贈。（公務員服務法第18條）
8. **禁止動用公款或公物：**
   公務員非因職務之需要，不得動用公物或支用公款。（公務員服務法第19條）
9. **禁止互惠：**
   公務員對於左列各款與其職務有關係者，不得私相借貸，訂立互利契約或享受其他不正利益：

一、承辦本機關或所屬機關之工程者。

二、經營本機關或所屬事業來往款項之銀行、錢莊。

三、承辦本機關或所屬事業公用物品之商號。

四、受有官署補助費者。（公務員服務法第21條）

三、責任

(一)民事責任。

(二)行政責任─懲戒與懲處

懲戒：公務員懲戒機關對違反行政義務的公務員，依據「公務員懲戒法」所為之制裁。其種類分別為（公務員懲戒法第9條第1項）：

一、免除職務。

二、撤職。

三、剝奪、減少退休（職、伍）金。

四、休職。

五、降級。

六、減俸。

七、罰款。

八、記過。

九、申誡。

懲處：一般行政機關對於違反行政義務之公務員，依據「公務員考績法」及其他相關法規所為之制裁。其種類分別為（公務人員考績法第12條第1項）：

一、平時考核：獎勵分嘉獎、記功、記大功；懲處分申誡、記過、記大過。於年終考績時，併計成績增減總分。平時考核獎懲得互相抵銷，無獎懲抵銷而累積達二大過者，年終考績應列丁等。

二、專案考績，於有重大功過時行之；其獎懲依左列規定：

(一)一次記二大功者，晉本俸一級，並給與一個月俸給總額之獎金；已達所敘職等本俸最高俸級或已敘年功俸級者，晉

年功俸一級,並給與一個月俸給總額之獎金;已敘至年功俸最高俸級者,給與二個月俸給總額之獎金。但在同一年度內再因一次記二大功辦理專案考績者,不再晉敘俸級,改給二個月俸給總額之一次獎金。

(二)一次記二大過者,免職。

課外小知識

懲戒與懲處的競合,兼論「公務員懲戒判決執行辦法」

(1) 懲戒與懲戒的積極競合:

公務員懲戒判決執行辦法第10條:「公務員因不同行為,受二以上之懲戒處分者,除本辦法另有規定外,分別執行之。」

(2) 懲戒與懲處的積極競合:

公務員懲戒判決執行辦法第9條:「同一行為經主管機關或其他權責機關依其他法律規定剝奪、減少退休(職、伍)金或其他離職給與後,復經懲戒法庭為剝奪、減少退休(職、伍)金處分之懲戒判決者,公務員之退休(職、伍)金或其他離職給與,於依其他法律規定剝奪或減少之範圍內,懲戒判決毋庸重複執行。(第一項)

同一行為經懲戒法庭為剝奪、減少退休(職、伍)金處分之懲戒判決後,復經主管機關或其他權責機關依其他法律規定剝奪、減少退休(職、伍)金或其他離職給與者,懲戒判決之執行不受影響。(第二項)」

(3) 懲戒與懲處的消極競合:

若公務員經懲戒法院判決確定不予懲戒後,則主管長官是否能依公務人員考績法之規定,而對公務員再行懲處,論述如下:

A. 一行為違反一義務:

若懲戒法院對公務員之一行為違反一義務決議不予懲戒,主管長官不得依公務人員考績法之規定而對公務員再予懲處。(因公務員並無違法、廢弛職務。)

B. 一行為違反數義務:

若懲戒法院對公務員之一行為違反數義務構成想像競合時,由於實際上仍為一個行為事實,因此若懲戒法院對某部分之行為決議不予懲戒,則主管長官不得依公務人員考績法之規定而對公務員再予懲處。

C. 數行為違反數義務：

於公務員之數行為違反數義務而構成實質競合時，縱然懲戒法院對某部分之行為判決不予懲處，但主管長官仍得對公務員之其他部分再予懲處。

(三)刑事責任—刑罰與懲戒之競合：

1. **程序事項**：刑罰、懲戒並行原則：

同一行為，在刑事偵查或審判中者，不停止審理程序。但懲戒處分牽涉犯罪是否成立者，懲戒法庭認有必要時，得裁定於第一審刑事判決前，停止審理程序。

依前項規定停止審理程序之裁定，懲戒法庭得依聲請或依職權撤銷之。（公務員懲戒法第39條）

2. **實體事項**：刑罰、懲戒併罰原則：

同一行為，不受懲戒法院二次懲戒。

同一行為已受刑罰或行政罰之處罰者，仍得予以懲戒。其同一行為不受刑罰或行政罰之處罰者，亦同。

同一行為經主管機關或其他權責機關為行政懲處處分後，復移送懲戒，經懲戒法院為懲戒處分、不受懲戒或免議之判決確定者，原行政懲處處分失其效力。（公務員懲戒法第22條）

模擬試題

一、現行公務人員的懲罰，分為行政懲處及司法懲戒兩種。試比較懲處與懲戒兩者之差異。

本題重點：著重探討懲戒與懲處概念之不同。

解　司法懲戒（下稱：懲戒）係規定於「公務員懲戒法」，而行政懲處（下稱：懲處）則規定於「公務人員考績法」及其相關法規。二者之差異，本文分述如下：

(一)處分機關不同

懲戒之處分機關，在109年公務員懲戒法修正後，係由懲戒法庭為之；而懲處之處分機關則由公務員服務之機關為之。

(二)處分事由不同

公務員有下列各情事之一，有懲戒之必要者，應受懲戒：1.違法執行職務、怠於執行職務或其他失職行為；2.非執行職務之違法行為，致嚴重損害政府之信譽。而有關懲處之事由，公務人員考績法則無明文規定，惟從該法第5條第2項可知，考核之細目由銓敘機關訂定，但性質特殊職務之考核得視各職務需要，由各機關訂定，並送銓敘機關備查。

(三)處分種類不同：

公務員之懲戒處分如下：1.免除職務。2.撤職。3.剝奪、減少退休（職、伍）金。4.休職。5.降級。6.減俸。7.罰款。8.記過。9.申誡。

而有關懲處部分，則可分為平時考核與專案考績：

1. 平時考核：獎勵分嘉獎、記功、記大功；懲處分申誡、記過、記大過。於年終考績時，併計成績增減總分。平時考核獎懲得互相抵銷，無獎懲抵銷而累積達二大過者，年終考績應列丁等。

2. 專案考績：專案考績，於有重大功過時行之；其獎懲依左列
　　規定：(1)一次記二大功者，晉本俸一級，並給與一個月俸
　　給總額之獎金；已達所敘職等本俸最高俸級或已敘年功俸級
　　者，晉年功俸一級，並給與一個月俸給總額之獎金；已敘至
　　年功俸最高俸級者，給與二個月俸給總額之獎金。但在同一
　　年度內再因一次記二大功辦理專案考績者，不再晉敘俸級，
　　改給二個月俸給總額之一次獎金。(2)一次記二大過者，免
　　職。

(四)功過相抵不同：懲戒處分不可功過相抵；而懲處部分依據考績
　　法第12條規定，屬於平時考核者，在年度內得功過相抵。

(五)救濟程序不同：

1. 公務員懲戒法於109年修法後，過去由公務員懲戒委員會審
　　理之「一級一審」制度，已全面修正為一級二審，並由懲戒
　　法院審理。因而，對於公務員懲戒事件，可向懲戒法院提出
　　上訴。

2. 懲處部分，公務人員可向公務人員保障暨培訓委員會申請
　　「復審」，而不服復審決定者，則可提起行政訴訟。

二、請說明我國現行憲法增修條文對考試院職權造成何種影響。

本題重點：熟悉憲法增修條文有關考試院之規定。

解 (一)在修憲前，有關考試院的職掌見諸於憲法第83條：「考試院為
　　國家最高考試機關，掌理考試、任用、銓敘、考績、級俸、陞
　　遷、保障、褒獎、撫卹、退休、養老等事項。」然在修憲後，
　　憲法增修條文第6條對於考試院的職權有了重新的規範。該條
　　第1項規定：「考試院為國家最高考試機關，掌理左列事項，
　　不適用憲法第八十三條之規定：一、考試。二、公務人員之銓
　　敘、保障、撫卹、退休。三、公務人員任免、考績、級俸、陞

遷、褒獎之法制事項。」改變憲法原賦予考試院的職掌，做有綜合性及法制與執行事項之區分（將『養老』刪除）。亦即，將人事行政範圍，就性質或實務運作之需要，加以區分。

(二)我國現行人事組織管理體系的運作現況

人事行政的雙重隸屬（監督）體制與人事一條鞭：

1. 人事一條鞭：

我國人事機構的組織體制與他國最大不同之處，即我國特有的「雙重隸屬（監督）體制」。

所謂雙重隸屬監督，一則來自於機關組織內部的指揮命令體系，一則來自於人事專業功能的指揮命令鏈。而後者即屬「人事一條鞭」，也就是人事的統一集中管理制度。

人事一條鞭制度，係指各級政府機關內部人事管理機構與人員之設置，必須依照民國31年所制定的《人事管理條例》相關規範。參酌該條例第1條規定：「中央及地方機關之人事管理，除法律另有規定外，由考試院銓敘部依本條例行之。」以及第6條：「人事管理人員由銓敘部指揮、監督。」第8條：「人事主管人員之任免，由銓敘部依法辦理。」

綜上歸納，所有人事管理人員自成一個「準封閉性」組織系統，並由考試院之銓敘部負責統籌指揮監督，且在法制上也有一條鞭運作傾向，藉以落實考試獨立的憲政價值。

2. 雙重隸屬（監督）機制：

而在民國56年9月人事局成立後，行政院所屬各機關人事機構的設置及人事人員派免遷調、指揮監督等，均歸由該局辦理，只剩下總統府及其他四院人事機構及人事人員由銓敘部直接管理監督。至此，人事一條鞭已有所轉變，銓敘部目前僅為法律上及形式上之最高人事主管機關。

關鍵核心

1 人力資源規劃的意義：
指組織依據其內外環境及其員工的事業生涯發展，對於未來短、長期人力的資源需求，作一種有系統且持續分析與規劃的過程。

2 人力資源規劃的目的：
(1) 確保組織所需人員的數量與品質；
(2) 有效運用組織的人力資源；
(3) 預防環境變動對組織人力帶來的衝擊；
(4) 避免管理人才的斷層；
(5) 提供組織生涯規劃與管理的基礎；
(6) 提供一個檢視、評鑑現況並確認未來需求的方法。

3 人力資源規劃的過程：

 人力需求預測　▶　 人力供給分析　▶　供需比較及人力計畫的擬定與實施

▼ 　　　　　　　▼ 　　　　　　　▼

考慮因素：
- 產品／服務的需求
- 外在的經濟情勢
- 技術
- 財力
- 流動率／缺勤率
- 組織的成長率
- 經營（管理）哲學

內部分析：
- 員額編制表
- 技能存量檔
- 管理人才庫
- 遞補圖

需求於供：
- 外聘（全職、兼職、臨時人員）
- 加班
- 內升
- 業務外包
- 訓練

技術：
- 趨勢分析
- 比率分析
- 相關分析
- 管理者的判斷
- 德飛法

外部分析：
- 人口結構的變遷
- 經濟景氣情況
- 未來的市場狀況
- 就業市場情況

供過於求：
- 遇缺不補
- 縮減工時
- 減薪
- 鼓勵提早退休
- 鼓勵離職
- 訓練
- 資遣

4 人力需求預測的方法：
(1) 趨勢分析：
依據過去的資料來預測未來人力需求。例如從過去年、季、月等人員數量製成圖表，並以此圖表的變動趨勢加以推測，以便能預估未來的人力需求。
(2) 比率分析：
依據組織內的若干因素（如：銷售量、生產量，或者是某類人員）與所需員工人數之比例所做的預估方法。
(3) 相關分析：
係一種研究兩個變數（自變數、依變數）間相關程度的統計技術。（假設我們可以得知某一公司活動與雇用水準的關係，那麼只要可以預估公司活動的數目，即可求出所需的人力。）
(4) 管理者判斷：
對於企業界的老手，其對於人力的需求，亦可憑其經驗與判斷，且準確性亦頗高。此狀況可用於當缺乏足夠資料時，可快速、簡單的達到預測的效果。
(5) 德飛法：
係一種集合多位專家之見解來做預測的技術，又稱為「專家預測法」。
操作要點：被徵詢意見的專家採用匿名發表意見，專家之間不可互相討論，不發生橫向聯繫。從而避免專家意見向少數影響大的專家意見趨同。

5 人力計畫的擬定與決策之情形：
(1) 供不應求：
Ex.訓練或再訓練、業務外包。
(2) 供過於求：
Ex.遇缺不補；工作分擔。
(3) 供需均衡：
Ex.內陞或外補可整體、同時考慮。

重點精要

人力資源規劃的概念

一、意義

依據學者黃英忠等（2005）的說法，所謂**人力資源規劃**（Human Resource Planning），係指組織依據其內外環境及其員工的事業生

涯發展，對於未來短、長期**人力的資源需求**，作一種**有系統且持續分析與規劃的過程**。進而，人力資源規劃與組織的策略規劃，是密不可分的。

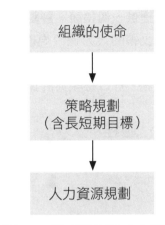

圖6-1 策略規劃與人力資源規劃的關係

資料來源：黃英忠等（2005）

二、 目的

(一)確保組織短、長期所需人員的數量與品質：

不論就短期或長期而言，組織均必須確實獲得並保持所需人員的數量與品質。而要達到此一目標，便須做好組織的人力資源規劃。

(二)有效運用組織的人力資源：

組織除了要確保「有人可用」之外，更應講究用人的成本與效能。換句話說，組織必須以最有效率與效能的方式，運用其所擁有的人力資源，並透過確實與完善的規劃以達到此目標。

(三)預防環境變動對組織人力所帶來的衝擊：

組織所面對的外在環境（如：經濟景氣、就業市場等），經常是變動不居的，而這種環境的動態性對組織的人力來源往往造成很大的影響。唯有透過事前縝密且周詳的人力資源規劃，組織才能採取妥善的因應措施，以預防對組織人力所帶來的衝擊。

(四)避免管理人才的斷層：

透過人力資源規劃中的「管理人才接續計畫」（management succession plan），可以防止組織因人才的離職而造成青黃不接的斷層現象，使組織不至於發生運作上的問題。

(五)提供組織生涯規劃與管理的基礎：

組織在從事員工的生涯規畫與管理時，必須要有充分的資訊作為規劃的依據；人力資源規劃的具體資料─未來人力的配置需求，正好可作為此項生涯規劃的基礎。

(六)**提供一個檢視、評鑑現況並確認未來需求的方法：**

　　妥善的人力資源規劃，除了可達到上述5項目的外，同時也提供一個機會與方法，讓組織可以針對現況（如：組織制度、政策與措施）加以檢視與評鑑，並且更進一步提出未來的課題與需求。

三、　過程

圖6-2 人力資源規劃過程之模型

資料來源：黃英忠等（2005）

(一)**人力需求的預測：**

　　1. **考量因素：**

　　　　(1)產品（或服務）的需求。

　　　　(2)外在的經濟情勢。

(3)技術。

(4)財力。

(5)人員的流動率與出缺勤率。

(6)成長率。

(7)組織的經營哲學。（例如：對一個採行精兵主義的經營哲學的組織而言，人力的增加將成為一件重大的決定，反之亦然。）

2. **預測方法：**

(1)**趨勢分析**（trend analysis）：

係指**依據過去的資料來預測未來人力需求**。例如從過去年、季、月等人員數量製成圖表，並以此圖表的變動趨勢加以推測，以便能預估未來的人力需求。

另外，也可以按照人員別（如事務性人員、生產人員）或部門別，分別計算出每年或每季的在職人數（必須以固定日期，如固定年底、月初等），如此即可得到人員的聘用趨勢，並以此趨勢作為分析的基礎。

> **課題**：僅能做初步估計，不易精確，容易受其他因素（如銷售量、生產力等）影響。

(2)**比率分析**（ratio analysis）：

係**依據組織內的若干因素**（如：銷售量、生產量，或者是某類人員）與**所需員工人數之比例所做的預估方法**。

例如：某公司的業務員能達到的銷售量為100萬元/年，而過去3年，公司都聘用10位業務員來達到1,000萬業績。假設該公司在隔年要將業務擴充至2,000萬元，且業務員與銷售量比率不變，則隔年該公司需增加10位業務員。

此外，亦可透過比率分析計算直接人員（生產人員、銷售人員）對間接人員（管理人員、秘書人員、助理人員）的比率（稱之為「直間比率」），而求出所需間接部門人員的需求。

> **課題**：此分析法係基於「某項因素不變」的假設，如案例
> 中的業務員與銷售員，而此種假設在實務上往往會有變
> 動，無法精準預估。

(3)**相關分析**（correlation analysis）：

係一種**研究兩個變數**（自變數、依變數）間**相關程度**的統計
技術。

假設我們可以得知某一公司活動與雇用水準的關係，那麼只
要可以預估公司活動的數目，即可求出所需的人力。

方法有二：

A.**散佈圖**（scatter plot）：

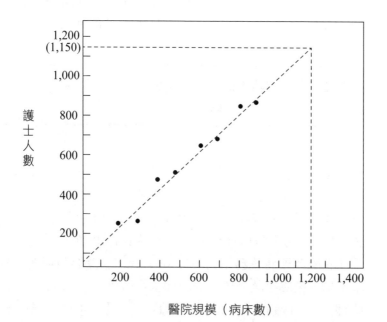

圖**6-3** 散佈圖（以醫院規模與護理師人數之關係為例）

資料來源：黃英忠等（2005）

B.迴歸分析：

其目的在於了解兩個或多個變數間是否相關、相關方向與強度，並建立數學模型以便觀察特定變數來預測研究者感興趣的變數。更具體的來說，回歸分析可以幫助人們了解在只有一個自變數變化時應變數的變化量。

→自變數、依變數都只有一個：簡單線性迴歸。

→自變數不只一個：多元迴歸。

以上述圖6-3之圖片，其簡單線性方程式為$y=a+bx$，b為斜率，而可利用此公式進行計算。

(4)**管理者的判斷**：

對於**企業界的老手**，其對於人力的需求，亦可憑其經驗與判斷，且準確性亦頗高。此狀況可用於當缺乏足夠資料時，可快速、簡單的達到預測的效果。

(5)**德飛法**（Delphi Method）：

此方法係一種**集合多位專家之見解**來做預測的技術，又稱為「專家預測法」。

A.查組透過匿名方式對選定專家組進行多輪意見徵詢。

B.調查組對每一輪的專家意見進行匯總整理，並將整理過的材料再寄給每位專家，供專家們分析判斷。

C.專家在整理後材料的基礎上提出新的論證意見。

D.多次反覆，意見逐步趨於一致，得到一個比較一致的並且可靠性較大的結論或方案。

操作要點：
被徵詢意見的專家採用匿名發表意見，專家之間不可互相討論，不發生橫向聯繫。從而避免專家意見向少數影響大的專家意見趨同。

(二)人力供給的分析（或預估）：

　1. 內部人力分析：

　　(1)員額編制表（staffing table）：

表6-1　公司員額編制表範例

部門別	主管人員				技術人員					幕僚人員				合計
	經理	副理	課長	小計	工程師	副工程師	助理工程師	技術員	小計	專員	管理員	辦事員	小計	

資料來源：陳明漢等（1992）

　　(2)電腦化技能存量檔與管理人才庫：

　　　技能存量的意思，係指將組織成員的學經歷、工作經驗、專業技能等資料，彙整成一套有系統的檔案，以便有需要時進行徵聘以填補工作職位空缺。通常包括以下項目：

　　　A.工作經驗；

　　　B.產品知識；

　　　C.行業經驗；

　　　　D.學歷；

　　　　E.訓練課程或專業證照；

　　　　F. 外語能力；

　　　　G.異地工作之限制（relocation limitations）；

　　　　H.生涯規劃打算；

　　　　I. 歷年考績資料。

　　(3)**主管遞補圖**：

　　　　係一種**具體表明主管職位之優先遞補順序的組織圖**，其功能
　　　　在於讓高層主管隨時掌握人才的動態，亦可使各級管理人員
　　　　知道自己在組織中的地位。

　　　　更重要的是，此種主管遞補圖的建立，最高階主管即必須重
　　　　視並確實執行，否則如果徒有形式，更可能引起中高階主管
　　　　之管理人員或儲備人才的不滿。

　2. **外部現況分析**：

　　(1)**人口結構變遷**：

　　　　以民國六十、七十年代為例，當時年輕人口相當多，對於
　　　　工廠基層勞力供給助益甚大，因而造就了我國外銷的驚人
　　　　成績。此外，近年我國的基層體力勞動者供給顯著減少，
　　　　影響了行業人力的雇用，因而在近十年移工的引進便成為
　　　　熱門話題。有關移工的引進則可能對人力的供給產生進一
　　　　步的衝擊。

　　(2)**經濟景氣狀況**：

　　　　經濟景氣的好壞，會影響失業率的高低，甚至影響外部勞動
　　　　力的供給。亦即，假設景氣良好，則失業率低，也就代表外
　　　　在勞動力市場的供給減少。如此，組織則較不易招募到所需
　　　　的人員。

　　(3)**未來市場現況**：

　　　　市場的狀況對勞力的供給產生極大影響。例如：1990年代中
　　　　期，美國因國防預算縮減，許多與國防相關的產業（如：航
　　　　空製造業）的市場狀況則不可避免的變壞，以至於使得若干

靠相關產業生存的城市之失業率急遽上升，而勞動供給也會一下子增加許多。

(4)**就業市場狀況：**

倘若在就業市場因某些特殊人才或特定類別的人員（如：醫師、護理師、技師、技術人員等）的供給，常受就業市場供需情況的影響。

(三)**人力計畫的擬定與決策：**

依據學者黃英忠等的研究結果，上述人力供需之情況，人資可採行相應的人力決策並擬定計畫據以實施：

1. **需求多於供給時（即：人力出現短缺的情況）：**

(1)鼓勵加班；

(2)雇用兼職或臨時人員；

(3)訓練或再訓練；

(4)擬定遞補計畫；

(5)內陞作為；

(6)業務外包；

(7)運用閒置人力；

(8)建教或產學合作；

(9)鼓勵延後退休；

(10)企業之間相互支援。

2. **供給多於需求時（即：人力顯現多餘的情況）：**

(1)遇缺不補（attrition），即某依職位出缺後，不補新人，而是將該職位的工作打散，交由其他人分擔；

(2)縮減工作時數或日數；

(3)實施工作分擔制（work sharing），亦即讓數個員工共同做同一份工作（但應注意報酬可能也會相對減少）；

(4)減薪；

(5)鼓勵提早退休；

(6)解聘臨時人員；

(7)收回外包的工作；

(8)舉辦訓練；

(9)降級【3】；

(10)資遣。

3. **供需均衡時：**

(1)職位出缺時，內陞或外補可整體、同時考慮；

(2)經由訓練與生涯發展計劃的實施，推動組織內部的調動。

【3】　例如：

A. 降低職階並維持或減少薪資；

B. 維持原階但減少薪資；

C. 將員工調至較差的職位或較不喜歡的工作；

D. 維持形式上的職階，但減少其部屬人數；

E. 排除全面性加薪（general increase）的機會；

F. 在其將職位之上再加上一個職位，以間接降低其職階；

G. 將員工調至幕僚職位或賦予其他工作。

模擬試題

一、試說明人力需求的預測方式為何？

本題重點：了解人力需求預測的方式。

解　有關人力需求的預測，是在人力資源規劃中最重要的一環，代表在組織當中人力的需求空缺，以及需要甄補多少人。其人力需求的預測方式，可簡要分述以下：

(一)趨勢分析：

1. 係指依據過去的資料來預測未來人力需求。例如：從過去年、季、月等人員數量製成圖表，並以此圖表的變動趨勢加以推測，以便能預估未來的人力需求。

2. 另外，也可以按照人員別（如事務性人員、生產人員）或部門別，分別計算出每年或每季的在職人數（必須以固定日期，如固定年底、月初等），如此即可得到人員的聘用趨勢，並以此趨勢作為分析的基礎。

3. 課題：僅能做初步估計，不易精確，容易受其他因素（如銷售量、生產力等）影響。

(二)比率分析：

1. 係依據組織內的若干因素（如：銷售量、生產量，或者是某類人員）與所需員工人數之比例所做的預估方法。例如：某公司的業務員能達到的銷售量為100萬元/年，而過去3年，公司都聘用10位業務員來達到1,000萬業績。

2. 假設該公司在隔年要將業務擴充至2,000萬元，且業務員與銷售量比率不變，則隔年該公司需增加10位業務員。此外，亦可透過比率分析計算直接人員（生產人員、銷售人員）對間接人員（管理人員、秘書人員、助理人員）的比率（稱之為「直間比率」），而求出所需間接部門人員的需求。

3. 課題：此分析法係基於「某項因素不變」的假設，如案例中的業務員與銷售員，而此種假設在實務上往往會有變動，無法精準預估。

(三)相關分析：

係一種研究兩個變數（自變數、依變數）間相關程度的統計技術。假設我們可以得知某一公司活動與雇用水準的關係，那麼只要可以預估公司活動的數目，即可求出所需的人力。

(四)管理者的判斷：

對於企業界的老手，其對於人力的需求，亦可憑其經驗與判斷，且準確性亦頗高。此狀況可用於當缺乏足夠資料時，可快速、簡單的達到預測的效果。

(五)德飛法（Delphi Method）：

此方法係一種集合多位專家之見解來做預測的技術，又稱為「專家預測法」。

二、當組織中供給大於需求，使得工作人力顯得較多的情況，其解決方法有哪些？

本題重點：了解人員在組織中供過於求的解決方式。

解 (一)依據學者的分析，當人力供給多於需求時，其處理方式可參考如下：

1. 遇缺不補（attrition），即某依職位出缺後，不補新人，而是將該職位的工作打散，交由其他人分擔；

2. 縮減工作時數或日數；

3. 實施工作分擔制（work sharing），亦即讓數個員工共同做同一份工作（但應注意報酬可能也會相對減少）；

4. 鼓勵提早退休；

5. 解聘臨時人員；

6. 收回外包的工作；

7. 舉辦訓練；

8. 降級或相關懲處。

(二)惟上述處理方式中，本文認為可能尚有下列因素需要考量：

　　1. 透過加強訓練之方式，促使能力較不足的方式有所進步。倘若可行，即不須再採行更激烈的措施。

　　2. 人員供過於求的情況是否緊急，若影響組織目標甚鉅，則應採行立即措施。

　　3. 如果將組織成員降級，則應考量是否會造成成員的認知、情緒與士氣，使組織內人員失去安全感。

關鍵核心

1 人力招聘的目標（6R目標）：
　(1) 恰當的時間；　　　　　　　(2) 恰當的來源；
　(3) 恰當的成本；　　　　　　　(4) 恰當的人選；
　(5) 恰當的範圍；　　　　　　　(6) 恰當的資訊。

2 招聘活動的意義：
　(1) 決定組織能否吸納到優秀的人才；
　(2) 影響人員的未來流動；
　(3) 影響人力資源管理的成本；
　(4) 組織對外宣傳的重要途徑。

3 公務人員考選的目的：
　(1) 選拔優秀人才；　　　　　　(2) 救濟選舉之窮；
　(3) 消除分贓政治；　　　　　　(4) 促進社會流動。

4 文官考選的學說：

學說	主要內容	評論
選舉說	在民主主義下，認為人民應以選舉方式用人，以保障人民的權利與福祉，並加以監督以防止官吏濫權枉法。同時，透過任期制度，實施官吏輪換，讓人民可以透過選舉以達到服官的機會。	(1) 此種方式常因政治因素影響，難以達到適才適所的效果。 (2) 人民也可能困擾於投票頻繁，並非人民之期待。 (3) 選舉應該限於某些職位。

學說	主要內容	評論
委派說	主張政府機關之公務人員及工作人員,應由其主管長官負責委派之,可獲得較為合理的專門人才,而收人適其才,才適其用之效。	(1) 主管長官之權力過大,無客觀條件以作為委派的標準。 (2) 因無外界力量加以制衡,故此種方式常憑個人之好惡,引用私人或因個人之判斷不當,造成人治而非法治之弊。
考試說	為免除之弊端,吏治改革運動者,乃主張採用考試方式辦理公務人員或工作人員之甄補,並以客觀標準舉行公開競爭考試。凡合乎所規定之標準及成績最優良者,可當選為政府之公務人員或公職之候選人。在此制度下,足以避免主管長官之武斷,循一定標準與制度而選拔人員,並予人人以平等競爭之機會,在政府方面更能依據一定標準選拔所需用之特別合適之有用人才。	此制既無選舉制下漫無邊際之混亂危險,又免委派制下引用私人之分贓可能,故為現代行政學者所極力稱揚。所謂功績制即以此主張為基本精神。
混合說	現代科學民主的社會制度,純以考試或選舉而產生之官吏,似不能完全適應社會的需要,於是乃有折衷說之興起,此派主張將選舉制與考試制混合應用。其辦法有: (1) 對政府負有政治責任之政務官,如代表民意之議員及擔任統率責任之行政首長,如總統、省長、市長、縣長等,均以選舉方式產生,定有任期。 (2) 對執行政務以技術能力為資格要件之事務官,則應以考試方法任用之,其不受政治主張或社會環境變遷之影響,其地位是永業的或終身的。	

學說	主要內容	評論
混合說	(3) 進一步主張人民代表之議員或政務官亦當經過考試及格後（即取得公職候選人資格），再由人民選舉之。期能獲得德才兼備之民意代表或政務官，並可以防止狡黠者之賄進，無能者之當選。	

5 考選原則：

(1) 公開競爭、擇優錄取。

(2) 功績原則、人才主義。

(3) 教、考、訓、用合一。

6 公務人員考選步驟：

調查需求→決定考試類科→決定應考資格→選定考試科目與方法→舉行考試→公告→報名→審查→測驗→榜示。

7 公務人員調動類型：「陞任」、「平調」、「降調」。

8 公務人員離職與退休的意義：

促進新陳代謝；

免除生活憂慮、澄清吏治道德；

建立永業制度、促進社會進步；

落實社會安全、避免社會風險；

基於發揚互助精神，加強社會安全的理念制度。

重點精要

壹、人力招聘的基本概念

一、招聘的定義

(一)**為了吸引人員到本組織參加應聘**。不過需注意的是，招聘活動並不要求對應聘者的資格進行嚴格的挑選（挑選是下一段「遴選」的概念）。

(二)招聘活動所要吸引的人員，應當是組織需要的人員，而非愈多愈好。

二、 招聘的目標（6R目標）

(一)**恰當的時間**（right time）：
在適當的時間內完成招聘工作，並能及時補充組織所需人員。

(二)**恰當的來源**（right source）：
透過適當的管道尋覓目標人員，即針對與空缺職位相符程度較高的目標群體進行招聘。

(三)**恰當的成本**（right cost）：
以最低的成本完成招聘工作，亦即在同樣的招聘水準、品質，應當選擇哪些花費最少的方法。

(四)**恰當的人選**（right people）：
吸引最適合的人選來參加組織的應聘，包括數量、質量兩個方面的要求。

(五)**恰當的範圍**（right area）：
在恰當的空間範圍內進行招聘，即只要能夠吸引到足夠數量的合格人員即可。

(六)**恰當的資訊**（right information）：
在招聘之前，應將空缺職位的工作內容、資格要求、組織相關情況等，進行全面且準確地描述，使應聘者能夠充分了解相關資訊，以利對自己的應聘活動做出判斷。

三、 招聘活動的意義

(一)**決定組織能否吸納到優秀的人力資源：**
如將組織視為一個輸入、輸出系統，<u>**人力資源即是系統的轉換器**</u>。換言之，若沒有人力資源，組織則無法將原始的資源輸入轉換為有效的產品輸出。因此，人力資源的輸入，是組織生存發展的必要活動。

(二)**影響人員未來的流動：**

招聘活動的成功與否，**是組織人員未來是否流動的重要因素**。因招聘過程涉及資訊傳遞的真實性，若向外部傳遞的資訊不真實，只展現組織好的一面、隱瞞不好的一面；那麼人員進入組織後會產生較大的失落感，並降低其工作成就與滿意度，而導致人員可能有較高的流動率。

(三)**影響人力資源管理的成本：**

招聘成本包括**廣告的費用、宣傳資料的費用、招聘人員的薪資**等，全部的費用加起來是比較高的。例如：在美國，招聘成本通常等於該名員工年薪的1/3。[4]因此，招聘活動的有效進行，可以降低其成本，進而也降低人力資源管理的總成本。

(四)**組織對外宣傳的重要途徑：**

為實現招聘的目的，組織要**向外發布**自己的**基本面、發展方向、重要政策、組織文化、產品特徵**等各項資訊。這些資訊均有助於組織巧妙地展現自身的風貌，使社會更加了解組織，營造良好的外部環境，從而有利於組織的發展。

貳、公務人員考選

一、 考選的目的

國家考選公務人員之核心意涵，則與上述一般企業招募人才有別，其更著重在有專門人才能夠「為民服務」，另外也是在人民透過考選制度進入公部門後，逐漸習得政府政策規劃與執行的重要工作。

目前世界各民主國家，由國家機關舉辦考試以甄選人才，已成為一種常態，透過考選方式，期達到以下目的：

【4】　朱舟編（2001），《人力資源管理教程》，上海財經大學出版社，頁172。

(一)選拔優秀人才：

透過考試，可客觀的找到有能力、有才識者。倘若沒有考試制度，一般不懂政治之人，都可以透過各種方法進到政府工作，從而導致弊端叢生；而在政府部門工作者，倘若以自己之意任用私人，政治系統恐將造成腐敗。

(二)救濟選舉之窮：

傳統西方民主政治，係透過選舉來彰顯民意，以作為政權合法性的象徵。而選舉人材除了學識考量外，往往也會成為詮釋與財富之選舉，造成民粹盲從。因此，在民主選舉政治下，也需要透過公平的考試制度，以補救選舉弊病，為國家網羅賢才。

(三)消除分贓政治：

以美國為例，政治上曾長期受困於「分贓政治」，意即官吏的任用不經考試，而憑藉私人或政黨的關係進入政府，如此恐將國家機器被當作政黨或派系、私人的戰利品，亦容易造成結黨營私、貪污腐化的結果。

因此，美國在1883年開始實施考試用人的「功績制度」，即凡是民主自由的國家，普遍採行「政治─行政」二分的原則，以考選文官的方式，保持政治清明。

(四)促進社會流動：

以考試用人，目前仍是最公正、客觀的方法，無論貧富，均可藉由公開的競爭考試，而晉升仕途、為國服務，有促進社會階級流動之功能。

二、 文官考選的學說

按學者張金鑑的說法，人才選拔可分為以下幾種學說見解：

表7-1　文官考選的主要學說

學說	主要內容	評論
選舉說	在民主主義下，認為人民應以選舉方式用人，以保障人民的權利與福祉，並加以監督以防止官吏濫權枉法。同時，透過任期制度，實施官吏輪換，讓人民可以透過選舉以達到服官的機會。	(1) 此種方式常因政治因素影響，難以達到適才適所的效果 (2) 人民也可能困擾於投票頻繁，並非人民之期待。 (3) 選舉應該限於某些職位。
委派說	主張政府機關之公務人員及工作人員，應由其主管長官負責委派之，可獲得較為合理的專門人才，而收人適其才，才適其用之效。	(1) 主管長官之權力過大，無客觀條件以作為委派的標準。 (2) 因無外界力量加以制衡，故此種方式常憑個人之好惡，引用私人或因個人之判斷不當，造成人治而非法治之弊。
考試說	為免除之弊端，吏治改革運動者，乃主張採用考試方式辦理公務人員或工作人員之甄補，並以客觀標準舉行公開競爭考試。凡合乎所規定之標準及成績最優良者，可當選為政府之公務人員或公職之候選人。在此制度下，足以避免主管長官之武斷，循一定標準與制度而選拔人員，並予人人以平等競爭之機會，在政府方面更能依據一定標準選拔所需用之特別合適之有用人才。	此制既無選舉制下漫無邊際之混亂危險，又免委派制下引用私人之分贓可能，故為現代行政學者所極力稱揚。所謂功績制即以此主張為基本精神。

學說	主要內容	評論
混合說	現代科學民主的社會制度，純以考試或選舉而產生之官吏，似不能完全適應社會的需要，於是乃有折衷說之興起，此派主張將選舉制與考試制混合應用。其辦法有： (1) 對政府負有政治責任之政務官，如代表民意之議員及擔任統率責任之行政首長，如總統、省長、市長、縣長等，均以選舉方式產生，定有任期。 (2) 對執行政務以技術能力為資格要件之事務官，則應以考試方法任用之，其不受政治主張或社會環境變遷之影響，其地位是永業的或終身的。 (3) 進一步主張人民代表之議員或政務官亦當經過考試及格後（即取得公職候選人資格），再由人民選舉之。期能獲得德才兼備之民意代表或政務官，並可以防止狡黠者之賄進，無能者之當選。	

資料來源：張金鑑等（1966）

三、 文官考選的原則

(一)公開競爭、擇優錄取：

所謂「公開競爭」，係指舉辦考試時，只要符合應考資格相關規定，且無法定不得應考之情事，均得報名分別應各該考試。

但須注意，所謂「擇優錄取」，則指筆試科目有一科成績為0分，或特定科目未達最低分數，仍有不予錄取之限制。

從我國相關法律規定，如憲法第85條：「**公務人員之選拔，應實行公開競爭之考試制度，並應按省區分別規定名額，分區舉行考試。非經考試及格者，不得任用。**」；公務人員考試法第2條「**公務人員之考試，以公開競爭方式行之，其考試成績之計算，除本法另有規定外，不得因身分而有特別規定。其他法律與本法規定不同時，適用本法。**」，均有相關說明。

上述原則之目的，在於避免瞻恩徇私或黨派分贓之流弊，以客觀、公平、公正、公開之方式對外徵才，凡具有資格及意願者皆可報名參加，競爭機會均等。

(二)**功績原則、人才主義：**

美國於1883年通過「潘德頓法案」（Pendleton Act），主張以「功績原則」來甄選人才，其目的在於改革過去「分贓制」（Spolis System）的流弊，透過公開考試方式選才，以減少貪瀆、腐敗。

所謂「功績原則」，係指行政機關對於人才之選用、陞遷、調派，均強調依據個人的能力、資格、績效等客觀性因素作為考量。其特點分述如下：

1. **考試用人**：事務官須經由考試任用，強調才能取向與公開競爭。
2. **專才專業**：文官任免陞遷，以能力為其考量，並非考量政黨、血統、族群、關係或階級。
3. **職位保障**：文官「永業化」，職位任期有法律加以保障。
4. **行政中立**：文官制度「去政治化」，不受政黨輪替、政權更迭所影響。

我國現行人事制度亦以功績制度為基礎，主要規範於公務人員考試法、任用法、俸給法、考績法等，希望藉以達到考試取才、依法任用、獎優汰劣之目標。

課外小知識

為了鼓勵公務人員能在崗位上更積極的處理各項事務，2023年立法院三讀通過，修正了現行《公務人員陞遷法》第2條條文中的「公務人員之陞遷，應本人與事適切配合之旨，考量機關特性與職務需要，依資績並重、內陞與外補兼顧原則，採公開、公平、公正方式，擇優陞任或遷調歷練，以拔擢及培育人才」，將其中「資績並重」改為「功績原則」。

(三)**教、考、訓、用合一：**

公務人員必須經過**考試錄取**並**接受分配**後，始得**接受訓練**；而訓練期滿成績及格者，方可由機關**分發任用**。

此外，人才的育成，應從教育養成開始，再經過考選、培訓到任職，亦即是由連串互相扣合併接續開展的過程。

我國考選部作為銜接人才教育養成端與人才需求端的重要橋梁，必須與其他環節緊密扣合，才能更加提升考選人才的效能，適才適所。

四、 目前我國公務人員考選的運作步驟

(一)**調查任用需要：**

向用人機關調查近期內個出缺職務需用人員之類別、等別與人數。

(二)**決定考試類科與等別：**

根據調查所得資料，決定應行舉辦考選之類科、等別及各項錄取名額。

(三)**決定應考資格與應試科目：**

根據近期內各個出缺職務所需的學歷、經歷等資格條件，訂定各類科及等別之應考資格。

(四)**選定考試方法：**

包括筆試、口試、實地考試、著作及發明審查、資歷及考績文件審查等多種考試方法，須視應考內容選用或並用。

(五)**舉行考試；**

(六)**公告；**

(七)**報名；**

(八)**審查應考資格；**

(九)**舉行智力測驗、性向測驗；**

(十)**舉行成就測驗，就擬任職務所需學識、技能、經驗進行測驗；**

(十一)**榜示。**

綜上所述，我國公務人員考試制度，依照學者林文燦等（2015）的見
解，約可分為以下幾項特色：

(一)奉行公平、公開、功績用人，同時兼顧弱勢（身心障礙者、原住民
　　 族、退伍軍人等）照顧。

(二)常態考試與特種考試兼行，強調特考特用，並限制轉調。

(三)考、選、任用合一，配合用人機關需求。

(四)筆試為主，其他考試為輔。

(五)確保用人機關之需求。

參、公務人員考試之法制議題

一、 考試種類與應考資格

公務人員考試係按學歷分成高等考試（又分成一級、二級、三級）、
普通考試、初等考試等，共5個考試等級。

另為了因應特殊性質機關[5]之需要及保障身心障礙者、原住民族之就
業權益，比照上述考試等級，分成一至五等之特種考試。

【5】 現行規定之特殊性質機關，係指實施地方自治之政府機關及掌理各項
特殊業務之機關：

一、掌理審判事項之司法院。

二、掌理國家安全情報事項之國家安全局。

三、掌理警察、消防行政、移民行政之內政部。

四、掌理外交及有關涉外事項之外交部。

五、掌理國防事項之國防部。

六、掌理關務事項之財政部。

七、掌理檢察、矯正、司法保護、行政執行及國家安全調查保防事項之法務部。

八、掌理國際經濟商務事項之經濟部。

九、掌理路政及航政事項之交通部。

十、掌理社會福利事項之衛生福利部。

十一、掌理國軍退除役官兵輔導事項之國軍退除役官兵輔導委員會。

十二、掌理海域及海岸巡防事項之海洋委員會。

十三、其他特殊性質機關。

(一)共通性資格：

依據「公務人員考試法」第12條第1項前段規定：「中華民國國民，年滿十八歲，具有本法所定應考資格者，得應本法之考試。」

1.**國籍：**

須為中華民國國籍（按：大陸地區人民在臺灣設有戶籍未滿10年者，得應考但不得任用為公務人員）。

課外小知識

司法院大法官釋字第618號解釋

中華民國人民，無分男女、宗教、種族、階級、黨派，在法律上一律平等，為憲法第七條所明定。其依同法第十八條應考試服公職之權，在法律上自亦應一律平等。惟此所謂平等，係指實質上之平等而言，立法機關基於憲法之價值體系，自得斟酌規範事物性質之差異而為合理之區別對待，本院釋字第二〇五號解釋理由書足資參照。且其基於合理之區別對待而以法律對人民基本權利所為之限制，亦應符合憲法第二十三條規定比例原則之要求。中華民國八十年五月一日制定公布之憲法增修條文第十條（八十六年七月二十一日修正公布改列為第十一條）規定：「自由地區與大陸地區間人民權利義務關係及其他事務之處理，得以法律為特別之規定。」臺灣地區與大陸地區人民關係條例（以下簡稱兩岸關係條例），即為國家統一前規範臺灣地區與大陸地區間人民權利義務關係及其他事務處理之特別立法。

八十九年十二月二十日修正公布之兩岸關係條例第二十一條第一項前段規定，大陸地區人民經許可進入臺灣地區者，非在臺灣地區設有戶籍滿十年，不得擔任公務人員部分，乃係基於公務人員經國家任用後，即與國家發生公法上職務關係及忠誠義務，其職務之行使，涉及國家之公權力，不僅應遵守法令，更應積極考量國家整體利益，採取一切有利於國家之行為與決策；並鑒於兩岸目前仍處於分治與對立之狀態，且政治、經濟與社會等體制具有重大之本質差異，為確保臺灣地區安全、民眾福祉暨維護自由民主之憲政秩序，所為之特別規定，其目的洵屬合理正當。基於原設籍大陸地區人民設籍臺灣地區未滿十年者，對自由民主憲政體制認識與其他臺灣地區人民容有差

異，故對其擔任公務人員之資格與其他臺灣地區人民予以區別對待，亦屬合理，與憲法第七條之平等原則及憲法增修條文第十一條之意旨尚無違背。又系爭規定限制原設籍大陸地區人民，須在臺灣地區設有戶籍滿十年，作為擔任公務人員之要件，實乃考量原設籍大陸地區人民對自由民主憲政體制認識之差異，及融入臺灣社會需經過適應期間，且為使原設籍大陸地區人民於擔任公務人員時普遍獲得人民對其所行使公權力之信賴，尤需有長時間之培養，系爭規定以十年為期，其手段仍在必要及合理之範圍內，立法者就此所為之斟酌判斷，尚無明顯而重大之瑕疵，難謂違反憲法第二十三條規定之比例原則。

2. **年齡**：

須年滿18歲。

(二) **特殊性資格**：

1. **體格檢查**：

如公務人員特種考試司法人員考試規則第7條第1項：「本考試三等考試行政執行官、司法事務官、法院書記官、檢察事務官、監獄官、公職法醫師及鑑識人員等類科，四等考試各類科，**應考人於筆試錄取通知送達十四日內，應繳交試務機關指定之醫療機構所出具之體格檢查表。**體格檢查不合格或未依規定期限繳交體格檢查表者，不得應第二試或不予分配訓練。」[6]

又如公務人員特種考試國家安全局國家安全情報人員考試規則地8條之明確規定：

「本考試體格檢查有下列情形之一者，為體格檢查不合格：

一、身高：男性不及一五五·○公分，女性不及一五○·○公分。

【6】　可參酌：公務人員特種考試司法人員考試規則「第七條附表三公務人員特種考試司法人員考試體格檢查標準表」

二、視力：各眼裸視未達〇・二。但矯正視力達一・〇者不在此限。

三、聽力：優耳聽力損失逾九〇分貝。

四、辨色力：無法辨識紅、黃、綠色。

五、血壓收縮壓持續超過一四〇毫米水銀柱（mm.Hg），舒張壓持續超過九十五毫米水銀柱（mm.Hg）。

六、五官有嚴重損傷，經化妝、配戴輔具或其他方式仍無法修飾。

七、單手拇指、食指或其他三手指中有二手指以上缺失或不能伸曲張握自如。

八、手臂不能伸曲自如或兩手伸臂不能環繞正常。

九、雙下肢明顯不能蹲下起立或原地起跳明顯不能自如。

十、肺結核痰塗片呈陽性反應。

十一、有客觀事實足認其身心狀況不能執行職務。

十二、握力：任一手握力未達三十公斤。

十三、罹患其他無法治癒之重症疾患，致不堪勝任職務。」

2. **年齡**：

如公務人員特種外交領事人員及外交行政人員考試規則第3條第1項：「中華民國國民年齡在十八歲以上，四十五歲以下，並具有附表一所列應考資格，且無依法不得應國家考試之情事者，得應各該等類科組考試。」

3. **兵役**：

如公務人員特種考試國家安全局國家安全情報人員考試規則第3條第2項：「服志願役者須於本考試筆試考畢之次日起四個月內退伍並持有權責單位發給之證明文件，始得報考。」

4. **性別**：

如公務人員特種考試司法人員考試規則第4條：「本考試三等考試監獄官類科及四等考試監所管理員、法警類科得依司法院及法務部實際任用需要，分定男女錄取名額。」

(三)積極性資格

　　所謂積極性資格，是指應考人必續具備擬報考各等級考試之學歷、工作經歷、專門執業證書等條件規定。

表7-2　積極性資格

等別	報考資格	科系組所限制
高考一級 **特考一等**	研究院、所畢業，得有博士學位證書。	無限制。
高考二級 **特考二等**	研究院、所畢業，得有碩士以上學位證書。	(1) 行政類科無限制。 (2) 技術類科需相當研究所畢業，或曾修習課程與同等級同一類科專業科目2科以上。
高考三級 **特考三等**	(1) 獨立學院以上畢業。 (2) 普考或相當普考特種考試及格滿三年。 (3) 高等檢定考試及格。	(1) 行政類科無限制。 (2) 技術類科需相當系、科、組畢業，或曾修習課程與同等級同一類科專業科目2科以上。
普通考試 **特考四等**	(1) 高中職以上畢業。 (2) 普考或相當普考以上特種考試及格。 (3) 初等或相當初等特種考試及格滿三年。 (4) 高等或普通檢定考試及格。	(1) 行政類科無限制。 (2) 技術類科需相當類科畢業。
初等考試 **特考五等**	不限學歷。	無限制。

資料來源：詹中原等（2020）

(四)消極性資格

所謂消極性資格，係指**不得具備之相關行為事項**。如公務人員考試法第12條、第22條規定。

若應考人有第12條規定之下列情事之一者，不得應考：

1. 動員戡亂時期終止後，曾犯內亂罪、外患罪，經有罪判決確定或通緝有案尚未結案。
2. 曾服公務有貪污行為，經有罪判決確定或通緝有案尚未結案。
3. 褫奪公權尚未復權。
4. 受監護或輔助宣告，尚未撤銷。

應考人有第22條規定者，**考試前發現者，撤銷其應考資格**。考試時發現者，予以扣考。考試後榜示前發現者，不予錄取。考試訓練階段發現者，撤銷其錄取資格。考試及格後發現者，撤銷其考試及格資格，並註銷其考試及格證書。其涉及刑事責任者，移送檢察機關辦理：

1. 有第十二條第一項但書各款情事之一。
2. 冒名頂替。
3. 偽造或變造應考證件。
4. 以詐術或其他不正當方法，使考試發生不正確之結果。
5. 不具備應考資格。

應考人有前項第二款至第四款情事之一者，自發現之日起五年內不得應考試院舉辦或委託舉辦之各種考試。

二、 考試方式

公務人員考試方式多元，得採**筆試、口試、心理測驗、體能測驗、實地測驗、審查著作或發明、審查知能**有關學歷經歷證明或其他方式行之。除單採筆試者外，其他應併採二種以上方式。

而筆試除外國語文科目、專門名詞或有特別規定者外，應使用本國文字作答。

依據典試法施行細則第12條，上述之考試方式說明如下：

(一)**筆試**：以文字表達、符號劃記或電腦作答等方式，評量應考人之知能。

(二)**口試**：以語言問答或討論方式，評量應考人之知能、態度、人格、價值觀與行為。

表7-3　口試相關規定

口試方式	口試分為下列三種，得視考試性質選定其中一種或併採二種舉行： 一、個別口試：指個別應考人回答口試委員之問題，藉以評量其儀態、溝通能力、人格特質、才識、應變能力。 二、集體口試：指二位以上之應考人分別回答口試委員之問題，藉以評量其儀態、溝通能力、人格特質、才識、應變能力。 三、團體討論：指五位以上之應考人輪流擔任主持人，藉以評量其主持會議能力、口語表達能力、組織與分析能力、親和力與感受性、決斷力，及參與討論時之影響力、分析能力、團體適應力、壓力忍受性、積極性。 口試得依考試等級、類科、應考人數、時間分配，分組舉行。團體討論必要時，性質相近之類科得合併舉行。到考人數不足五人者，不舉行團體討論。
口試委員	口試委員由典試委員會推定之，並指定一人為召集人。除稀少性或特殊語文科目外，個別口試、集體口試每組口試委員以二人至五人，團體討論每組口試委員以三人至五人為原則。 口試委員除由該項考試之典試委員擔任外，必要時得另就相關用人機關、請辦考試機關、職業（目的事業）主管機關簡任職務以上公務人員或有關團體富有研究經驗者或專家學者遴聘之，並得視需要遴聘預備口試委員若干人。

配分標準	個別口試及集體口試之評分項目及配分如下： 一、儀態（包括禮貌、態度、舉止、應對）二十分。 二、溝通能力（包括傾聽與表達能力）二十分。 三、人格特質（包括嚴謹性、情緒穩定性、開放性、和善性等）二十分。 四、才識（包括志趣、問題判斷、分析、專業知識、專業技術與經驗）二十分。 五、應變能力（包括理解、反應能力）二十分。 團體討論之評分項目及配分如下： **一、擔任主持人：** 　(一)主持會議能力（有效率推動個人或團體，引導朝正確之方向討論，以達成團體目標之能力）十分。 　(二)口語表達能力（透過對話、討論，有效率以口語方式表達之能力）十分。 　(三)組織與分析能力（能有系統整理相關之問題與資訊，並將問題本質予以明確化及探討核心原因之能力）十分。 　(四)親和力與感受性（能設身處地為他人著想，並以同理心來瞭解對方之感受與需求，適時予以協助，並真誠、有禮貌、親切讓對方感受之能力）十分。 　(五)決斷力（能夠正確判斷並敏捷作成決定之能力）十分。 **二、參與討論：** 　(一)影響力（富有自信，能吸引對方注意，並有效說服他人之能力）十分。 　(二)分析能力（有邏輯觀念，條理井然分析問題之能力）十分。 　(三)團體適應力（察覺不同狀況與變化加以因應，不固執自己之想法，真誠與他人討論，相處和諧，並能儘速融入團體討論，爭取友誼與合作之能力）十分。 　(四)壓力忍受性（能坦然接受他人批評，並繼續保持情緒穩定之能力）十分。 　(五)積極性（能建設性思考，主動提出具體有效之解決方法，並能突破困境，創造新局）十分。

口試前會議	舉行個別口試、集體口試或團體討論前，應召開口試會議，研商口試發問範圍或口試主題、評分標準、進行時間等有關事宜，必要時得舉行口試技術會議。 個別口試、集體口試必要時得擬定書面問題，並要求應考人於口試前繳交書面報告作為口試委員提問之參考，其內容包括生涯規劃、志趣、自認成績最佳之專業知識或技術（至多三項）、帶領或參與活動之經驗、舉例說明自己的問題判斷或分析能力。 口試之書面問題或討論主題，必要時得於口試舉行前入闈繕印。
口試時間	個別口試每一應考人口試時間二十至九十分鐘。集體口試每組口試時間一至二小時。團體討論每組口試時間二至四小時。
評分	個別口試、集體口試每一口試委員應按個別口試及集體口試評分表所列項目逐項評分，必要時並加評語。但口試成績未滿六十分者，應加註理由。 團體討論每一口試委員應觀察每位應考人擔任主持人及參與討論時之表現，並於該組應考人討論完畢後，經會商程序再按團體討論評分表所列項目逐項評分並加評語。 每一應考人之口試成績，以該組口試委員評分總和之平均數為其個別口試、集體口試或團體討論實得成績。 個別口試成績、集體口試成績、團體討論成績或併採二種之平均成績未滿六十分者，總成績雖達錄取標準，均不予錄取。

資料來源：整理自「口試規則」

(三)**心理測驗**：以文字、數字、符號、圖形或操作等方式，評量應考人之智力、性向、人格、態度及興趣等心理特質。

(四)**體能測驗**：以實際操作或測量方式，評量應考人之心肺耐力、肌力與肌耐力、柔軟度、身體組成、速度、瞬發力、敏捷性、平衡性、協調性、反應時間或其他與各該職務相關之綜合性體能要素。

(五)**實地測驗**：以現場實際操作方式，評量應考人之專業知識、實務經驗、專業技能。

(六)**審查著作或發明**：以應考人檢送其本人之著作或發明之說明書及必要之圖式等加以審查，評量應考人研究或創作之知能與成果。

(七)**審查知能有關學歷經歷證明**：以應考人所考類科需具備之知能有關之學歷證件、成績單及服務經歷證明等加以審查，評量應考人學歷程度與專業成就表現。

此外，上述考試方式，依據典試法第14條規定，除單採筆試者外，其他應併採二種以上方式。

如考試方式性質特殊者，經考選部報請考試院核定後，得委託機關、學校、團體辦理；考試院於核定委託辦理考試時，應注意受委託機關、學校、團體辦理考試之公信力。而受委託機關、學校、團體應自行辦理受委託事項，不得再委託其他機關、學校、團體辦理。

三、錄取與轉調限制

(一)**正額錄取與增額錄取**：

依據公務人員考試法第3條規定：「公務人員之考試，應依用人機關年度任用需求決定正額錄取人員，依序分配訓練。並得視考試成績增列增額錄取人員，列入候用名冊，於正額錄取人員分配完畢後，由分發機關或申請舉辦考試機關配合用人機關任用需要依考試成績定期依序分配訓練。（第一項）

遇有同項考試同時正額錄取不同等級或類科者，應考人應擇一接受分配訓練，未擇一接受分配訓練者，由分發機關或申請舉辦考試機關依應考人錄取之較高等級或名次較前之類科逕行分配訓練。（第二項）」

1. **正額錄取人員**：依用人機關年度任用需求依序分配訓練。
2. **增額錄取人員**：榜示錄取人員中正額錄取人員以外增加之錄取人員，列入候用名冊，於正額錄取人員分配完畢後，配合用人機關任用需要依考試成績定期依序分配訓練。

在分發機關或申請舉辦考試機關於下次辦理該項考試放榜之日前，於正額錄取名額分配完畢後，配合用人機關任用需要，**每2個月依增額錄取人員成績**順序分配訓練。

上述增額錄取制度，是為了使用人機關於年度中仍隨時有可用之人，但為了避免增額錄取人員累積多年未能完全分發，造成任用困擾，規定該等人員在下次該項考試放榜之日前未獲分配訓練者，即喪失考試錄取資格。

(二)**保留錄取資格**：

正額錄取人員無法立即接受分配訓練者，得檢具事證申請保留錄取資格，其事由及保留年限如下：（公務人員考試法第4條）

1. 服兵役，其保留期限不得逾法定役期。
2. 於公立或立案之私立大學或符合教育部採認規定之國外大學進修碩士學位，其保留期限不得逾二年；進修博士學位，其保留期限不得逾三年。
3. 疾病、懷孕、生產、父母病危、子女重症或其他不可歸責事由，其保留期限不得逾二年。
4. 養育三足歲以下子女，其保留期限不得逾三年。但配偶為公務人員依法已申請育嬰留職停薪者不得申請保留。

申請保留錄取資格者，在保留原因消滅後或保留期限屆滿3個月內，應向**公務人員保障暨培訓委員會**（簡稱：**保訓會**）申請**補訓**，並由保訓會通知分發機關或申請舉辦考試機關依序分配訓練。逾期未提出申請補訓，或未於規定時間內，向實施訓練機關報到訓練者，即喪失考試錄取資格。

(三)**限制轉調：**

所謂限制轉調，係指訓練期滿、成績及格、取得考試及格證書之後，尚須於限制範圍之機關服務一定期間，在規定期間內不得轉調，其用意的核心在於「維持人事安定」。

依據公務人員考試法第6條第1項規定，公務人員之考試，分高等考試、普通考試、初等考試三等。高等考試按學歷分為一、二、三級。**及格人員於服務三年內，不得轉調原分發任用之主管機關及其所屬機關、學校以外之機關、學校任職。**

另依據公務人員考試法第6條第2項、第3項規定，**為因應特殊性質機關之需要及保障身心障礙者、原住民族之就業權益，得比照前項考試之等級舉行一、二、三、四、五等之特種考試，除本法另有規定者外，及格人員於服務六年內，**不得轉調申請舉辦特種考試機關及其所屬機關、學校以外之機關、學校任職。其轉調限制六年之分配，依申請舉辦考試機關性質、所屬機關範圍及相關任用法規規定，於各該特種考試規則中定之。

而考試及格人員因任職機關業務調整而精簡、整併、改隸、改制、裁撤或業務調整移撥其他機關，得不受轉調規定之限制。但於限制轉調期間再轉調時，以原考試轉調限制機關範圍、前所轉調之主管機關及其所屬機關之有關職務為限。

肆、公務人員的流動與離職

一、 公務人員的流動—遷調制度

公務人員的流動，如以調任職務的高低區分，可分為：「陞任」、「平調」與「降調」。以下敘述之：

(一)陞任：

係對公務人員有利的調動，法制上除要求機關辦理陞任時必須遵守法定程序外，亦有資格的限制。

1. **積極資格：**

   須具備擬陞任職務的法定任用資格，包括：官等、職等任用資格，以及職系任用資格等。

2. **消極資格：**

   依據公務人員陞遷法第12條之規定，各機關人員有下列情形之一者，不得辦理陞任：

   (1)最近三年內因故意犯罪，曾受有期徒刑之判決確定。但受緩刑宣告，不在此限。

   (2)最近二年內曾依公務員懲戒法受撤職、休職或降級之處分。

   (3)最近二年內曾依公務人員考績法受免職之處分。

   (4)最近一年內曾依公務員懲戒法受減俸或記過之處分。

   (5)最近一年考績（成）列丙等，或最近一年內平時考核曾受記一大過之處分。

   (6)最近一年內因酒後駕車、對他人為性騷擾或跟蹤騷擾，致平時考核曾受記過一次以上之處分。

   (7)經機關核准帶職帶薪全時訓練或進修六個月以上，於訓練或進修期間。但因配合政府重大政策，奉派參加由中央一級機關辦理與職務相關須經學習評核，且結束後須指派擔任該項特定業務工作之六個月以上訓練或進修，不在此限。

(8)經機關核准留職停薪，於留職停薪期間。但下列情形不在
此限：

A.因配合政府政策或公務需要，奉派國外協助友邦工作或借
調其他公務機關、公民營事業機構、法人服務，經核准留
職停薪。

B.育嬰留職停薪人員得於陞任之日實際任職。

3. **優先陞任資格：**

依據公務人員陞遷法第11條規定，具有陞任職務任用資格者，得
經甄審委員會同意優先陞任：

(1)最近三年內曾獲頒功績獎章、楷模獎章或專業獎章。

(2)最近三年內經核定一次記二大功辦理專案考績（成）有案。

(3)最近三年內曾當選模範公務人員。

(4)最近五年內曾獲頒勳章、公務人員傑出貢獻獎個人獎。

(5)經公務人員考試及格分發，先以較所具資格為低之職務任用。

(6)依其他法律規定具有得優先陞任條件。

4. **免經甄審（選）職務：**

依據公務人員陞遷法第10條規定，各機關下列職務，得免經甄審
（選），由本機關或其上級機關首長逕行核定，不受第十二條第
一項第七款規定之限制：

(1)機關首長、副首長。

(2)幕僚長、副幕僚長。

(3)機關內部一級單位主管職務。

(4)機關內部較一級業務單位主管職務列等為高之職務。

(5)駐外機構簡任第十二職等以上職務。

(二)**平調：**

係指職務列等及植物相當人員間的調任，因為涉及職等的升降，故
法制上並無特別的限制性規定。反而，為了培育人才、增進行政歷
練及提升行政效率，在制度上有特別之設計以鼓勵平調。例如：公
務人員陞遷法第13條規定，各機關對職務列等及職務相當之所屬人

員，應配合職務性質及業務需要，實施下列各種遷調：

1. 本機關內部單位主管間或副主管間之遷調。

2. 本機關非主管人員間之遷調。

3. 本機關主管人員與所屬機關首長、副首長或主管人員間之遷調。

4. 所屬機關首長、副首長或主管人員間之遷調。

5. 本機關與所屬機關間或所屬機關間非主管人員之遷調。

課外小知識

實務上，各機關辦理平調時，通常會規劃以薦任主管人員、非主管人員、委任人員等3個區塊實施人員的定期職務輪調。例如：在同一單位擔任科長達3年以上者，須參加職務遷調，與其他單位同樣任科長達3年以上者互換，以增加工作歷練。

(三)**降調：**

係屬對公務人員有重大不利的調動。因此，為了保障常任公務人員的尊嚴與地位，使其能不受政權更替影響依法行政，法制上對降調有嚴格的限制與配套保障措施。例如：公務人員任用法第18條規定，經依法任用人員，除自願者外，不得調任低一官等之職務。自願調任低官等人員，以調任官等之最高職等任用。

在同官等內調任低職等職務，除自願者外，以調任低一職等之職務為限，均仍以原職等任用，且機關首長及副首長不得調任本機關同職務列等以外之其他職務，主管人員不得調任本單位之副主管或非主管，副主管人員不得調任本單位之非主管。但有特殊情形，報經總統府、主管院或國家安全會議核准者，不在此限。

(四)**遷調辦理程序：**

1. **前置作業：**

(1)**設計陞遷序列表（範例如下）：**

經濟部陞遷序列表

本部 97 年 1 月 8 日經人字第 09703650570 號函修正
本部 104 年 6 月 5 日經人字第 10403665700 號函修正
本部 109 年 6 月 22 日經人字第 10903668090 號函修正，
並自 109 年 5 月 13 日生效

序列	陞遷序列職務		備註
	職稱	官職等	
一	參事 技監	簡任第十二職等	
二	副司長 副處長	簡任第十一職等	
三	專門委員 秘書 視察 技正	簡任第十職等至第十一職等	
四	科長	薦任第九職等	本部承受隨業務移撥之省級（建設廳）公務人員暫行編制表中明列法定兼職為本序列職稱者，視同本序列相當層級。
五	秘書 視察 稽核 技正	薦任第八職等至第九職等	
	專員	薦任第七職等至第九職等	
六	科員 組員 技士	委任第五職等或 薦任第六職等至第七職等	
七	技佐（中部辦公室）	委任第四職等至第五職等	
	辦事員	委任第三職等至第五職等	
八	書記	委任第一職等至第三職等	

附註：

一、依公務人員陞遷法第六條規定，各機關應依職務高低及業務需要，訂定陞遷序列表。各機關職缺由本機關人員陞遷時，應依陞遷序列表逐級辦理陞遷。但次一序列中無適當人選時，得由再次一序列人選陞任。

二、委任科員、組員、技士及技佐占該職務之現職人員由委任陞任薦任者免經甄審。

三、本部駐外經濟商務機構調部服務人員得併同參加表列各相當職務之陞遷評比。

(2)訂定陞任評分標準表（範例如下）：

經濟部公務人員陞任評分標準表

95 年 11 月 1 日經人字第 09503670150 號函修正發布
97 年 1 月 22 日經人字第 09703651795 號函修正發布
97 年 3 月 6 日經人字第 09703504593 號函修正發布
97 年 12 月 12 日經人字第 09703523470 號函修正發布
100 年 3 月 24 日經人字第 10003656880 號函修正發布
105 年 12 月 30 日經人字第 10503688510 號函修正發布
107 年 1 月 24 日經人字第 10703652490 號函修正發布
107 年 8 月 27 日經人字第 10703674680 號函修正發布

選項區分		評比項目		評分標準	說明	修正說明
共同選項	學歷	國中（初中、初職）以下畢業	1	本項目之評分，最高以 7 分為限。	一、學歷之認定，以教育部或國防部（軍事學校）學制為準。專科以上學校之學歷凡經教育部立案或認可者，不分國內外，計分相同。 二、本部人員於初任公職後所取得之更高學歷，均予以採計評分。	未修正。
		高中（職）畢業	2			
		專科學校畢業	3			
		大學（獨立學院）畢業	4			
		具碩士學位	5.5			
		具博士學位	7			
	考試	初等考試或 5 等特考及其相當之考試及格	1	本項目之評分，最高以 7 分為限。	一、84 年 1 月公務人員考試法修正施行前經甲等特考及格者，評分標準以 6 分計。 二、簡任升官等考試及格或晉升簡任官等訓練合格或 91 年 1 月 29 日公務人員任用法修正施行前，以考績取得簡任任用資格者，評分標準以 4.5 分計；薦任升官等考試及格或晉升薦任官等訓練合格，評分標準以 2.5 分計；雇員升委任升等考試及格，評分標準以 0.5 分計。 三、各類考試等級比照如次： （一）85 年 1 月公務人員考試法修正施行前舉辦之丁等特考及格，相當於 5 等特考及格。 （二）85 年 1 月公務人員考試法修正施行前舉辦之丙等特考及格，相當於 4 等特考及格。 （三）85 年 1 月公務人員考試法修正施行前舉辦之乙等特考及格，相當於 3 等特考及格。 （四）未分級之高考及 85 年 1 月公務人員考試法修正施行前舉辦之高等考試 2 級考試及格，相當於高等考試 3 級考試及格。 （五）85 年 1 月公務人員考試法修正施行前舉辦之高等考試 1 級考試及格，相當	未修正。
		普考或 4 等特考及其相當之考試及格	2			
		高等考試 3 級考試或 3 等特考及其相當之考試及格	3.5			
		高等考試 2 級考試或 2 等特考及其相當之考試及格	4			

選項區分	評比項目	評分標準	說明	修正說明
	高等考試1級考試或1等特考及其相當之考試及格	5	於高等考試2級考試及格。 （六）專門職業及技術人員高普考試及格，且取得轉任相當職務公務人員任用資格者，比照公務人員高普考試等級計分。 （七）檢覈及銓定資格考試及格，比照公務人員高普考試各等級調降1分。 四、原分類職位公務人員各職等考試及格，比照計分標準如下： （一）第1、2職等：1分。 （二）第3職等：2分。 （三）第5職等：3分。 （四）第6職等：3.5分。 （五）第7、8職等：4分。 （六）第9職等：5分。 （七）第10職等：5分。 五、具有與擬陞任職務等級相當、工作性質相同之職業證照者，得視職缺之職責程度及業務性質，經甄審委員會審查後，照上列評分標準再加1分。 六、辦理下列出缺職務之陞任評分時，本項考試不予評分： （一）派用機關之各項職務。 （二）一般行政機關內設置之派用職務。 （三）各機關（構）、學校採行證照用人制度或以學歷用人之職務。	
共同選項（續）	年資	非主管職務年資每滿1年　1.2 副主管職務年資每滿1年　1.6 主管職務年資每滿1年　2	本項目之評分，最高以10分為限。	一、服務年資之計分，以現職及「同職務列等」之職務期間為限。所稱「現職」及「同職務列等」之職務，指「本職」，不包含代理之職務；「同職務列等」包括本機關同一陞遷序列之職務。又所稱「現職」，不包括權理期間在內，惟銓敘審定之職等已達同一陞遷序列職務最低職等之權理年資，不在此限。 二、主管職務指擔任主管職務或兼任本職相當之主管職務，並依待遇支給規定，得支領主管職務加給之年資，惟不包含副主管職務。 三、副主管職務，指擔任副主管職務或兼任本職相當之副主管職務，並依待遇支給規定，得支領主管職務加給之年資。 四、尾數未滿半年者，非主管職務核給0.6分、副主管核給0.8分、主管職務核給1分；在半年以上，未滿1年者，以1年計算；同一年內擔任非主管、副主管及主管職務者，以其當年擔任非主管、副主管及主管職務時間較長者計分。 五、曾任基層服務之「同職務列等」職務年資，得視職缺之職責程度及業務性質，經甄審委員會審查後斟酌予加分。但加分後之分數，仍不得超過本項最高10分之限制。	未修正。

選項區分		評比項目		評分標準	說明	修正說明
共同選項（續）	考績	甲等	2	本項目之評分，最高以10分為限。	一、年終考績（成），以現職及「同職務列等」職務之最近5年為限。 二、考列丙等者，不予計分。 三、另予考績（成）者，照上列標準減半計分。 四、前1年度之考績（成）在機關長官覆核後，如未經銓敘部審定，准先依機關長官覆核之考績結果，據以核計給分。	未修正。
		乙等	1.6			
	獎懲	嘉獎（申誡）1次	0.2	本項目之評分，最高以6分為限。	一、平時獎懲，以現職及「同職務列等」職務期間最近5年內（以辦理陞任甄審當月上溯計算）已核定發布者為限。 二、最近5年內曾受懲戒處分者，除依公務人員陞遷法第12條規定期間不得陞任外，「申誡」比照記過減分，「記過」比照記大過減分，「減俸」減總分2分，「降級」減總分2.2分，「休職」減總分2.4分。 三、按上列標準獎加懲減，其結果如產生負分時，應倒扣總分。	未修正。
		記功（記過）1次	0.6			
		記大功（記大過）1次	1.8			
個別選項	職務歷練與潛能發展	本部司、處、室、會、中心單位間、本部與所屬機關間、所屬機關間之遷調次數（原職任職滿1年，並每次遷調後任職滿1年，採計2分） 本部司、處、室、會、中心單位內科際間、本部暨所屬機關與其他機關、其他機關之遷調次數（原職任職滿1年，並每次遷調後任職滿1年，採計1分）	5	本項目之評分，最高以10分為限。	一、職務歷練部分（最高5分）： 任職本部單位間、本部與所屬機關間、所屬機關間、本部暨所屬機關與其他機關間、其他機關或單位內科際間現職及「同職務列等」職務期間之職務遷調採計分數如下： （一）本部司、處、室、會、中心單位間、本部與所屬機關間、所屬機關間、本部暨所屬機關與其他機關間、其他機關之遷調：依派令計算遷調次數。 （二）本部司、處、室、會、中心內科際間遷調：由單位於遷調時以單位書函函知人事處始予採計；派本部任務編組服務者，由任務編組書函函知人事處始予採計；借調（支援）機關或任務編組者，由借調（支援）機關或任務編組書函知人事處始予採計。 （三）簡任人員及單位未設「科」者，以司、處、室、會、中心為計算標準；單位內分科置人員者，科長以下人員之遷調以「科」為計算基礎。 （四）年資中斷前之公務服務經歷可採計本項職務歷練之遷調次數。 （五）本部職員於現職及「同職務列等」職務期間，派本部任務編組服務者，與本部單位間之調任，適用單位間遷調規定。 （六）本部職員於現職及「同職務列等」職務期間，借調（支援）本部所屬機關或本部所屬機關任務編組者，適用本部與所屬機關間遷調規定；借調（支援）他機關或他機關任務編組者，適用本部暨所屬機關與其他機關間遷調規定；借調（支援）行政院經貿談判辦公室者，考量其性質特殊，適用本部	1、為鼓勵本部暨所屬機關間之遷調，提高同仁職務歷練之意願，調整本部與所屬機關間、所屬機關間、本部暨所屬機關與其他機關間、其他機關間現職及「同職務列等」職務期間之職務遷調計分。 2、為使職務遷調之計算基礎更為明確，增列候選人亦需於原職任職滿1年之遷調，方予採計。 3、增列本部職員派本部任務編組職務歷練之適用規定。 4、增列本部職員借調（支

選項區分		評比項目	評分標準	說明	修正說明
		考評候選人之發展潛能並參照下列基準予以給分： 欠佳：1 尚可：2 中等：3 優等：4 特優：5	5	單位間遷調規定。 二、發展潛能部分（最高5分）：本項由職缺單位主管視候選人研究發展、創新思考、員工提案等方面考評。	接）職務歷練之適用規定。 5、配合規定條文，酌修說明文字及調整條次。
	訓練進修	參加訓練及進修總時數 100 小時以上未滿 150 小時	1	一、以現職及「同職務列等」職務期間之最近 5 年內，參加國內經認證之學習機關（構）舉辦之訓練進修，習得時數並登載「公務人員終身學習入口網站」之時數者，始予採計，並不得重複採計。 二、選修學分以在大學（含社區大學）或大學以上學校修習者始予計分，每學分以 18 小時計算，惟並不包括於修習學位期間選修者。 三、本項訓練進修內涵須為與業務相關之課程。	1、因現行公務人員訓練時數已完全登載於「公務人員終身學習入口網站」，未再使用公務人員終身學習護照，爰配合實務作業酌修文字。 2、依據公務人員陞遷法規定略以，本機關人員之陞任，依「擬陞任職務所需知能」就訓練進修，訂定標準，評定分數。又配合行政院人事行政總處106年1月1日起公務人員終身學習聚焦於與業務相關之學習活動，爰本項目增訂訓練進修計分之內涵說明，鼓勵同仁透過訓練進修，提升業務之專業能力。
		參加訓練及進修總時數 150 小時以上未滿 250 小時	2		
		參加訓練及進修總時數 250 小時以上未滿 400 小時	3		
		參加訓練及進修總時數 400 小時以上未滿 600 小時	4		
		參加訓練及進修總時數 600 小時以上	5		
			本項目之評分，最高以 5 分為限。		

選項區分		評比項目		評分標準	說明	修正說明
	語文能力	通過全民英檢初級初試或日本語能力檢定N5級（原四級）者	1	本項目之評分，最高以5分為限。	一、通過各測驗辦理單位自行訂有對應「歐洲語言學習、教學、評量共同參考架構（簡稱CEF）」之各類英語能力測驗者，按其相當全民英檢之等級計分。 二、具有英語及日語以外，其他國內、外語言能力檢定證書者，得經職缺單位主管就該語言證照與職缺之業務性質審查，照左列評分標準再加1分。 三、同時兼具二種或以上之語言檢定者，本項最高分數以5分為限。	未修正。
		全民英檢初級或日本語能力檢定N4級（原三級）者	2			
		全民英檢中級或日本語能力檢定N3級者	3			
		全民英檢中高級（含）以上或日本語能力檢定N2級（原二級）者	4			
		全民英檢高級（含）以上或日本語能力檢定N1級（原一級）者	5			
	團隊精神與協調能力	團隊合作精神、應變能力、協調溝通能力、服務態度或表達能力，並參照下列基準予以給分： 欠佳：1-2 尚可：3-4 中等：5-6 優等：7-8 特優：9-10		本項目之評分，最高以10分為限。	本項由職缺單位主管視候選人團隊合作精神、應變能力、協調溝通能力、服務態度或表達能力，自行依左列評分標準核給分數。	配合說明格式酌修文字。
個別選項（續）	領導能力主管職或專業才能	具有擬任職務之領導能力或專業才能，參照下列基準予以給分： 欠佳：1-2 尚可：3-4 中等：5-6 優等：7-8 特優：9-10		本項目之評分，最高以10分為限。	本項由職缺單位主管視職缺之職責程度及業務性質，並斟酌候選人所具資格、學經歷等條件，自行依左列評分標準核給分數。	配合說明格式酌修文字。
綜合考評（20%）					機關首長作綜合考評後，應併同「共同選項」、「個別選項」提甄審委員會就各受考人之積分高低，排定名次，送由人事單位列冊陳請機關首長圈定升補。	未修正。
面試或業務測驗					一、如有舉行面試或業務測驗，本項占總成績20%，其餘「共同選項」、「個別選項」、「綜合考評」3大項合計分數占總分80%（即乘以80%） 二、無面試或業務測驗，本項即不予計分。	未修正。

(3)組設甄審委員會。

2. **作業流程：**
　(1)**簽報首長決定：**
　　機關職務出缺時，人事單位首先須簽報首長決定要辦理內陞或外補。
　(2)**資績評分及造冊：**
　　各機關人事單位應就具有擬陞遷植物任用資格人員，依上述積分高低造冊，且因陞遷以具有任用資格為前提，故造冊時僅須將具有擬陞遷職務任用資格之人員列入。
　(3)**提甄審委員會審查：**
　　人事單位完成造冊後，應檢同有關資料，報請機關首長交付甄審委員會評審，由甄審委員會就候選人之資格條件及依規定評分後之資績分數加以審查。
　(4)**簽報首長圈選：**
　　甄審委員會審查並排定名次順序後，人事單位應即依程序報請機關首長就前三名中圈定陞補人選。
　　（值得注意的是，如機關首長對甄審委員會報請定陞遷之人選有不同意見，依公務人員陞遷法第9條第2項、公務人員陞遷法施行細則第10條第3項規定，首長得將該案退回重行改依其他甄選方式辦理。）

肆、公務人員離職

一、退休

(一)**理論基礎：**
　1. **人事機能說：**
　　組織運作的持續，必須有人力的加入以促進新陳代謝。透過退休制度的建立，使人力進退有據，以維持組織機能。
　2. **功績報償說：**
　　公務員現身公務，自有其功績，除在職時予以薪俸以養其身外，當其退離職位後，亦應酌予金錢以為報償。

3. **人力折舊說**：

　基於經濟學上機會成本、汰舊換新的概念，對於長期僱用的人員，因退休後收入能力的喪失，應給予相當於充分折舊的退休金以為補償。透過退休制度建立，不但有助於被汰換的年老勞動者，於退出職場之際獲取補償金，或於老年時仍取得替代薪資，亦將有助於促進勞資關係和諧。

4. **延付薪資說**：

　認為退休金本來就是薪資的一部分，其區別僅在於支付期間的不同，退休金亦屬於服勞務之對價，權利之取得與薪資無異。同時為了個人終生所得與消費需求的平衡，乃於在職服務時保留一部份薪資，待到退休再行給付。

5. **社會保險說**：

　國家應提供其生活保障，並且透過社會保險方式為之，由勞動者和雇主共同分擔保險費用，成立基金運用保險經費，俟退休時再按月支付老年退休金。

6. **適當生活說**：

　認為員工於達到一定年齡及資格條件時所受領之退休年金金額，應足以維持其退休後之適當生活水準與相當消費能力，並且應維持與退休前相當之所得替代率為準。

7. **當前學說**：「延付薪資說」與「社會保險說」較受肯定與採用。

(二) **意義與主要功能**：

1. **促進新陳代謝**：

　不僅可使資深人員退離，亦可使新進、年輕的人員獲得較多進用機會，促進政府機關之新陳代謝。

2. **免除生活憂慮、澄清吏治道德**：

　因公務人員知悉其退休後之老年生活受保障，故無須為其煩憂，因而其在職期間能戮力從公，有助於澄清吏治。

3. **建立永業制度、促進社會進步**：

　公務人員之生活受到保障，可使優秀人員留任，促進人力永業化。

4. **落實社會安全、避免社會風險：**

基於發揚互助精神，加強社會安全的理念制度，公務人員在職時須參加保險退休時養老給付，可提供公務人員老年的生活保障，無形中落實社會安全和退休時領取養老給付，避免社會風險發生。

(三)**先進國家退休制度的改善與建議：**

1. **提高請領年資的年紀或退休年齡**，以滿足現在或對未來生活的期待，同時減少公共年金在財政上的支付成本。

2. **提高中高齡勞工參與的比率**，此舉將增加退休年金的資金存款，同時限制不斷增加的退休年數。

3. 不論是否在年金體制內，政府必**須鼓勵或需要提高私人退休資金存款**，以減少未來對公共年金的依賴，亦可提升工作者本身對其之期待。

4. **盡可能減少退休金存款的耗損**，確保基金得以確實保存，同時取得賦稅上的支援，以增加退休資金收入來源。

5. **不斷檢視各種公共退休年金的指標水準**，確保年金的真實價值與取得平衡，得以長期與永續發展。

二、 解職

有關職務剝奪或停止的規定，主要係規範於公務人員懲戒法中，包括解除職務、撤職、休職等，如下所示。惟須注意，實際上將現職免除之懲戒，僅「免除職務」。

(一)**免除職務：**

公務員懲戒法第11條規定：「免除職務，免其現職，並不得再任用為公務員。」所稱「**不得再任用為公務員**」係指發生公務人員任用法第28條規定之效果，並依同法第38條規定，於政務人員亦適用之。又上開法律效果為其他人事法規所適用，例如：司法人員人事條例第1條、審計人員任用條例第11條、關務人員人事條例第1條、

警察人員人事條例第2條、駐外外交領事人員任用條例第1條、醫事人員人事條例第1條、交通事業人員任用條例第10條、專門職業及技術人員轉任公務人員條例第9條等規定。至於軍職人員，依兵役法及陸海空軍軍官士官服役條例現役期間之規定，則發生陸海空軍軍官士官服役條例第14條予以停役之法律效果。

(二)**撤職**：

所謂撤職，是<u>撤除公務員之現職</u>，並於一定期間停止任用之謂；其期間為**一年以上、五年以下**。於停止任用期間屆滿，再任公務員者，自再任之日起，二年內不得晉敘、陞任或遷調主管職務。

(三)**休職**：

休職，休其現職，停發俸（薪）給，並**不得申請退休、退伍或在其他機關任職**；其期間為**六個月以上、三年以下**。休職期滿，許其回復原職務或相當之其他職務。自復職之日起，二年內不得晉敘、陞任或遷調主管職務。

表7-4　實務函釋彙整

實務函釋彙整	
95.10.11選規字第0950006806號函公務人員考試法規定申請保留錄取資格之「生產」事由包括分娩及流產，並依公務人員請假規則第3條第1項第4款規定所核定假別之最終日為事由原因消滅之日。	按公務人員考試法規定正額錄取人員因懷孕、生產得保留錄取資格，係為貫徹憲法保障婦女工作權益之宗旨，並充分維護母體的身心健康，促進兩性地位之實質平等。本案經綜合審酌公務人員考試法、公務人員考試錄取人員訓練辦法、公務人員請假規則之規定，旨揭規定之「生產」事由係包括分娩及流產，並視分娩後之個別情形依公務人員請假規則第3條第1項第4款規定所核定假別之最終日為事由原因消滅之日。

實務函釋彙整	
103.3.7選規字一第1030001266號函 公務人員考試正額錄取人員經核准保留錄取資格者，於保留期限屆滿前倘已發生保留原因消滅之事由，應於保留原因消滅後3個月內申請補訓。	一、公務人員考試法（以下簡稱考試法）業於103年1月22日修正公布，依同法第5條第2項規定：「依前條保留錄取資格者，於保留原因消滅後或保留期限屆滿後3個月內，應向公務人員保障暨培訓委員會申請補訓，並由公務人員保障暨培訓委員會通知分發機關或申請舉辦考試機關依序分配訓練。逾期未提出申請補訓，或未於規定時間內，向實施訓練機關報到接受訓練者，即喪失考試錄取資格。」爰正額錄取人員於保留原因消滅後3個月內或保留期限屆滿後3個月內，應向貴會申請補訓，合先敘明。 二、查本次考試法之修正，考試院於102年5月30日及8月1日舉行全院審查會時，針對保留錄取資格者申請補訓規定部分，鑒於申請保留錄取資格者，於保留期限屆滿時，保留原因未必已消滅，將第5條第2項修正為：「依前條保留錄取資格者，於保留原因消滅後或保留期限屆滿後三個月內，應向公務人員保障暨培訓委員會申請補訓……」以期周妥，與會之考試委員、用人機關及訓練機關等對此一修正均無不同意見。 三、另查考試法第4條第4款之立法意旨，係為鼓勵國人養育子女，對有育嬰需求之應考人，提供政策誘因，爰參酌公務人員留職停薪辦法（以下簡稱留職停薪辦法）增列正額錄取人員得因養育三足歲以下子女保留錄取資格不得逾三年之規定，俾保障其工作權，其保留期限計算至其子女滿三足歲為止，殆無疑義。

實務函釋彙整	
103.3.7選規字一第1030001266號函 公務人員考試正額錄取人員經核准保留錄取資格者，於保留期限屆滿前倘已發生保留原因消滅之事由，應於保留原因消滅後3個月內申請補訓。	四、有關函詢考試法第5條第2項所稱應向貴會申請補訓之期間為「保留原因消滅後或保留期限屆滿後3個月內」，係指至遲應於保留期限屆滿後3個月內向貴會申請補訓，但保留期限屆滿前倘已發生保留原因消滅之事由者，則應於保留原因消滅後3個月內申請補訓。準此，有關公務人員考試正額錄取人員依考試法第4條第4款以養育三足歲以下子女申請保留錄取資格獲准者，應於該子女滿三足歲後（即保留原因消滅後）3個月內即向貴會申請補訓。 五、有關公務人員考試錄取人員保留錄取資格及補訓事宜，考試法規定已為具體明確，應無須納入考試法施行細則修正草案重予規定。
103.3.26選規字一第1030001582號函 公務人員考試正額錄取人員申請保留錄取資格之時點，應指分發機關及申請舉辦考試機關完成分配作業前。	一、考試法業於103年1月22日修正公布，按錄取人員必須經訓練期滿成績及格後始得分發任用，原考試法第2條之「分發任用」之用語，實指「分配訓練」，又多數公務人員特種考試之分配訓練機關為申請舉辦考試機關，為資明確，爰本次修正將「分發任用」改為「分配訓練」。新修正考試法第4條（原考試法第2條第3項）規定：「正額錄取人員無法立即接受分配訓練者，得檢具事證申請保留錄取資格，其事由及保留年限如下：……。」查其立法意旨，係為避免正額錄取人員，於分配訓練後，因分配機關不符合其志願，以第4條之保留事由申請保留，造成機關用人及業務運作上之困難，故將第4條前段修正為須於分配訓練前申請保留。本部103年2月11日選規一字第1031300049號函釋考試法第4條各款之適用原則中，有關

實務函釋彙整	
103.3.26選規字一第1030001582號函 公務人員考試正額錄取人員申請保留錄取資格之時點，應指分發機關及申請舉辦考試機關完成分配作業前。	「……三、考試法第4條各款之適用原則如下：……(四)第4條第4款（養育3足歲以下子女事由）：考試法1月22日修正公布後，各項考試（按：所稱各項考試指考試法修正公布後，始公告舉辦之考試，及考試法修正公布前，已公告舉辦之考試或已辦理竣事之考試）正額錄取人員因養育3足歲以下子女，無法立即接受分配訓練者，得於榜示後分配訓練前，檢具事證申請保留錄取資格，其保留期限不得逾3年。但配偶為公務人員依法已申請育嬰留職停薪者不得申請保留。……」一節，符合上開立法意旨。 二、有關考試法第4條「正額錄取人員無法立即接受分配訓練」及前揭函釋「榜示後分配訓練前」所指正額錄取人員申請保留錄取資格之時點，按前揭立法意旨，為避免造成機關用人及業務運作之困難，應指分發機關及申請舉辦考試機關完成分配作業前，至分發機關及申請舉辦考試機關辦理分配作業所需之期程，應由該等機關本於權責訂定。
103.5.13選規字一第1030002467號函 公務人員考試正額錄取人員因養育三足歲以下子女之事由申請保留錄取資格者，應不限制其申請次數，各子女別之保留期限予以從寬採取分別計算，以兼顧錄取人員之育嬰需求。	一、考試法業於103年1月22日修正公布，並於第4條正額錄取人員無法立即接受分配訓練者，得檢具事證申請保留錄取資格之規定，增訂第4款養育3足歲以下子女之保留事由，其保留期限不得逾3年。按其立法意旨，係為鼓勵國人養育子女，對有育嬰需求之應考人，提供政策誘因，爰參酌公務人員留職停薪辦法增列正額錄取人員得因養育3足歲以下子女保留錄取資格3年之規定，俾保障其工作權，先予敘明。

實務函釋彙整	
103.5.13選規字一第1030002467號函　公務人員考試正額錄取人員因養育三足歲以下子女之事由申請保留錄取資格者，應不限制其申請次數，各子女別之保留期限予以從寬採取分別計算，以兼顧錄取人員之育嬰需求。	二、基於憲法保障婦女工作權益，維護母體的身心健康，促進兩性地位之實質平等，為符考試法第4條第4款之立法意旨，公務人員考試正額錄取人員依考試法第4條第4款規定，因養育三足歲以下子女之事由申請保留錄取資格者，應不限制其申請次數，各子女別之保留期限予以從寬採取分別計算，以兼顧錄取人員之育嬰需求；惟依考試法第4條之規定，其須於分配訓練前提出申請，至其申請保留錄取資格之相關作業程序，建請貴會本於權責審酌訂定。

專題 *1*

高普考變革之困境與突破

許舒翔（考選部部長）發表於「國家人力資源論壇」

考試院為國家最高考試機關，下設考選部掌理全國考選行政事宜，歷時已久。然而隨著時代演進，現行的考試制度與方式，是否能夠考選出適合現代政府所需之治理人才？是我們必須時時檢驗的課題。

要回答此問題，首先要問現代政府所需的人才是什麼樣的人才？是專才抑或是通才？釐清以上問題後，再檢討現行的公務人員考試制度，是否能夠有效的為國選拔現代政府所需的治理人才？另外，就算現行的考試類科與應試專業科目適合考選現代政府所需的公務人才，在面臨國內外人才高度競爭的時代及年輕世代工作價值與工作選擇觀點和以往大不相同的時代，現行以筆試為主的考試方式及過多的應試科目，對想要進入公部門的年輕世代是否可能造成障礙，而使新世代大學生卻步，降低其參與公務人員考試之意願？亦是值得探討的議題。

本文將以政府機關用人取才最主要的管道—高普考為例，來探討高普考近年來變革之困境與突破的可能，期能降低年輕新世代進入公部門的考試負擔和障礙，並能適當選拔現代政府所需的公務人才，提升政府為民服務之效能、促進國家社會發展。

現代政府治理人才？專才？通才？

高普考自39年辦理迄今已逾70年，現行考試類科與應試科目為數眾多，且絕大多數考試類科是採單一筆試的考試方式。高普考是大多數應考人選擇進入公部門服務的管道，也是公部門用人取才的主要途徑，而且其他公務人員考試，如地方特考、原住民族特考、及身心障礙人員特考，大多也是配合高普考變革來做調整。因此，高普考變革是各種公務人員考試變革的重中之重。不過，在探討高普考變革之前，正本清源，我們仍需要先來討論一下，什麼是現代政府所需的治理人才？

國家發展委員會高仙桂副主委在109年考選部舉辦的「新思維新方向—如何考選現代政府所需的治理人才研討會」中提到，政府治理2.0需要新型態的治理人才，包含跨域數位人才、多元溝通人才、及國際化視野與雙語人才。此一論點似乎有強調現代公務人才應具有通才之意涵。曾擔任考試院第12屆（以下之屆次均指考試院）考試委員的蕭全政教授認為「臺灣的文官系統，基本

上是一個依高度專業分工而考選組成，而且依專業分工關係與規範而運作，並同樣依專業分工關係而發展與變遷的體系……，太專業化分工的文官，就可能變成單面向的人（one-dimensional-man），而不可能捕捉全球化的複雜與快速變遷」，因此，蕭教授主張臺灣的文官系統宜由「專才」逐漸轉向「通才和通才的深化」方向調整。

臺灣目前的文官系統採「職務分類制」，其特點在於兼採簡薦委制靈活用人的優點及職位分類的長處，保留對事、對職系的區分管理。本質上，現行採「職務分類制」的臺灣文官系統仍保有其專業分工的特性。為使專業分工的文官系統能朝通才的方向發展，就必須進行職組職系整併及考試類科和應試科目的調整。

事實上，第12屆施政綱領已提出「通盤檢討整併職組職系及考試類科」之政策方向，且依據考試院107年審查會報告所載，103年12月2日考試委員座談會所得之會議結論「採簡併、通才、彈性之原則，以培養通才為目標，朝行政類應較通才，技術類應較專業取向」之方向整併職組職系，以利於人才流通，增加人員調動之彈性，肆應政府用人需求及國家發展需要。

職組與職系整併完成，但通才轉型？

在第12屆公布施政綱領後，考選部曾在104年至105年召開三次會議，研商公務人員考試類科及應試科目檢討原則，以配合職組與職系整併規劃調整考試類科設置，並研議減少應試專業科目數1科之可能性，開啟近年來的高普考變革之旅。

另一方面，為使現代公務人力朝通才方向發展，銓敘部也於107年提出職組與職系的整併方案送考試院審議，經第12屆多次會議討論，將原來的43職組（15個行政類、28個技術類）整併成25個職組（9個行政類、16個技術類），原來的96個職系（45個行政類、51個技術類）簡併為57個職系（25個行政類、32個技術類），並已於109年1月16日施行。

為符合考用合一之原則，職系設置與考試類科密切相關，考試類科之設置大多依職系之職務配置設科取才。因此，在109年實施大幅整併職組與職系方案之前，各項公務人員考試，大多採「一職系設置一類科」為原則。每一個職系代表一種專業，既然職系整併的目的是為使「專才」的文官系統朝向「通才」的文官系統轉型，因此職組職系大幅整併時，理應併予考量同步簡併考

試類科及檢討應試科目，以符考用合一，及行政類治理人才宜考慮跨域整合之趨勢，朝選拔通才之改革目標調整。

惟考試院在107年審查銓敘部所提職組職系案過程中，考量避免影響眾多重考生長期準備公務人員考試之應試權益，或可能連動影響教育端之分科設系及課程變動而引發反彈，及用人機關考量各機關仍需有各類不同之專才，考試類科不宜併同職系整併而大幅刪減專業取才之考試類科等，決定考試類科之簡併與職組職系之整併脫鉤處理，以減少可能的衝擊，使職組與職系整併案能順利通過。

這樣的決定，雖促成職組職系之整併順利推動，朝「通才」的轉型方向邁出了第一步，但是考試類科簡併與應試科目調整未能同步完成，改革未竟全功，以致難以完全達成其預期的目標。

高普考減科變革，困難重重

銓敘部的職組職系整併方案未能同步搭配考試類科的調整與簡併，原因之一係考量到用人機關反對因職系整併而簡併考試類科的態度。職系大幅整併後，考試類科未大幅調整，大多數的行政類科仍然維持專業考選、專業取才，「一職系一類科」變成「一職系多類科」，不僅有違於行政類公務人才朝通才方向之用人改革政策，再者，在同一職系下的各考試類科及格人員，很快就能調任非其考試類科之工作職務，亦失去考試分科取才之意義。

改變現狀難免會遭逢阻力，但不能因此就停下腳步。因此考選部必須調整高普考的變革途徑，期能透過專業科目之減少來落實職系整併的精神，以呼應每個類科的核心職能，並能減少考試障礙，以利年輕世代報考。

高普考變革如果沒有先走出減列應試專業科目這一步，則不用期待考試類科有任何整併的可能性。基於此一認知，考選部於106年在銓敘部提出職組與職系整併方案之前，先行提出公務人員高普考應試專業科目調整方案報送考試院審查，但經兩次考試院全院審查會審查後仍決議，應試科目簡併與職組職系和考試類科具關連性，宜併同職組職系整併之結果，賡續檢討而擱置高普考專業科目減列之變革方案。

在108年1月第12屆第220次院會通過職組職系整併方案之後，考選部於同年5月提出高普考考試類科簡併及應試專業科目調整方案，考試類科部分，高

考三級擬由122個減列為101個、普考78個類科減列為62個；應試專業科目部分，高考三級減列2科、普考減列1科為原則報送考試院審查。

考試類科之簡併是配合職組職系整併朝通才方向調整，考選部為減少改革之阻力，雖然已避免大幅度的簡併考試類科，且減列之考試類科大多數為長年未提缺之考試類科，但在考試院審查會中卻仍有考試委員認為不可因通才設計而讓專業空洞化，調整幅度應再縮小。因此，高考三級考試類科僅減列9個，由122個調整為113個，普考考試類科減列7個，由78個調整為71個。

最終，職組與職系整併幅度高達百分之四十，高普考考試類科簡併幅度卻少於百分之十，而對於應試專業科目之修正，亦以對教育端及應考人之衝擊甚大而暫不處理。此一決定，也讓朝通才之方向之改革目標大打折扣。

另一方面，應試專業科目數維持不變，也使公務人力以筆試為主的選才方式形成鐵板一塊，除了難以與世界主要國家公務人員採多元評量的選才機制接軌之外，對於新世代的大學畢業生選擇進入公部門服務亦形成一道高度障礙的高牆。

思維調整，改革曙光乍現

現任考試院黃院長榮村於109年7月8日立法院審查考試院正副院長及考試委員被提名人人事案時，指出「國考光靠筆試徵選人才已不符應社會各行各業與政府的用人需求，不應單純講究個別學科的細部知識，而是考量應考人面對問題、跨領域流動、與國際接軌的能力。」黃院長的論點間接點出，現行公務人員考試制度與方式必須改變，並能考選出具備通才能力之公務人力以符應現代政府用人需求。

接著，109年通過的第13屆施政綱領，強調「考試院為國家人力資源部門，以遴選培育現代政府所需的治理人才為己任」；施政綱領總綱亦提出「因應全球化、資訊化及國家發展策略，持續檢討修訂考銓保訓政策」、「增進文官跨域發展、數位能力及國際接軌能力」、「傾聽用人機關需求、強化教考訓用之連結」、「汲取企業管理理念，引進創新觀念與作法，活化國家人力資源策略」及「秉持多元取才原則拔擢人才為民服務」之變革方向，揭示傳統為國舉才的考試制度必須加快改革的步伐，以及期能適當選拔現在政府的治理人才。

考選部在第13屆施政綱領的指引下，再度啟動高普考變革，首先於110年4月提出高考三級公職專技人員考試類科之調整，考量公部門引進專技人員，重點在於借重其實務工作歷練與專業學識以強化公部門之專業服務效能，因而規劃減少其筆試應試專業科目為二科，並增加及提高口試占分比重為百分之三十；高考三級考試錄取人員為用人機關主要工作人力來源，為提升初任公務人員之英語力以因應國際化之挑戰，因此首先提高高考三級考試的英文占分比重，並選擇部分涉外性較高之類科增列英語能力檢定為應考資格條件；另考量公文寫作宜配合公務人員基礎訓練與實務工作養成及降低考生準備考試之負擔，高普考刪除列考公文。以上相關考試規則修正案，在考試院的支持下，很快地在同年5月底就通過，並將於112年實施。

未竟之功，將持續努力

放眼世界各國考選方式，重視用人機關直接參與選才決策權，採用多元評量方式考選人才，並善用心理測驗工具選拔機關適合人才。除此之外，與我國同屬位居亞洲的日本和韓國，英語雖非其正式官方語言，但為能與世界接軌，對於擬任職務等級較高，工作內容涉及國際事務或政策研定之職類，日、韓兩國皆從考試端突顯英語力與擬任職務之關聯性與重要性。

我國現行高普考主要以筆試為主，不僅是考試類科太多不利於朝通才方向取才，而以筆試為主的應試科目亦過多，不利於實施多元評量及招攬新世代人才，考試類科核心職能難被突顯，因此考選部將於近期第三度提出彈性調整高普考應試專業科目，並考量部分類科增加列考口試及提高口試占分比重，同時加速研討公務人員考試納入性向測驗之可行性，期待在此變革的基礎上，於中長期再進一步簡化考試類科、檢討共同與專業科目及增加多元評量方式，並能擴大用人機關參與選才，亦持續在考試端強化英語使用能力，以期高普考之變革能夠滿足現代政府用人需求。

高普考變革長路漫漫、困難重重，但是我們沒有退路，只能努力向前，期待高普考即將展開的深度變革，能讓新世代帶著年輕活力進入公部門服務，而不是讓莫大的考試負擔將其年輕活力拒於門外。

用人機關參與選才是落實適才適所的關鍵

劉約蘭（考選部常務次）發表於「國家人力資源論壇」

人才是組織運作的核心動力，如何選用適合的人才，涉及組織人力資源管理政策及測驗評量專業技術。考選部肩負為各級政府機關甄別所需專業人才的重任，多年來選拔出無數優秀公務人員，支撐國家走過風雨、步入繁榮，公務人員考試的價值無可抹滅。然而，社會的發展已由靜態的農業社會，歷經工業社會，走向多元、開放、都市化、科技化及全球效應，傳統的政府機關選才模式是否適合現今變化快速的社會型態，僅憑考選機關單打獨鬥的選才機制，能否繼續為各級政府機關保有優質的人力基礎，值得深思。

掌握用人需求是選才的起點

招募及選才是確保組織有合適人力投入的過程，也是人力資源管理的關鍵活動之一。為了提高組織的競爭優勢，從招募及選才開始，就應與達成組織目標的需求相契合，先尋找、吸引可能的標的族群前來應徵，再從中挑選出最符合組織策略目標所需的人員，確認所招募人員的知識、技能與特質，有利於組織目標的達成，方能為用而考，考用合一。因此，招募為極具目的導向的舉措，依據組織目標，進而分析及掌握用人需求則是招募人才的第一步。

先進國家政府招募人才，絕大多數由機關自行辦理，因此，機關擁有充分的人事決定權，如美、英、德、法、新加坡等。至於同受科舉制度影響的日、韓兩國，歷經各自的政經文化發展流變後，在政府用人程序的思維上，亦與我國有別。日本公務人員採資格考及用人機關面試兩階段考評，不僅讓應徵者有選擇機關的空間，也授予了用人機關選才的權力。韓國與我國最為接近，也是以任用考取才，惟不論中央或地方政府，均將面試納入最終程序，且由高階文官參與評量，面試結果並有決斷的影響力。

其實我國各級政府機關用人途徑，除了考試及格分發任用人員外，在商調其他機關人員或公開徵求約聘僱人員時，均由用人機關主導及執行選才程序，換言之，用人機關亦有小規模自行遴用人員的經驗與能力。只有在初任公務人員的考選程序上，與考選機關存在著明顯的分工默契。

用人機關參與選才與憲法五權分立架構無違

五權分立的政府體制為我國獨有，依憲法第86條規定，公務人員任用資格應經考試院依法考選銓定之。然而，憲法五權分立並不禁止用人機關參與人才選用，民國43年至55年即採用列冊候用制的資格考，經考選部辦理資格考試及格人員，即具有任用資格，由銓敘部分類分等編列候用人員名冊，送各機關備用。顯見即使考試院獨立設置，只要任用資格經過考試院評定，用人機關參與選才的法理性殆無疑義。現今用人機關雖然廣泛參與考試規則之訂修程序，但直接擔任命題、閱卷委員者仍為少數，用人機關參與選才的合憲性與正當性並無疑義，為何目前參與程度不足？就實務運作上觀察，大致有以下幾種原因：

一、思維障礙：用人機關在觀念上受五權分立架構綑綁，自認不應涉入考選程序；或認為既然有考選機關，其職責就應該選出最優質、最合適的人才給機關，且各機關業務繁忙，無暇參與選才。

二、制度設計：考試方式以筆試為主，且應試科目多與學科理論連結，對於從事實務工作的用人機關形成涉入門檻。

三、評量能力：用人機關縱使想協助選才，但一來對本機關核心職能的分析掌握度不足，不敢貿然作為選才依據，二來不具評量專業，不知如何擔任評鑑者的角色，故迴避參與選才工作。

四、關說壓力：用人機關可能擔心一旦參與選才，會有外界推薦壓力，索性不參與選才程序。

五、成敗責任：用人機關認為一旦參與評量，萬一進用的人員不合預期，恐須負擔評量不力的責任。

不論用人機關基於何種顧慮未能參與選才，一方面將導致機關沒有全面深入思考人員所需核心職能的機會與動力，因為核心職能必須以工作分析為基礎，由機關內的熟手專家來確認什麼是「完成職務工作並達成高績效表現所需具備之知識、技能、才能或其他特徵」，這是考選機關無法取代的作業，也是用人機關參與選才前應完成的先備程序。另一方面，用人機關如未參與選才，也就無法真正確認新進人員在人格特質或興趣傾向，是否與機關或是未來將負擔的工作相契合，亦即無法確定人員與其投身場域（包括組織、工作、主管等）的適配度及其應有的工作表現。

用人機關參與選才刻不容緩

雖然用人機關未能直接參與選才將減損其對人力品質的掌握，但現行制度運作已久，用人機關亦少提出直接參與選才的訴求，在今日內外部時空環境的變化下，選才制度是否存在著改絃更張的必要性，甚至急迫性？可由以下角度思考。

一、政府機關掌理的事務內容正在加速大幅度變化：當前國內外情勢變化快速，公職的挑戰日益加重且變化速度加快，新進人員進入機關後，工作內容的質量變化快速，工作的適應期或磨合期正在縮短，不適任者更難維持工作效能，離職的可能性恐將相對拉高，適才適所的實踐度更形重要。

二、公務人員核心職能逐漸向高層次心智能力移動：隨著新科技導入公務職場後，公務人員的職能內涵也將重新調整，若干基礎技術能力的比重將會轉移到更高層次的認知能力，人工智慧無法取代的人際互動能力則益形重要，前者如分析、綜合、研判、規劃，甚至創意思考；後者則包括溝通、合作及領導等能力。循此理路，評量的重點不再全然置於專業知識存量，應有更多能力面向的試探，用人機關的參與正可彌補考選機關在核心職能設定及考試方法操作上的限制，提供更真切選才的可能性。

三、報考人數下降，選才來源逐漸縮小：近年來公務人員考試報考人數呈現下滑趨勢，公務人員考試雖然仍保有一定的篩汰空間，但選才來源縮小，擇取適合人員的機會也相對降低，評量的精準度更須提升，如有用人機關參與選才過程，對提高測驗的信、效度應有助益。

四、教育內容及評量已有變化，宜重新思考教考用如何銜接：教育部自91學年度起正式實施大學多元入學方案，時隔20年，多元選才模式已逐漸成為青壯年人熟悉的記憶。另108課綱也實施逾3年，教育端已經採取多元學習及評量模式，不再依循傳統筆試為主的考試方式，納入學習歷程檔案，也有更多的主題式專題報告及實作評量，測驗面向不再只限於知識的記憶量。其實教育端當前推動的適性揚才、自主學習理念，正符合用人端希望人員適才適所、永續發展的想法，居中的考選機制如欲配合納入更多元的評量方式，只有由考選機關與用人機關共同推動，才能加速實現。

考選機關應與用人機關建立共同合作攬才及選才的新夥伴關係

在絕大多數國家視為當然的用人機關自行選才機制，我國因獨特的歷史脈絡及政府體制而多有顧慮，既存價值的扭轉需要縝密的步驟與時間的熟成，且應由考選機關與用人機關設定目標共同努力，累積小規模試辦成就，逐步擴大，確保選才成效，取得社會信任，方能為國家發展奠定堅實的公務人力基礎。

就考選機關而言，應扣合實務，建立用人機關參與選才的良善制度，包括：

一、擴大用人機關參與典試作業：公務人員考試為任用資格考試，並非大學校院的學業成就測驗，應以未來工作核心職能的考評為依歸，試題評量重點的設計及給分的關鍵均應扣合實務。因此，除了應試科目的設計應切合業務需求外，用人機關實務專家參與筆試命題、閱卷等典試工作誠屬必要，才能讓評量的重點逐漸貼近用人機關的實際業務。而機關人員參與命題、閱卷工作應如何與本職工作求取平衡，也是考選機關應該與用人機關進一步取得共識的重要環節。

二、設計合宜的考試方式及程序：如能將用人機關較為熟悉的口試納入考選程序，並由一定比例的用人機關代表直接參與選才，不僅涉入難度較低，可考評靜態知識以外的能力，且另有學者專家擔任口試委員，當可確保口試的公平性，也可卸除關說的壓力。

三、強化用人機關參與選才的評量能力：考選機關應針對來自用人機關的實務工作者，善盡輔助的責任，在進行命題、閱卷或口試前，提供詳細的作業指引，並視需要辦理研習訓練，考試結束後，也應該分享試題使用效果分析及應考人成績表現等回饋資料，以利其逐漸磨練及提升評量能力，達到為機關選才的目的。

再就用人機關而言，應改變觀念，積極把握參與考選人才的機會，致力提升機關人力品質，具體而言，包括：

一、體認參與選才的責任感並鼓勵實踐：用人機關應該體認公務人員考選制度運作關乎機關未來進用人員素質的良窳，尤其人事人員必須掌握機關人事變化與需求，深入了解及盤點機關業務所需的核心職能，在各項考選制度議題的討論中貫注真實的用人需求，才能制度化為機關積攢優良

的人力資本。此外，機關也應鼓勵文官參與選才作業，並在行政程序給予支持，例如調整業務負擔或給予適當差假，以支持其樂於承擔。另可配合考選機關辦理的校園攬才活動，宣導本機關業務內容及職涯發展願景等，如能擴大選才的範圍，也能提高篩選出適任人員的機會。

二、落實訓練階段考核淘汰：訓練階段是用人機關考核新進人員是否適任的重要時點，也是用人機關參與選才的寶貴機會，如能依核心職能建立明確評量指標，就待人接物的動機及目的、執行業務的方法及程序等，作成具體的考核紀錄，並勇於淘汰不適任人員，搭配增額錄取之備用人選即時補足人力，對於機關長遠發展及人事穩定均為益事。

在憲法五權分立架構下，考選機關仍為公務人員任用資格評定責任的終極承擔者。惟憲法五權分立體制並不妨礙用人機關以合法適切的方式參與選才，不論是考試制度的建立、考試程序的進行或後端訓練階段的考核，用人機關的積極投入對於精準選才都有無可取代的貢獻。與其將用人機關參與選才視為洪水猛獸，不如建立良善制度，取其長，去其弊。因此，用人機關與考選機關的關係應重新定位，將目前由考選機關單方主導的模式，轉化為雙方共同合作攬才及選才的新夥伴關係。考選機關創建用人機關參與選才的公正制度，並協助用人機關提升選才技術，用人機關則以核心職能為基礎，提高選才的效度，引進適任的公務人力，如此不僅是考選機關與用人機關的雙贏局面，亦有助於穩定國家文官人事及提高政府為民服務的效能。

從先進國家考選模式談我國公務人員考試方式之擴展與強化

蔡寶珠（考選部考選規劃司副司長）發表於「國家人力資源論壇」

我國公務人員因受永業制度的保障，向有鐵飯碗之稱。經由公務人員考試錄取進入公家機關者，多以此安身立命，甚少離職。如以近5年公務人員考試平均錄取年齡29歲來看，算至屆齡退休，平均任職年資長達36年，政府花在每位公務人員人力薪資成本平均至少在2千萬元以上，復因其職務所賦予之公權力與人民權益息息相關，如未能嚴選適當人才，對國家社會將造成嚴重影響。考選部做為公務人員進用把關者，每年錄取1萬多名生力軍加入政府行列，責任實屬重大。

隨著近年國際時勢及社會環境快速變遷，政府面對的挑戰也愈加嚴苛，公務人員除須具備豐富的專業知識，更要有機敏應變的能力，才能快速合宜處理複雜的公務。因此，如何順應時代潮流，精進考試制度，以發揮嚴格把關，甄選適格人才的功能，乃為考選部當前迫切的工作。其中考試方式的妥善運用，尤為考試制度優化的關鍵。所謂他山之石，可以攻錯，借鏡先進國家甄選公務人員的作法，審視我國現行考試方式之運用，口試實有再行擴展與深化的空間。

先進國家選才模式多元，充分發揮衡鑑效能

【日本】

國家公務員分為「綜合職」、「一般職」、「專門職」、「經驗者中途任用」4種。「綜合職」主要負責政策研擬，為高階公務員主要來源，「一般職」以執行或操作類工作為主，一般只能晉升至中階公務員職務，「專門職」為從事特定行政領域專業工作，「經驗者中途任用」則是引進具民間企業實務經驗者的特別管道。「綜合職」、「一般職」、「專門職」三種職類下設類科均採大範圍分類，進用考試分筆試及口試，部分類科另有適性測驗。筆試依職類及應考資格分別設計，主要包括基礎能力測驗、專門測驗等；口試前通常先實施人格測驗，俾供口試時參考。

【韓國】

一般職公務員職級分為高級公務員與3級至9級公務員。高級公務員相當於我國之常務次長、主任秘書及司處長，3級公務員相當於我國之副司處長，4級公務員相當於我國之科長，5級公務員相當於我國之股長，6級至9級屬事務職，為基層公務員。新進公務員分別從5級、7級、9級開始任用，各級考試均分為筆試及口試，5級筆試復分二試，第一試考4科，含公職適性能力測驗，第二試依行政職及技術職分別考5科、4科，7級考7科，9級考5科。各級口試成績被評為不合格者，均不予錄取；評為優等者，直接錄取；僅口試成績被評為普通者，始依筆試成績高低，決定是否錄取。

【新加坡】

公務人員區分「一般職」及「行政官職」2類。「一般職」又分四級，第一級屬專業性、管理性職務，第二、三級為執行性、公文書處理等職務，第四級則為勞力、低技術性職務，其考試方式包括資格審查、心理測驗及口試等，比較特別的是無筆試項目。「行政官職」屬領導階層，代表性職務包括初級（超級）行政官、（資深、非常資深）常任秘書等，其進用方式主要以獎學金制度及儲備幹部計畫進行長期培育。

【英國】

文官依職務列等與陞遷速率，可為分「一般文官職」、「快速陞遷發展方案」及「高級文官」。「一般文官職」由用人機關自行決定考選方法，主要包括教育程度、工作經驗或執業資格審查，以及筆試、口試、性向測驗或實作測驗等；「快速陞遷發展方案」目的在吸引優秀大學畢業生進入公部門服務，招募對象另亦包括現職文官，錄取後均經有系統的培養，陞遷較一般文官快速許多，其與「高級文官」均同時運用評鑑中心法、口試等多種評量技術進行衡鑑。

【美國】

聯邦政府公務人員之任用，依招募方式及職務性質等，分成「除外職」、「競爭職」二大類。「除外職」指工作性質特殊，無法以考試羅致合適人才之職位；「競爭職」依職務屬性分為專業性、技術性、行政性、文書性及其他性等5大職類，其考試由用人機關針對職務內涵進行職能分析，設計適當之

評量方式或測驗工具，包括結構化口試、測驗（工作知識、情境判斷、認知能力測驗等）、評鑑中心法、職能問卷等多種方式。

【法國】

依應考人來源，可分成外部途徑、內部途徑及第三途徑等3種考試管道，其中外部途徑考試分為筆試及口試，部分特殊領域（如藝術、科學等），得審查其著作、發明或學歷等；倘職務涉及專業技術操作，另實施實作測驗。

【德國】

公務人員職務依層級分成「高級職務」、「中高級職務」、「中級職務」及「初級職務」4種。高級職務與中高級職務具有領導性（管理者）內涵，中級職務為執行性職務，初級職務則屬基層、非智識性工作。除「初級職務」多以契約僱用外，「高級職務」進用考試方式為評鑑中心法，「中高級職務」為適性測驗與筆試及口試，「中級職務」為筆試及口試。

方式 國別	筆試	口試	心理測驗	實作評量、評鑑中心法、資料審查等其他方式
日本	○	○	○	
韓國	○	○	○	
新加坡		○	○	○
英國	○	○	○	○
美國	○	○	○	○
法國	○	○	○	○
德國	○	○	○	○

圖1　先進國家公務人員主要考試方式採行情形

資料來源：作者自行整理

我國公務人員考試方式規範完備，惟實際執行仍以筆試為主

公務人員考試法規定之考試方式包括：筆試、口試、心理測驗、體能測驗、實地測驗、審查著作或發明、審查知能有關學歷經歷證明或其他方式等8種，其中除「其他方式」是為考量未來發展，預留新興方式可能空間，而於103年所增列者外，筆試等7種均為延續過去60年既有規範，這也顯示早年先賢已有相當先進之思維，了解多元方式取才的重要性，爰同時容納各種評量功能的考試方式，以供採擇。惟從過去長期實踐經驗發現，多數考試仍以筆試為主，併採其他考試方式者，筆試占分比重亦屬最高，顯示在國人客觀公平的期待下，筆試受到高度的信任與重視，以往未結構化的口試，讓各界擔心不夠客觀，這也導致公務人員考試在考試方式的選擇上，有難以突破的障礙。

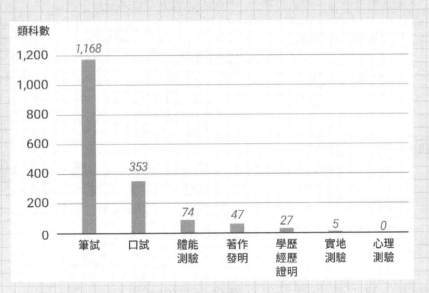

註：公務人員考試共31項，除取才困難特考辦法未預設類科外，其餘考試之法定類科數總計1,168個，均採筆試口採口試、體能測驗、著作發明觬查、學歷經歷證明審查、實地測驗之類科占總類科數比重分別為 30.22%、6.34%、4.02%、2.31%、0.4%。

圖2　我國公務人員考試方式採行情形

資料來源：作者自行整理，統計自現行各項公務人員考試規則相關規定。

先進國家與我國考試方式差異比較

一、考試方式併採情形不同

先進國家甄選公務人員的方式，相當靈活多元，依不同職務需求，同時善用筆試、口試、心理測驗、適性測驗或評鑑中心法等多種不同功能的工具，故能達到全方位評量的目的。我國公務人員考試方式在法制層面的規範，相當周延完備，但在講求公平原則下，仍以筆試為主，部分考試甚至以筆試為唯一決定工具。

二、筆試科目繁簡不同

先進國家因採多元評量方式，筆試科目通常較為簡化。我國則延續傳統對於筆試的重視，類科及科目設計一向繁複，考試規則修正也因此多著重在科目調整，而非評量方法的檢討，頗有見樹不見林之感。

三、口試採用程度有別

先進國家不分公務人員種類等級，普遍採用口試，在決定人選時甚至具關鍵性影響。我國公務人員口試之採行雖僅次於筆試，但也僅侷限於較高等級考試或涉外及特殊性質的考試，且多居於輔助性角色，占分比例不高。

四、心理測驗運用與否

先進國家辦理公務人員甄選時，心理測驗或用於初步篩選，或融入口試環節，特殊職務如警察，並以人格測驗汰除不適格人選。我國則因國人對此種考試方式較為陌生，信任度不足，又因其專業特性不易操作，目前並未採用。

我國公務人員考試方式之擴展與強化

參考先進國家作法，檢視我國各種考試方式適用屬性及操作可行性，其中口試的運用實仍有再擴展空間。考選部為使公務人員口試能充分發揮選才功能，過去一直致力於結構化口試的建立，經由長期反覆實施，已相當穩健成熟，未來可再朝以下幾個面向擴展及深化：

一、擴大口試採行範圍

現行設有口試的考試多為公務人員特考，做為政府進用人力主要管道且具指標性的高考三級考試，反而僅公職專技及客家事務行政等少部分類

科採行口試。為落實多元考選方式理念，考選部業研議減列高考三級考試筆試科目，與此同時，如能逐步擴大類科適用範圍，將口試納入第二階段篩選方式，當更能有效預測應考人在實際工作情境之表現，增加擬任人員與職務之間適任與契合度。

二、增加口試占分比重

為能有效發揮口試功能，口試占分比例不宜過低。惟檢視現行併採口試的21項考試，口試成績占總成績比重多數介於10%至20%之間，影響有限。自112年1月1日起，高考三級公職專技類科考試口試占分比重將由20%提升至30%，其他未達30%之考試，仍有合理調整空間。

三、提昇用人機關參與程度

現行設有口試之公務人員考試，例均遴聘一定比例用人機關高階公務人員擔任口試委員，惟多數考試遴聘比例低於50%，為擴大用人機關參與選才，具體落實考用合一，可考量再提高用人機關參與口試人數，以強化用人機關之用人決策權。

四、導入心理測驗提升評鑑效能

考選部曾嘗試於司法官考試口試納入測驗領域專家，協助觀察應考人人格特質，惟因口試試題仍以法律專業為主，致實施成效有限。為能善用「心理測驗」選才優點，或可考量擇定適當考試，將經由測驗專家執行的心理測驗結果搭配口試，做為口試委員深化問題向度及內容之參考，因非做為考試方式，可淡化其在考試程序中之強度，並使口試與以評量專業知識為主要目標的筆試做差異化處理，當更能發揮口試功能，拔擢適格人才。

模擬試題

請討論我國公務人員任用之問題與因應之道。

本題重點： 從考試院對於任用及陞遷制度的興革方案加以切入。

解 依據我國憲法以公開考試用人的常務用人體系，乃係文官的中間主幹，其員額也最多。因而，相關任用法制自應完整建構：

(一) 職務分類制架構之檢討改進：現行公務人員任用法規劃之十四職等架構下，各層級職務間列等結構實屬緊密，其中薦任第八職等課長、薦任第九職等科長、簡任第十二職等司長（或處長）等關鍵性職務，其列等向上連動後，勢必面臨十四職等不敷所需之困境。因此，現行十四職等之架構，實有重行檢討之必要，俾利全盤規劃，謀求整體衡平、合理之職務列等調整方案。另對職組暨職系名稱一覽表、有關單向或相互調任之規定，也應在專才專業、適才適所的前提下，兼顧機關用人需要，酌做修正。

(二) 各專業人士法制之修正：如警察人員與關務人員、學術研究機構研究人員之管理制度、簡併其他不合時宜的專業人才制度以及人事、政風、主計三個「一條鞭」體制之未來走向等問題，均須進一步規劃。

(三) 建構公、私人才交流法制：為有效運用民間專業人才，並讓公務人員至國內外績優之民間機構實地歷練，以提升公務人員能力，宜在憲法考試用人之原則下，建立公私人才交流之法制，明文規範各機關得指派具發展潛力的公務人員至績優民間機構學習歷練，並得以約聘方式，自績優民間機構借重專業性、科技性或特殊性之能人員，以促進公私人才交流，加強雙方管理觀念之提升。

關鍵核心

1 績效層級：

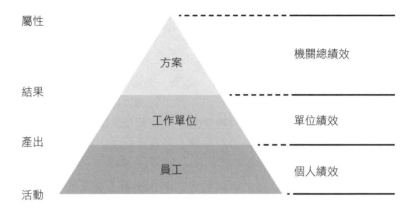

屬性

方案   機關總績效

結果

工作單位   單位績效

產出

員工   個人績效

活動

2 績效與人力資源的關係：
(1) 與人力規劃的關聯：
可作為組織內部人力資源供給的分析依據。
(2) 與任用招募的關聯：
對組織招募遴選工作的完成品質進行驗證，發現組織在招募遴選過程中
所存在的問題，並提出改進方案。
(3) 與培訓發展的關聯：
員工訓練的成果必須納入績效評估系統中目標設定的考量，針對不同員
工的能力設定績效評估目標，以利作為下次訓練規劃的指標。
(4) 與薪酬管理的關聯：
透過績效評估，可使薪資系統正確地強化員工所努力的方向，使其能符
合組織所期望的目標。
(5) 與員工關係的關聯：
提供一個監察與評估員工工作績效的機制，當評估實施前經由主管與受
考人共同商定明確的績效目標，並釐訂共同的績效標準和準則後，評核
人員應對員工不斷指導和培養，並適時採取矯正措施。

3 考績的功能：

功能	說明
行政功能	以績效評估之資訊作為提高薪資、獎金等資源分配之依據，以及作為工作指派之參考。 為提供組織作成上述行政決定，需要組織內受考人相互之間工作績效或強弱的比較資訊，使組織不但得以作成攸關受考人個人的種種行政決定，也能依據較客觀的基礎，進行組織內部同仁的比較。 因此，行政功能可綜整如下： (1) 考績資訊可作為升遷、調職、降職或資遣等相關工作指派之依據。 (2) 考績資訊可作為發放獎金、調整薪資之參考。 (3) 考績資訊可作為檢討相關人力資源管理之措施。
發展功能	乃考核者企圖經由考績的評定，指出員工在其所擔任的各項工作項目中表現之優劣，期望改善或增進員工將來的工作績效，並了解員工的優缺，促使其提升工作能力。 換言之，考績資訊可清楚每一位受考人的優缺，以作為未來該員工生涯發展之參考。 因此，發展功能可綜整如下： (1) 界定訓練需求。 (2) 增進員工潛能。 (3) 協助員工建立生涯目標。 (4) 協助建立組織之人力規劃。

4 考績判斷方式：
  (1) 主觀技術：包括描述性評語、量表評核、清單評核等。
  (2) 比較技術：對於員工之間的工作表現進行比較。
  (3) 客觀技術：包括行為定錨評量表（behaviorally anchored rating scale, BARS）、目標管理（Management by Objective, MBO）

5 考績制度的反思：

(1) 工作沒有實質產品，且傾向於義務性及價值導向性（例如：維持公眾的生命安全）。

(2) 產品傾向於多樣性或過程性。

(3) 合產性（co-production）的工作或不同組織之產出會相互影響。

(4) 努力與成果因果關係難以確定的工作。

(5) 宜以非量化的品質來衡量績效。

(6) 同一工作表現在不同情境可以有不同意義。

(7) 組織運作環境是非常動態性的。

重點精要

壹、策略性工作績效管理

一、 與人力資源管理的關係

人力資源管理透過各種具體管理功能，以**實現各項管理作用**，而員工績效與管理可謂是**人力資源管理的內容**。

從管理的本質來看，績效管理是組織達成目標的一種控制程序，其流程涵蓋：確立標準、衡量績效、檢測績效、修正偏差（成果回饋），這4個流程將分別影響整個考績制度的實際運作結果。而公共部門在新公共管理思潮與企業型政府的觀念底下，孕育了績效管理的蓬勃發展。

所謂的績效，可分為以下3個層級，本章則以公務人員考績制度為範疇，著重於人員績效的評估。

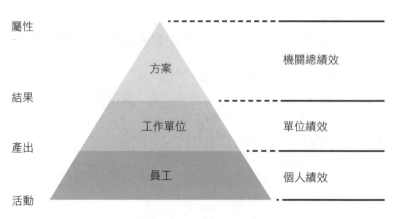

圖8-1 績效金字塔

資料來源：吳瓊恩等（2006）

以下就員工績效評估制度與人力資源管理各功能之間的關係，論述如下：

圖8-2 人力資源管理系統關係圖

資料來源：吳瓊恩等（2006）

(一)**績效評估與人力規劃之關聯：**

績效評估的結果，可作為組織內部人力資源供給的分析依據，可提供有關組織中人力資源優劣的訊息，特別是重要管理人員晉升與發展潛能等依據。

相對地，人力資源規劃亦可提供績效評估標準制定的依據，包括：

1. **工作分析**、
2. **人力分析**、
3. **工作說明書的內容**。

完善的人力資源規劃，可整合組織與員工的目標，同時透過與員工共同討論，訂定績效評估基準，並將結果回饋員工，可藉以激勵員工努力改善其績效，共同達成組織目標。

(二)**績效評估與任用招募之關聯：**

透過對員工績效的管理與評價過程，對組織招募遴選工作的完成品質進行驗證，**發現組織在招募遴選過程中所存在的問題**，並**提出改進方案**。

績效評估的標準，可以作為建立招募遴選標準時的參考依據，進而可使招募進來的員工更能勝任工作，同時也兼顧組織未來發展的需求。亦即，當有職務出缺時，人員的遴選便須依各人的工作績效來決定。

(三)**績效評估與培訓發展之關聯：**

績效評估的最終目的，即是賦予評估結果策略性的意義。換言之，決策者必須由所衡量的評估結果，以了解員工無法達成目標之原因，並依據其結果對員工加以訓練，以求其有更好的績效表現。

根據學者White（1999）的研究，員工發展及員工績效評估之間，具有正向關係。良好的訓練系統，必須能配合員工技術及能力，並針對組織需求做出最適當的訓練規劃。

亦即，員工訓練的成果必須納入績效評估系統中目標設定的考量，針對不同員工的能力設定績效評估目標，以利作為下次訓練規劃的指標。

(四)**績效評估與薪酬管理之關聯：**

　　薪酬管理的主要功能，在於**提供一個誘因機制以激勵員工**，使其行為能符合組織的期望。而績效評估則是針對員工對組織的貢獻進行評估。

　　透過績效評估，可使薪資系統**正確地強化員工所努力的方向**，使其能符合組織所期望的目標，例如：提高生產力或服務品質等。

　　績效評估帶來的結果，**可用來決定員工是否加薪，或是發放獎金。**因此，一個有效的績效評估系統，可以將員工的績效與薪酬系統加以連結，以有效激勵員工工作意願，提升工作績效。

(五)**績效評估與員工關係之關聯：**

　　績效評估系統提供一個監察與評估員工工作績效的機制，當評估實施前經由主管與受考人共同商定明確的績效目標，並釐訂共同的績效標準和準則後，評核人員應對員工不斷指導和培養，並適時採取矯正措施。

　　因此，有效的員工績效評估系統，可以加強員工關係與提升工作效能。而和諧的員工關係，易於凝聚組織共識，對於明訂組織的工作要求與績效目標有強化的作用。

二、績效評估目的及功能

依據D. E. Klingner與J. Nalbandian（1998）的觀點，管理者可對績效評估過程，達到以下目的：

(一)**與員工溝通管理者的目標與目的：**

　　強化管理者的預期，在指導員工該做什麼後，管理者接下來之職責，即是透過回饋機制，使績效與所制定的績效標準加以連結。

(二)**激勵員工改進績效：**

　　提供回饋或建設性批評之目的，是為了改進績效，即透過績效評估制度，鼓勵員工維持並改進目前的績效。

(三)**公平分配薪資和晉升組織獎勵：**

組織的公正性及員工滿意度的判定標準之一，即在於組織是否公平地分配組織的獎勵事項。透過績效評估可以確認員工之差異，也可以作為組織分配獎賞之工具。

(四)**進行人事管理研究：**

倘若工作已被準確地分析，那麼以與工作相關的技能知識和能力來招募人員，則最終之工作績效，應可達令人滿意的結果。

另外，依據任可怡（2002）的觀點，考績制度可分為以下2大功能：

表8-1　考績的功能

功能	說明
行政功能	以績效評估之資訊作為提高薪資、獎金等資源分配之依據，以及作為工作指派之參考。 為提供組織作成上述行政決定，需要組織內受考人相互之間工作績效或強弱的比較資訊，使組織不但得以作成攸關壽考人個人的種種行政決定，也能依據較客觀的基礎，進行組織內部同仁的比較。 因此，行政功能可綜整如下： (1) 考績資訊可作為升遷、調職、降職或資遣等相關工作指派之依據。 (2) 考績資訊可作為發放獎金、調整薪資之參考。 (3) 考績資訊可作為檢討相關人力資源管理之措施。
發展功能	乃考核者企圖經由考績的評定，指出員工在其所擔任的各項工作項目中表現之優劣，期望改善或增進員工將來的工作績效，並了解員工的優缺，促使其提升工作能力。 換言之，考績資訊可清楚每一位受考人的優缺，以作為未來該員工生涯發展之參考。 因此，發展功能可綜整如下： (1) 界定訓練需求。 (2) 增進員工潛能。

功能	說明
發展功能	(3) 協助員工建立生涯目標。 (4) 協助建立組織之人力規劃。

資料來源：詹中原等（2020）

貳、考績評估的方法概論

一、 評估者判斷

在建立員工考績制度上，首先要面對的議題是，「誰」擔任評估者？其中可包括：直屬主管、員工、同儕、下屬、外部人士，以下依序分述之：

(一)直屬主管：

其普遍負責評估的工作，可說是考績的「傳統評估者」，因為他負有監督員工工作的責任，也要為組織或單位績效與工作成敗直接負責。在權責相稱的前提下，直屬主管理應有誘因善用考績作為管理工具。

(二)員工本人：

其可協助員工與主管就工作表現進行溝通，澄清雙方的期望並作調整。也可以讓員工了解其要改善之處，以及便是未來培訓的標的。因此，通常員工自我評估與直屬主管考績會搭配進行，並以面談方式溝通與回饋。

(三)同儕：

可適用於團隊性的工作環境，也會用於專業或學術人力的考績。但一般不會使用於公部門組織。

(四)**下屬**：

下屬評估也多與其他評估來源結合使用，特別是用來評核高階管理者的管理表現，提供更為全面的績效資訊。其與自我評估及同儕評估三者，可結合成「180度考績」。

(五)**外部人士**：

外部人士一般可指外部專家，其可提供中立的分析，特別是全面評估受考者的工作潛能，甚至跳脫職場之表現，利用評估中心（assessment center），評估多方面的工作潛能，以作為人事陞遷決定的參考。此外，更與上述「180度考績」結合，成為「360度考績」。

表8-2　歐盟國家主要的文官考績評估者組合（2016年）

評估者組合	國家	比率
直屬主管	捷克、克羅埃西亞、義大利、盧森堡、馬爾他、挪威、波瀾、羅馬尼亞、斯洛維尼亞、塞爾維亞、斯洛伐克、瑞典	40%
直屬主管＋自我評估	保加利亞、歐盟委員會、芬蘭、愛爾蘭、拉脫維亞、匈牙利、葡萄牙、西班牙、瑞士	33%
直屬主管＋更上級主管	比利時、保加利亞、賽普勒斯、法國、德國	16%
直屬主管＋180度考績	瑞士	<1%

資料來源：詹中原等（2020）

二、 工作表現衡量判斷

依據學者Daley（1992）的觀點，衡量工作表現的方式可分為以下3類：

(一)主觀技術：

係指由評估者就員工的工作表現各種面向進行判斷，可以是以描述性評語（narrative essay）呈現，也可以簡化成量表評核（graphic rating scales）或清單評核（checklists），針對員工在工作上的表現、特徵及工作活動進行衡量。

1. **描述性評語**：比較開放的容許評估者對受考人做出各種可能的評價，不受衡量格式所侷限。

2. **量表評核與清單評核**：採用比較籠統的評核表進行考核，無法連結到各個特定工作職務或確保考核內容與工作相關，主觀性較大。

(二)比較技術：

係指對於**員工之間的工作表現進行比較**，理論上其具有較為客觀的標準，因為必須用**同一尺度衡量**所有同類員工。

然而，比較技術要求對員工表現進行排序，因而須做出等級格恆，而可能滲入其他因素於考核中，將產生一定的主觀性。

其比較技術包括：**兩兩比較、強制分配**，適合於配合職務晉升或派訓的決策上。

(三)客觀技術：

1. **行為定錨評量表**（behaviorally anchored rating scale, BARS）：將同一職務工作可能發生的各種典型行為進行評分度量，建立一個錨定評分表，以此為依據，對員工工作中的實際行為進行測評級分的考評辦法。

2. **目標管理**（Management by Objective, MBO）：目標管理認為，並不是有了工作才有目標，而是相反，有了目標才能確定每個人的工作。所以，「企業的使命和任務，必須轉化

為目標」。如果一個領域沒有目標，這個領域的工作必然被忽視。因此管理者應該透過目標對下級進行管理，當組織最高層管理者確定了組織目標後，必須對其進行有效分解，轉變成各個部門以及各個人的分目標，管理者根據分目標的完成情況對下級進行考核、評價和獎懲。

相對而言，行為定錨評量表較為針對工作進行衡量，較聚焦在投入與過程之衡量；而目標管理則較聚焦在結果之衡量。

三、 考績評等

(一)絕對性績效評量

在非比較性的技術下，每個受考者可被視為獨立個案，以相同標準加以衡量其工作表現。

(二)相對性績效評量

要求主管對員工的表現進行高低順序排列，員工表現之優劣並非在於衡量標準尺度本身，而是在乎於其他受考者的相對表現

四、 考績制度的議題反思

在考績制度當中，最大的困境即為工作績效的可衡量性。學者Hens de Burujin（2001）認為，在下列這些情況下，績效的可衡量性可能有所疑問：

(一)工作沒有實質產品，且傾向於義務性及價值導向性（例如：維持公眾的生命安全）。

(二)產品傾向於多樣性或過程性。

(三)合產性（co-production）的工作或不同組織之產出會相互影響。

(四)努力與成果因果關係難以確定的工作。

(五)宜以非量化的品質來衡量績效。

(六)同一工作表現在不同情境可以有不同意義。

(七)組織運作環境是非常動態性的。

參、我國公務人員工作績效評估的流程

一、性質

依據公務人員考績法第2條之規定：「公務人員之考績，應本綜覈名實、信賞必罰之旨，作準確客觀之考核。」即要求考績之結果應與實際工作表現相符，而考績必須準確、客觀，並以此作為獎懲之依據。

具體上，獎勵分嘉獎、記功、記大功；懲處分申誡、記過、記大過等。此外，考績不僅針對與工作有關之表現，也會評核人員的操行與學識。

考績之類型，依據公務人員考績法第3條，區分如下：

(一)**年終考績**：係指各官等人員，於每年年終考核其當年一至十二月任職期間之成績。

(二)**另予考績**：係指各官等人員，於同一考績年度內，任職不滿一年，而連續任職已達六個月者辦理之考績。

(三)**專案考績**：係指各官等人員，平時有重大功過時，隨時辦理之考績。

二、評估者與程序

依據公務人員考績法第14條第1項之規定，各機關對於公務人員之考績，應由**主管人員**就考績表項目**評擬**，遞送**考績委員會初核，機關長官覆核**，經由**主管機關或授權之所屬機關核定**，送銓敘部銓敘審定。但非於年終辦理之另予考績或長官僅有一級，或因特殊情形報經上級機關核准不設置考績委員會時，除考績免職人員應送經上級機關考績委員會考核外，得逕由其長官考核。

因此，我國公務人員考績之評估者，包括：直屬長官、考績委員會、機關首長等，係屬於上述「直屬長官＋更上級之主管」之類型。

而考績之程序，說明如下：

各機關辦理公務人員考績，應由人事主管人員查明受考人數，並分別填具考績表有關項目，送經單位主管，檢同受考人全年平時成績考核紀錄，依規定加註意見後，予以逐級評分簽章，彙送考績委員會初核。（公務人員考績法施行細則第18條）

機關長官覆核所屬公務人員考績案，如對初核結果有意見時，除未變更考績等次之分數調整，得逕行為之外，應交考績委員會復議。機關長官對復議結果，仍不同意時，得加註理由後變更之。（公務人員考績法施行細則第19條第1項）

上述考績委員會，係依「考績委員會組織規程」第2條之規定，考績委員會置委員5人至23人，除本機關人事主管人員為當然委員及第6項所規定之票選人員外，餘由機關首長就本機關人員中指定之，並指定1人為主席。主席因故未能出席會議者，得由主席就委員中指定1人代理會議主席。

然而，並非所有考績都須經過考績委員會。依據公務人員考績法第14條規定，非於年終辦理之另予考績或長官僅有一級，或因特殊情形報經上級機關核准不設置考績委員會時，除考績免職人員應送經上級機關考績委員會考核外，得逕由其長官考核。

三、 衡量方式

年終考績應以平時考核為依據，而平時考核就其工作、操行、學識、才能行之。

依據公務人員考績法施行細則第3條，公務人員年終考績，綜合其工作、操行、學識、才能4項予以評分。其中**工作占考績分數**65%；**操行占考績分數**15%；**學識及才能各占考績分數**10%。

而公務人員考績表，則詳列上述各項評分依據，再做細節性之規定，如下圖所示：

機關名稱：
機關代號：　　　　　　　　　　　　　　　　　　　　　○○年公務人員考績表

姓名		到職	民國　　年　月　日	項目	日數		項目	次數
國民身分證統一編號		送審	民國　　年　月　日	事假		平時考核獎懲	嘉獎	
				病假			記功	
職務		官等職等	任第　　職等	請假及曠職	遲到		記大功	
					早退		申誡	
職務編號								
職系（代號）		俸級俸點	本　年功俸級　　俸點	曠職			記過	
							記大過	
規定工作項目								

項目	細目	考核內容	項目	細目	考核內容
工作（50%）	質量	處理業務是否精確妥善暨數量之多寡。	操行（20%）	忠誠	是否忠於國家及職守言行一致誠實不欺。

項目	細目	考核內容	項目	細目	考核內容
工作 （**50%**）	時效	能否依限完成應辦之工作。	**操行** （**20%**）	廉正	是否廉潔自持予取不苟大公無私正直不阿。
	方法	能否運用科學方法辦事執簡馭繁有條不紊。		性情	是否敦厚謙和謹慎懇摯。
	主動	能否不待督促自動自發積極辦理。		好尚	是否好學勤奮及有無特殊嗜好。
	負責	能否任勞任怨勇於負責。	**學識** （**15%**）	學驗	對本職學識是否充裕經驗及常識是否豐富。
	勤勉	能否認真勤慎熱誠任事不遲到早退。		見解	見解是否正確能否運用科學頭腦判斷是非分析因果。
	協調	能否配合全盤業務進展加強聯繫和衷共濟。		進修	是否勤於進修充實學識技能。
	研究	對應辦業務能否不斷檢討悉心研究力求改進。	**才能** （**15%**）	表達	敘述是否簡要中肯言詞是否詳實清晰。
	創造	對應辦業務有無創造及創見。		實踐	作事能否貫徹始終力行不懈。

項目	細目	考核內容	項目	細目	考核內容
工作 （50%）	便民	處理人民申請案件能否隨到隨辦利民便民。	才能 （15%）	體能	體力是否強健能否勝任繁劇工作。
總評	評語	直屬或上級長官	考績委員會（主席）		機關首長
	綜合評分	分	分		分
	簽章				

考列甲等人員適用條款	公務人員考績法施行細則第　　條第　　項第　　款第　　目
考列丁等人員適用條款	公務人員考績法第　　條第　　項第　　款
備註及重大優劣事實	

圖8-3　公務人員考績表圖示

資料來源：銓敘部官網。

（機關名稱）公務人員平時成績考核紀錄表

（考核期間：年月日至月日）

單位		職稱		姓名		官職 等級	

工作 項目	

考核 項目	考核內容	考核紀錄等級				
		A	B	C	D	E
工作知 能及公 文績效	嫻熟工作相關專業知識，且具有業務需要之基本電腦作業能力，並能充分運用。公文處理均能掌握品質及時效，臨時交辦案件亦能依限完成。					
創新研 究及簡 化流程	對於承辦業務能提出具體改進措施，或運用革新技術、方法及管理知識，簡化工作流程，提升效能效率，增進工作績效。					
服務 態度	負責盡職，自動自發，積極辦理業務，落實顧客導向，提升服務品質。發揮團隊精神，對於工作與職務調整，及與他人協調合作，能優先考量組織目標之達成。					
品德 操守	敦厚謙和，謹慎懇摯，廉潔自持，無驕恣貪惰，奢侈放蕩，冶遊賭博，吸食毒品，足以損失名譽之行為。					
領導協 調能力	具判斷決策溝通協調能力，並能傳授知識、經驗、技能，適當指導同仁，且經常檢討工作計畫執行情形，達成預定績效目標。（主管職務始填列）					

考核項目	考核內容	考核紀錄等級				
		A	B	C	D	E
語文能力	積極學習英語或其他職務上所需之語言，已通過全民英檢或相當英語能力測驗或其他語言能力之認證，有助於提升工作績效者。					

個人重大具體優劣事蹟

面談紀錄

單位主管綜合考評及具體建議事項 （請簽章）	直屬主管綜合考評及具體建議事項 （請簽章）

圖8-4 公務人員平時考核紀錄表圖示

資料來源：銓敘部官網。

四、 效果

(一)年終考績：

公務人員考績法第7條：「年終考績獎懲依左列規定：

一、甲等：晉本俸一級，並給與一個月俸給總額之一次獎金；
已達所敘職等本俸最高俸級或已敘年功俸級者，晉年功俸
一級，並給與一個月俸給總額之一次獎金；已敘年功俸最
高俸級者，給與二個月俸給總額之一次獎金。

二、乙等：晉本俸一級，並給與半個月俸給總額之一次獎金；
已達所敘職等本俸最高俸級或已敘年功俸級者，晉年功俸
一級，並給與半個月俸給總額之一次獎金；已敘年功俸最
高俸級者，給與一個半月俸給總額之一次獎金。

三、丙等：留原俸級。

四、丁等：免職。（第一項）

前項所稱俸給總額，指公務人員俸給法所定之本俸、年功俸及
其他法定加給。（第二項）」

公務人員考績法第11條：「各機關參加考績人員任本職等年終
考績，具有左列各款情形之一者，取得同官等高一職等之任用
資格：

一、二年列甲等者。

二、一年列甲等二年列乙等者。（第一項）

前項所稱任本職等年終考績，指當年一至十二月任職期間均任
同一職等辦理之年終考績。另予考績及以不同官等職等併資辦
理年終考績之年資，均不得予以併計取得高一職等升等任用資
格。但以不同官等職等併資辦理年終考績之年資，得予以併計
取得該併資之較低官等高一職等升等任用資格。（第二項）」

(二)**另予考績：**

公務人員考績法第8條：「另予考績人員之獎懲，列甲等者，給與一個月俸給總額之一次獎金；列乙等者，給與半個月俸給總額之一次獎金；列丙等者，不予獎勵；列丁等者，免職。」

(三)**專案考績及平時考核：**

公務人員考績法第12條：「各機關辦理公務人員平時考核及專案考績，分別依左列規定：

一、平時考核：獎勵分嘉獎、記功、記大功；懲處分申誡、記過、記大過。於年終考績時，併計成績增減總分。平時考核獎懲得互相抵銷，無獎懲抵銷而累積達二大過者，年終考績應列丁等。

二、專案考績，於有重大功過時行之；其獎懲依左列規定：

(一)一次記二大功者，晉本俸一級，並給與一個月俸給總額之獎金；已達所敘職等本俸最高俸級或已敘年功俸級者，晉年功俸一級，並給與一個月俸給總額之獎金；已敘至年功俸最高俸級者，給與二個月俸給總額之獎金。但在同一年度內再因一次記二大功辦理專案考績者，不再晉敘俸級，改給二個月俸給總額之一次獎金。

(二)一次記二大過者，免職。（第一項）

前項第二款一次記二大功之標準，應於施行細則中明定之。專案考績不得與平時考核功過相抵銷。（第二項）

非有左列情形之一者，不得為一次記二大過處分：

一、圖謀背叛國家，有確實證據者。

二、執行國家政策不力，或怠忽職責，或洩漏職務上之機密，致政府遭受重大損害，有確實證據者。

三、違抗政府重大政令，或嚴重傷害政府信譽，有確實證據者。

四、涉及貪污案件，其行政責任重大，有確實證據者。

五、圖謀不法利益或言行不檢，致嚴重損害政府或公務人員聲譽，有確實證據者。

六、脅迫、公然侮辱或誣告長官，情節重大，有確實證據者。

七、挑撥離間或破壞紀律，情節重大，有確實證據者。

八、曠職繼續達四日，或一年累積達十日者。（第三項）」

另參酌公務人員考績法施行細則第15條：「本法第十二條第一項第一款所稱平時考核獎懲得互相抵銷，指嘉獎、記功、記大功與申誡、記過、記大過得互相抵銷。（第一項）

前項獎懲，嘉獎三次作為記功一次；記功三次作為記一大功；申誡三次作為記過一次；記過三次作為記一大過。（第二項）」

五、 實務流程

(一)項目編號

EG04

(二)法令依據

1. 公務人員考績法及其施行細則。

2. 考績委員會組織規程。

3. 各機關辦理公務人員考績（成）作業要點。

4. 現職雇員管理要點。

5. 公文程式條例。

6. 行政程序法。

(三)處理流程

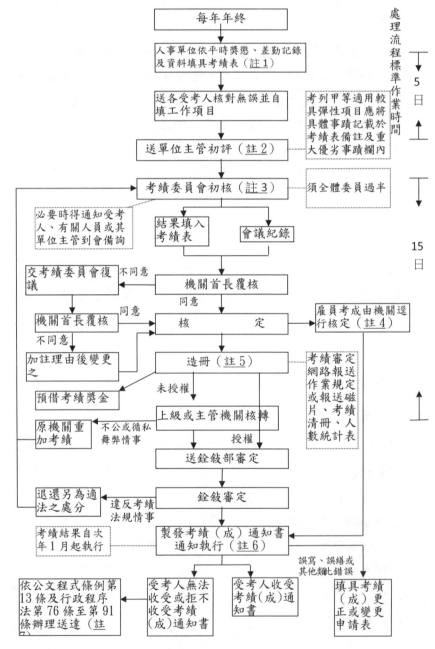

圖8-5 考績流程

資料來源：銓敘部官網。

模擬試題

一、試說明人力需求的預測方式為何？

本題重點：熟悉美國功績原則與人事禁止措施之內涵，分點分項說明。

解 美國公務員制度之發展，可分為三個時期：自仕紳制、分贓制，逐漸演變成功績制；而功績制係美國人事制度之重要內涵，包括九大原則及人事禁止措施。茲分述如下：

(一)功績制九大原則：

1. 才能取向與公開競爭；

2. 人事措施對任何求職者與在職者均賦予平等地位；

3. 同工同酬與績優獎賞；

4. 維護員工忠勤紀律；

5. 維持工作效能；

6. 取優汰劣與賞罰分明；

7. 健全訓練培育措施；

8. 保障防止贍恩徇私與不受政治迫害及選舉干預；

9. 保障公務員不因合法揭露真相而遭報復。

(二)人事禁止原則：

1. 禁止因種族、膚色、宗教、性別、祖籍、年齡、殘障、婚姻狀況、政治結社等原因，歧視任何公務人員或職位應徵者。

2. 禁止對於請求為某種人事處分，或齊楚分正在研議中之個人，促成或考慮與其有關之任何推薦。

3. 禁止利用職權，強迫推展政治活動，要求政治捐獻，或對拒不照辦者予以報復。

4. 禁止對任何個人，就其參與競爭已取得聯邦職務之權利，予以故意欺騙或阻撓。

5. 禁止對任何個人施予影響，使其退出競爭考試。

6. 禁止超越法定職權，對於應徵者或職員，許以任何特殊優惠待遇或利益。

7. 禁止在本機關內任命、進用、調升或晉級其親屬。

8. 禁止採取或不採取人事行動，作為對於行使申訴權，拒絕從事政治活動，或合法揭露違法、管理不當、浪費公帑、濫用職權，或公共衛生或安全上所具實質特別危險之職員之報復手段。

9. 禁止對公務員或申請職位者因訴願、作證或揭露訊息，而受到不利之人事規定。

10. 禁止對公務員或申請職位者其影響自己或他人績效的行為而有差別性對待。

11. 除以上各情事外，對於其他人事行動，予以作為或不作為，以致違反直接與功績制有關之法規。

(三)健全我國考銓制度上可供參酌之處：

上述美國聯邦政府對於申訴及救濟，禁止對其採取人事行為之特點，係美國保障文官系統功績制之重要特質。惟我國公務人員保障制度過去受到「特別權力關係」及「重要性理論」之影響，視人事處分對公務員影響大小，以決定能否採取司法救濟之特質，實無法充分保障公務員權利。故上開美國功績制度之保障，應可資我國考銓制度參酌，以確實保障我國公務員制度。

二、請闡述我國現行考績制度在「考績項目」的設計方面有無缺失？其改進方式可能為何？

本題重點：了解現行公務人員考績法第5條以及公務人員考績表之規定，並分析其缺失。

解 (一)依據公務人員考績法（下稱：考績法）第5條之規定，年終考績應以平時考核為依據。平時考核就其工作、操行、學識、才能行之。

(二)另依公務人員考績表所列項目規定，分為工作、操行、學識、才能等四項目；其中工作又分質量、時效、方法、主動、負責、勤勉、協調、研究、創造、便民等10細目；操行又分忠誠、廉正、性情、好尚等4細目；學識又分學驗、見解、進修等3細目；才能又分為表達、實踐、體能等3細目。

(三)考績法第5條對於工作、操行、學識、才能的考績項目訂定，符合法律明確性原則，主管機關並依此訂定公務人員考績表。惟雖然准許各機關得依據其特性另訂考績表，但實務運用上卻成為「一表適用」的情形，以致於考績結果可能缺乏內容效度。若逐項檢討，本文分述如下：

1. 有關操行、學識、才能等三項，實具有共通性，尚可訂定同一的評分細目與細分；但就「工作」一項，因為每個機關的屬性、職掌、作業流程皆不盡相同，若要訂定相同的評分細項，實有困難。

2. 有關工作的細項必須高度抽象化，恐不符合組織的現實及需要。

3. 可能使管理者沒有變通的空間，失去彈性。

4. 目前各細目配分加總的方法，亦與考績法第13條之規定相互矛盾。

(四)鑑於考績即受考公務人員年度內的工作績效，故建議將考績法第5條之「工作」，改為「工作績效」。此外，同條「學識」與「才能」之項目，係公務人員成就所任植物所應具備之基本能力，實際上應已包涵於工作績效中，故建議將此二項目刪除。

三、在公共人力資源管理過程中，考績所發揮的功能與其他那些人事制度有關？理由為何？

本題重點：熟悉考績在公共人力資源管理之意涵。

解　考績制度之目的在於信賞必罰，其結果並可作為人事管理決策的重要依據。一般來說，考績在公共人力資源管理的過程中，考績可在下述4項人事制度中，發揮重要功能：

(一)考績與人事制度之關聯：

1. 獎懲制度：

考績之優劣可直接對應獎懲制度，例如：從公務人員考績法（以下稱：考績法）第7條、第8條中定有年終考績和另予考績人員之獎懲；考列乙等者可獲得半個月至一個半月之獎金、考列甲等者則可獲得一個月至二個月之獎金，但考列丁等者將予以免職。此外，公務人員如有重大功過者，依據考績法第12條規定，亦可辦理專案考績，核給更高額度之獎懲。

2. 待遇調整：

考績之優劣，亦將影響隔年度的待遇薪俸，績效高者將給予較高薪俸，以鼓勵績效展現。例如：考績法第7條規定，考列甲等、乙等者晉本俸一級；考列丙等者則留原職級。

3. 任免遷調：

考績制度與任免遷調也有一定程度關聯，考績優良者，可獲得陞遷或職務歷練的機會。例如：考績法第11條規定，考績二年列甲等者、一年列甲等二年列乙等者，均可取得同官等高一職等任用資格；考績較差者，亦可隨時調整職務，或依據公務人員退休資遣撫卹法予以資遣。

4. 培育訓練：

透過考績優劣之判斷，可了解各公務人員在職場中之表現，機關可針對考績所展現較弱之一面，進行培育訓練，以強化人員之素質。

(二)考績制度所發揮之功能與人事制度之關聯

1. 評估性功能：考績可評定員工在一定期間內表現之優劣，並且可判別個別員工之差異。

2. 發展性功能：員工在所擔任之各工作項目優劣，可藉以作為改善或增進員工的未來績效之依據，協助員工進一步發展。

3. 綜合性功能：以員工過去的工作成果作為將來工作目標之設定，並改善過去之缺失。

綜上所述，考績之功能在人事制度當中，除傳統的績效考評外，更可進一步針對公務人員進行評估、發展以級規劃培訓，使其提升工作表現。

09 政府人力資源訓練與發展

 關鍵核心

1 訓練與相關名詞的意義

名詞	意義
訓練 training	指透過一定方式以增進個人知識（knowledge）、技術（skills）、能力（abilities），以用於提升績效。 *（上述三者是同時並存的，簡稱KSAs）
發展 development	指增進個人工作潛能，以使其能提升未來工作績效。
學習 learning	指個人獲取KSAs的過程。 例如：經驗、思考、研究、接受指導等。
教育 education	指促使個人理解（assimilate）與發展知識、技能、價值、觀念之過程，同時教育目標不僅考慮個人行動，也關切更大範圍的問題界定、分析與解決。

共同點：

(1) 都是指個人獲取特定知識的過程。雖然「知識」的範圍可能不同，或是不一定與工作有直接相關性，但都是個人所需要的，且透過一定管道或程序加以取得。

(2) 都是目標導向或是績效導向的。上述四個概念雖然最終受益者可能是個人、組織、或至二者雙贏，但都需要達成特定目標，或是需要評估是否具有一定效益。

相異點(「訓練」的時間長度較短):
(1) 訓練內容是較明確或階段性的,人員可以按部就班的取得所需技能。
(2) 訓練的成果或成效是較具體而可以評估的。
(3) 發展、學習、教育三者都是傾向於長期的,也就是需要長時間的進行或累積,同時所產生的績效或影響,也要在較長時間後,才能正確展現。

2 成人學習相關理論:
(1) 成人教育學理論:
   首先,成人有豐富累積的生活經驗,可以作為學習的資源。
   其次,知識是以先備經驗為基礎主動建構的,則成人經由經驗技巧如討論或問題解決等,以建構意義。
   再者,成人對學習過程有相當的自我了解,對特別的及相關的內容,亦有相當的需求,因此良好的成人教育計畫應允許學習者共同參加規劃,且其計畫應是問題取向而非內容取向。
(2) 自我導向學習理論:
   自我導向學習是一種歷程,是個人自我引發學習需要,建立學習目標,尋找學習資源,選擇並進行合適之學習策略,最後對學習結果進行評鑑等一連串的過程。
(3) 經驗學習理論:
   學習是從具體經驗開始,再逐一到反省觀察、形成抽象概念,及行動實驗,最後的行動又成為另一循環的具體經驗。

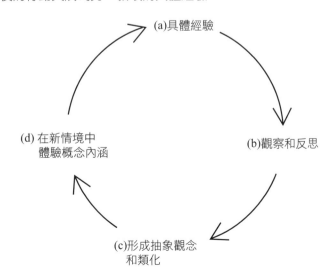

(4) 轉換學習理論：

轉換理論與經驗學習理論一樣強調學習的歷程，但它特別注重意識改變的學習與批判反省的能力，經驗建構、內在意義與反省是該理論的核心。Mezirow（1996）將學習界定為意義建構的活動：「學習是使用先備詮釋，以建構一個新的或修正的個體經驗意義的詮釋過程，以指導未來的行動」。

3 訓練發展計畫的規劃與評估：

(1) 確定訓練的需要；

(2) 選擇訓練方式；

(3) 受訓人員與主講人的挑選；

(4) 評估訓練結果。

4 我國公務人員訓練類型：

訓練階段	訓練對象	訓練目的
基礎訓練	委任第五職等以下及相當職務人員	熟悉工作技術方法、品德、法治
專業訓練	薦任第六職等至第八職等及相當職務人員	熟知專業及一般管理知能
管理訓練	薦任第九職等至簡任第十一職等及相當職務人員	強調綜合規劃、管理協調、處理事務之能力
領導訓練	簡任第十二職等以上及相當職務人員	提升領導統御及決策能力

重點精要

壹、訓練與相關名詞的意義

依據學者Buckley與Caple（1990）、Berman的觀點，有關「訓練」與其他相關名詞的概念，仍有些差距，謹簡要彙整如下：

表9-1　訓練、發展、學習、教育之概念及其異同

名詞	意義
訓練 training	指透過一定方式以增進個人知識（knowledge）、技術（skills）、能力（abilities），以用於提升績效。 *（上述三者是同時並存的，簡稱KSAs）
發展 development	指增進個人工作潛能，以使其能提升未來工作績效。
學習 learning	指個人獲取KSAs的過程。 例如：經驗、思考、研究、接受指導等。
教育 education	指促使個人理解（assimilate）與發展知識、技能、價值、觀念之過程，同時教育目標不僅考慮個人行動，也關切更大範圍的問題界定、分析與解決。

共同點：

(1) 都是指個人獲取特定知識的過程。雖然「知識」的範圍可能不同，或是不一定與工作有直接相關性，但都是個人所需要的，且透過一定管道或程序加以取得。

(2) 都是目標導向或是績效導向的。上述四個概念雖然最終受益者可能是個人、組織、或至二者雙贏，但都需要達成特定目標，或是需要評估是否具有一定效益。

相異點（「訓練」的時間長度較短）：

(1) 訓練內容是較明確或階段性的，人員可以按部就班的取得所需技能。

(2) 訓練的成果或成效是較具體而可以評估的。

(3) 發展、學習、教育三者都是傾向於長期的，也就是需要長時間的進行或累積，同時所產生的績效或影響，也要在較長時間後，才能正確展現。

資料來源：詹中原等（2020）

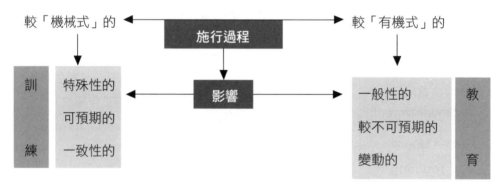

圖9-1　訓練與教育的關係

資料來源：Buckley & Caple（1990: 15）。

貳、成人學習的重要理論

在公共人力的訓練中，其主要發展的理論，係與成人學習有關。而學者Cross（1981）對成人學習之研究，**依人口、情境、動機及個人因素**，如年齡、婚姻情況或成熟程度，**將成人學習者予以分類**，成人學習者的特質與未成年者有極大不同。

首先，成人學習者是自主的（autonomous）且為自我導向的（self-directed）、較具反省力的、以及較能忍受衝突與模糊，並能使用先備經驗作為學習基礎，且有較佳的批判思考技巧。

其次，成人學習者的學習常受到一些限制，如**行程問題**、**缺少時間**與**金錢**、**家庭與工作責任**、以及**交通問題**等。研究顯示，成人學習者的學習與傳統的一般大學生相比較，成人學習者雖然較少接觸校園環境，較少時間花在課業上，其表現卻相當或更好。

再者，成人有**較高的學習動機**，並且**有較清楚的學習目的**。一般認為參與成人學習多屬於自願性的，有許多成人參與學習確實是因其個人興趣或社會因素，然而也有些成人有被迫參加學習的感覺，其參與學習是為了專業能力的提升、證照條件、以及工作需要等。

以下就幾個重要的成人學習理論要點論述如下：

一、 成人教育學理論

Knowles（1980）認為長久以來有經驗的成人教育人員即熟知，不能以教導兒童的方法來教育成人。

以成人學習者的假設為基礎，認為成人與兒童的學習有所不同，傳統的普通教育學（pedagogy）理論係建立在對動物或兒童的研究上，不適用於成人的學習。

Knowles的成人教育學（andragogy）理論認為，從成人的自我觀念、經驗、準備程度、學習取向、學習動機等五個向度，提出成人學習者的基本假設：
(一)成熟的成人，其自我觀念從依賴人格轉向於自我導向的人格。
(二)成人學習者所累積日益成長的經驗逐漸成為豐富的學習資源。
(三)成人學習的準備程度與其社會角色之發展任務緊密關聯。
(四)隨成人之成熟，其時間觀點的改變，從延緩知識的應用轉變為問題中心。
(五)成人之學習動機，內在因素重於外因素。

以上的假設應用於成人學習的教學設計方面，有重要的意義：

(一)首先，成人有豐富累積的生活經驗，可以作為學習的資源。

(二)其次，知識是以先備經驗為基礎主動建構的，則成人經由經驗技巧
　　如討論或問題解決等，以建構意義。

(三)再者，成人對學習過程有相當的自我了解，對特別的及相關的內
　　容，亦有相當的需求，因此良好的成人教育計畫應允許學習者共同
　　參加規劃，且其計畫應是問題取向而非內容取向。

若干學者認為成人教育學只強調學習者的自主與自由，缺乏重視學習
認知的社會、文化、歷史層面，致使該理論成為一種機械論。然而成
人教育學傳承人文主義的精神，打破普通教育學的框架，對成人學習
而言，仍是一個具有革命性的理論。

另外Cross（1981）的成人學習者特質模式（Characteristics of Adult
as Learners model），試圖將社會情境脈絡、心理學及經驗學習，
整合成一個成人學習理論，著重個人特質（生理的、心理的及社會
的）以及情境特質（部分時間與全時參與，志願與強迫參與等），
認為成人學習任務應經驗為基礎，並以成人的晶體智力（crystallized
intelligence）為中心，提供成人多種選擇的學習機會。

我國學者黃富順等（2002），進而將學習取向歸納成人學習之以下幾
項特質：

(一)成人學習是插曲式的（episodic），間斷的，而非連續性的；

(二)成人學習以問題為中心；

(三)成人學習講求立即應用；

(四)成人學習要求有明確的學習結果；

(五)成人學習是自動自發的行為；

(六)成人學習是一種終身的歷程；

(七)成人學習傾向於有意義的整體；

(八)成人學習常用類推思考與嘗試錯誤策略。

總體來說，成人教育學及成人學習者特質模式，可以發現其間共通之處：即兩者均**強調經驗與自我導向的重要性**，並意味成人學習者可以從以經驗為本的建構主義學習環境獲得助益。

二、 自我導向學習理論

自我導向學習（self-directed learning）於1970年之後成為成人學習的重要領域。Knowles（1975）認為自我導向學習是一種歷程，是個人自我引發學習需要，建立學習目標，尋找學習資源，選擇並進行合適之學習策略，最後對學習結果進行評鑑等一連串的過程。

Tough（1979）認為自我導向學習應由學習者負責計畫並引導學習活動，以進行自我教學（self-teaching）。

依據學者Merriam & Caffarella（1999）之哲學觀指出，自我導向學習有三個主要目標：

(一)增進成人學習者在學習中自我導向的能力：

此目標主要係基於人文主義之假設：人之本性為善，且個人之自主性與自由促使個人能作個別的選擇。成人教育工作者在幫助學習者有能力計劃、執行與評鑑自己的學習。

(二)培養轉換學習是自我導向學習的核心：

此目標以Mezirow與Brookfield的觀點為基礎。Mezirow認為學習者在完全地和自由地參與對話，測知本身的興趣與觀點，並據以修正學習目標。成人必須具有批判反省的能力，並對個人需求及興趣有所了解，此種知識是自我導向學習之前提。Brookfield（1985，1986）呼應Mezirow的觀念，認為最完整的自我導向學習形式發生於成人追求意義的過程與自省之中。

(三)提升解放學習與社會行動是自我導向學習的統整：

此目標不以個人的工具學習為滿足，而以進一步提升為解放學習與社會行動之層次。自我導向學習應以參與研究的方法來培養民主與開放的對話。

自我導向學習是一種學習歷程，可以發生在機構內與機構外，大致可歸類為直線模式（linear models）、互動模式（interactive models）與教學模式（instructional models），分別表現其概念與經驗架構。敘述如下：

(一)直線模式：

學習者依自我導向學習的方法，按部就班（**建立學習氣氛→診斷學習需求→形成學習目標→指出學習的資源→選擇並執行學習策略→評估學習成果**）達到其學習目標，其學習過程包括許多傳統教學過程的要素：

1. 決定學習的知識與技巧；
2. 決定學習活動、方法、資源或設備；
3. 決定學習的地點；
4. 設定學習期限與期中目標；
5. 決定學習的起始時間；
6. 決定學習進行期間的速度；
7. 評估目前知識與技巧度或進步情形；
8. 檢視學習障礙的因素；
9. 獲得想要的資源、設備或場所；
10. 準備學習的空間或安排其他物理環境；
11. 儲存或獲得使用人力或非人力資源所需的經費；
12. 尋找學習的時間；
13. 設法增進學習動機。

(二)互動模式：

互動模式的學習過程不是直線式的，而是強調兩個或多個因素集體互動而形成自我導向學習，如學習者在自己的環境中找到機會、學習者的人格特質、認知過程、以及學習脈絡等因素。學者Spear（1988）發現自我導向學習的過程，可以歸納為七個主要構成要素：

1. **知識**：
   (1)**餘留的知識**：學者從其先備知識所餘留下來，而帶至學習計畫上的知識。
   (2)**獲得的知識**：所獲得的知識，而成為學習計畫的一部分。
2. **行動**：
   (1)**導向的行動**：導向於已知或特別目的行動。
   (2)**探索的行動**：學習者對於未知或已知的結果所選擇的行動。
   (3)**偶然的行動**：學習者所採的行動，其原因與學習計畫無關。
3. **環境**：
   (1)**一致的環境**：包括於適當的地方能獲取人力與物力的要素。
   (2)**偶然的環境**：所提供之機會是不能預期或預見的，卻影響學習者及學習計畫的。

(三)**教學模式**：

Hammond & Collins（1991）以促進解放學習與社會行動作為自我導向學習的核心，提出協助成人學習者進行批判實務的模式，包括七個要素：
1. 建立合作學習的氣氛；
2. 分析並批判反省自己以及其所處的社會、經濟與政治脈絡；
3. 產生自我勝任的能力；
4. 診斷其在個人與社會脈絡下的學習需求；
5. 形成社會與個人相關的學習目標；
6. 執行並管理其學習；
7. 反省並評鑑其學習。
此種模式之終極目標是使學習者賦有能力，運用其學習來改變生活與工作情況。

三、經驗學習理論

Kolb（1984）的經驗學習認為，經驗學習是成人教育的基礎，而提出經驗學習循環（experiential learning cycle）模式。

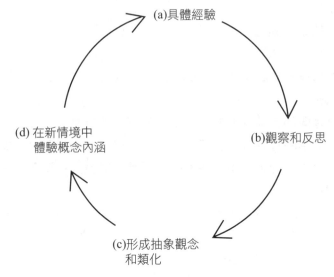

圖9-2　Kolb的經驗學習模式

資料來源：Kolb（1984: 42）。

Kolb認為，學習是從具體經驗開始，再逐一到反省觀察、形成抽象概念，及行動實驗，最後的行動又成為另一循環的具體經驗（如上圖）。

Kolb認為要進行經驗學習需具備四種能力：
(一)具有開放的意願，願意把自己融入於新的經驗中（**具體經驗**）；
(二)具有觀察與反省的技巧，使能從各種不同的觀點檢視新經驗（**反省觀察**）；
(三)分析的能力，使能透過觀察產生統整的觀念（**抽象概念**）；
(四)作決定及解決問題的能力，能使新的觀念可以應用於實務中（**行動實驗**）。

每個人由於偏好與能力有所差異，而形成不同的學習風格，在學習方法上的選擇也就各有不同。學習者在Kolb的循環模式可以從任何一階段開始，但四階段的循環是統整的，缺一不可。

接著，Barnett使用Kolb的經驗學習循環模式，增加第五個要素－**計畫執行**，使實務人員在**使用時更為有用可行**。計畫執行係指解決問題與作決定的能力，它是在個人付諸行動之前有時間予以計劃，再進入行動實驗階段。Barnett認為此計劃階段相當重要，一方面使個人得以用具體的方式進入行動，另一方面則提供進一步學習和後續行動的機制。

四、 轉換學習理論

轉換學習理論（transformative learning theory）於1980年代後期提出，是繼成人教育學與自我導向學習之後，成為探討成人學習的第三大主軸。

該理論由學者Mezirow提出，主要探討**一個人的所處環境與經驗內容的反省**，注重成人處理其經驗建構與內在意義。

轉換理論與經驗學習理論一樣強調學習的歷程，但它特別注重意識改變的學習與批判反省的能力，經驗建構、內在意義與反省是該理論的核心。Mezirow（1996）將學習界定為意義建構的活動：「學習是使用先備詮釋，以建構一個新的或修正的個體經驗意義的詮釋過程，以指導未來的行動」。

Mezriow（1991）認為意義觀點或意義基模的形成過程，許多是未經反省的，對於扭曲的假設或阻礙個人與環境接觸，個人常不知覺，多數人均未曾以批判性的態度來檢驗自己的意義觀點，也沒有任何一個人可以針對所有的意義觀點一一加以檢驗，因此意義觀點及其所包含的意義基模，均有可能被扭曲，致使個人對事物缺乏開放性與包容性，Mezirow稱之為「扭曲的意義觀點」（distorted meaning perspective）。

綜言之，意義觀點是由許多因素交織而成的一種產物，包括所學習到的事物、成長的環境和方式，以及看待自己的方法，透過意義觀點或

看法了解世界。進而，Brookfield（1987）將學習者所經歷的一連串解決困惑的過程，分為五個階段：

(一) **發生引起內在不安及困惑的事件；**

(二) **進行自我評價或自我審視；**

(三) **探究可以解釋或忍受矛盾的方法；**

(四) **發展替代的觀點成為新的想法和行動；**

(五) **整合新觀念成為生活的一部分。**

Mezirow認為，有意義的轉換學習，包括三個階段：「**批判反省個體之假設、論述以確認批判反省之洞識，以及行動**」。依據Mezirow這三個階段又可細分如下：

(一) 從個體處於兩難困境時開始，亦即個體發生特別的生活事件或生活經驗。

(二) 學習者自我檢驗自己原有的價值信念。

(三) 對認識論的、社會文化的、或心理的假設進行批判性的評估。

(四) 了解他人的類似經驗。

(五) 探索選擇，形成新的角色、關係或行動，以形成行動的計畫。

(六) 獲得知識與技巧、嘗試新的角色、再磋商關係及磋商新的關係、以及建立能力與自信。

(七) 以新的轉換觀點為基礎，重新統整個人的生活。

參、訓練發展計畫規劃與成果評估

一個完整的人員訓練計畫，在規劃階段必須包括以下四個程序，分述如下：

一、確定訓練的需要（identify training need）

任何訓練的規劃，均需先確認其目標性與需求，才值得推展。而在需求評估上，亦可分為以下3個層次加以思考。

(一)**組織分析：**

針對整個組織、機關的經營目的、使命、方向、策略與資源等各重大方面進行分析與判斷，並找出訓練方向，以符合該組織的最大利益。

(二)**工作分析：**

針對某些影響組織運作的重大工作任務進行評估，以利篩選必要的工作項目。其重點在於「組織內部人員該如何有效率地執行工作任務」。

(三)**人員分析：**

分析人員在現有職位上所擁有的技術、知識、態度與反應，是否組以擔當該工作的任務需求，進而決定其應接受的訓練內容。

在組織中，對於如何確定訓練的需要，通常會有下列幾種方式加以得知：

(一)長期性組織發展的規劃。

(二)定期績效評估所反映出的狀況報告。

(三)對員工進行問卷調查。

(四)高階主管或幕僚透過觀察、訪查所分析的成果報告。

(五)單位主管人員提出訓練需求。

(六)重大損害事件發生後，為避免重蹈覆轍而進行訓練。

(七)工作分析與簡化後進行的再訓練。

(八)透過組織全體會議中所提出的訓練意見。

二、 選擇訓練方式（training style）

(一)**正式的訓練課程：**

透過一定時間、課程計畫進行訓練，又可分為內部訓（由機關單位自行舉辦）練與外部訓練（委託外界訓練機構主辦）。

(二)**工作中的訓練：**

一邊工作一邊給予指導，進行現場的訓練。

(三)混合式訓練：

　　一方面在工作中進行訓練，另一方面指派參加訓練課程。

三、 受訓人員與主講人的挑選（selection for appropriate persons）

(一)遴選受訓人員：

　　1. 具有可訓性；

　　2. 工作任務有迫切需要；

　　3. 未來具有發展潛能與實力。

(二)挑選主講人：

　　1. 具備主管職位，或具該領域專長；

　　2. 專精教學方法、理論與實務兼具。

四、 評估訓練成果（evaluate training performance）

(一)功能標準：

　　衡量受訓人員是否能在其功能部門上發揮其專長功能的績效。

(二)工作行為標準：

　　受訓人員在其工作崗位上，對於其做事的思考、觀念、反應、判斷、協調等方面是否有所改善或進步。

(三)學習測驗標準：

　　對於受訓人員進行學習成果的測驗，包括口試、筆試、操作測試等。

(四)反應標準：

　　對受訓人員詢問本次的實質幫助與未來改善建議。

ADDIE訓練流程

一、意義

美國訓練發展協會（American Society for Training and Development, ASTD）支持之ADDIE模式，將課程設計區分為分析（analysis）、設計（design）、發展（development）、實施（implementation）、評鑑（evaluation）等五個階段，使課程設計得以結構化與系統化。其中，分析為針對學習者需求與學習環境等進行評估；設計為依教學目標設計教學內容，確認教材架構；發展為發展教材與衡量工具，進行系統性製作；實施為使用設計之教材進行教學活動；以及評鑑為針對形成性評鑑（學習成效）與總結性評鑑（教材效度、學習態度）等，請學習者或專家予以評鑑，該評鑑意見歸結後則可作為後續補強修正之依據。

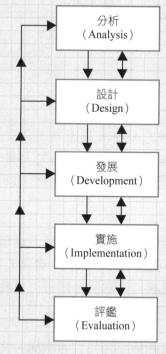

圖9-3 ADDIE訓練模式

資料來源：Hodell, C（2005）。

二、各階段流程

(一)分析階段：必須先建立對於教學系統的瞭解，包括教學目標、學習者的特性、學習環境的資源、時程等以供需評估。

(二)設計階段：分析階段將教學系統的需求詳列，設計階段要試著發展出足夠的細節來，讓具體的成品能夠在發展階段開發出來，所謂的成品包括教材內容、教學活動、評量方式等，設計階段亦必須選擇採用適切的媒體。

(三)發展階段：依據設計階段的藍圖實際地將教學系統的成員組合起來。

(四)實施階段：完成教學系統，實際進行教學。

(五)評鑑階段：評估教學系統的品質與成效。

專題參考資料：林子傑，以ADDIE模式探討訓練需求獲得之方法

肆、現行公務人員訓練課程

政府部門中，不同層級的公務人員因為所負責任不同，故所需具備的能力也有差異。理論而言，層級愈高的人員，除了所負責工作內容有其差別外，組織所加諸的要求、限制，以及可能的選擇亦可能有差異。

我國制度目前要求不同的職等，整個訓練、進修業務也形成了涵蓋考試院、行政院，以及各機關的分工系統。參諸公務人員訓練進修法第2條規定：「公務人員訓練進修法制之研擬，事關全國一致之性質者，由公務人員保障暨培訓委員會辦理之。

公務人員考試錄取人員訓練、升任官等訓練、高階公務人員中長期發展性訓練及行政中立訓練，由公務人員保障暨培訓委員會辦理或委託相關機關（構）、學校辦理之。

公務人員專業訓練、一般管理訓練、進用初任公務人員訓練及前項所定以外之公務人員在職訓練與進修事項，由各中央二級以上機關、直轄市政府或縣（市）政府（以下簡稱各主管機關）辦理或授權所屬機關辦理之。

各主管機關為執行本法規定事項，有另定辦法之必要者，由各該機關以命令定之。」

在訓練上，不同階層所著重的訓練內容、課程規劃也不同，下表即為我國公務人員在職訓練階段及其對象、目的對照表：

表9-2　公務人員訓練之對象與目的

訓練階段	訓練對象	訓練目的
基礎訓練	委任第五職等以下及相當職務人員	熟悉工作技術方法、品德、法治
專業訓練	薦任第六職等至第八職等及相當職務人員	熟知專業及一般管理知能
管理訓練	薦任第九職等至簡任第十一職等及相當職務人員	強調綜合規劃、管理協調、處理事務之能力
領導訓練	簡任第十二職等以上及相當職務人員	提升領導統御及決策能力

資料來源：余品嫻（1996）。

根據上述規定，我國公務人員培訓架構體系圖，可如下所示：

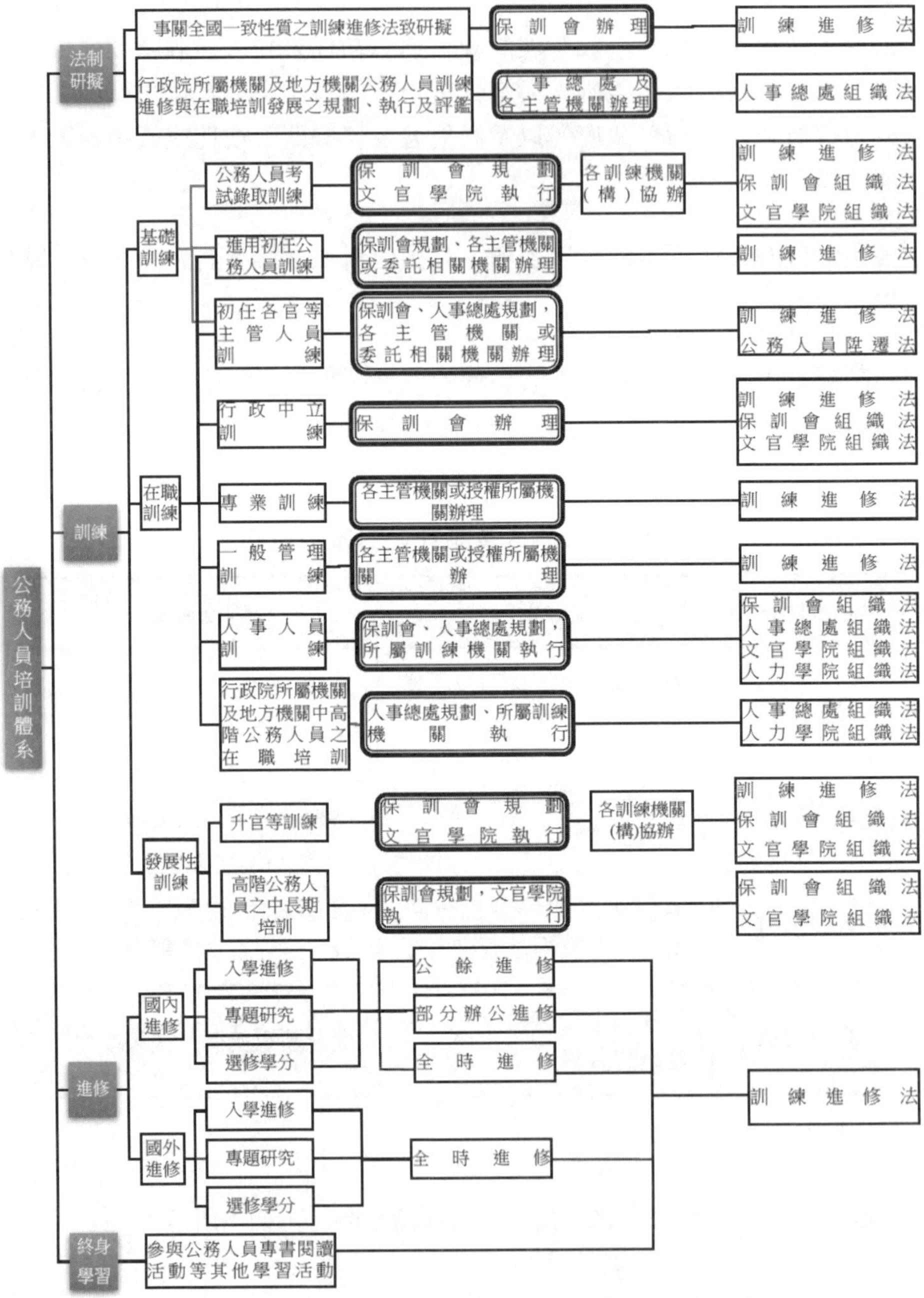

	事關全國一致性質之訓練進修法致研擬	保訓會辦理 → 訓練進修法
法制研擬	行政院所屬機關及地方機關公務人員訓練進修與在職培訓發展之規劃、執行及評鑑	人事總處及各主管機關辦理 → 人事總處組織法

公務人員培訓體系

- 訓練
  - 基礎訓練
    - 公務人員考試錄取訓練 → 保訓會規劃文官學院執行 → 各訓練機關(構)協辦 → 訓練進修法／保訓會組織法／文官學院組織法
    - 進用初任公務人員訓練 → 保訓會規劃、各主管機關或委託相關機關辦理 → 訓練進修法
    - 初任各官等主管人員訓練 → 保訓會、人事總處規劃，各主管機關或委託相關機關辦理 → 訓練進修法／公務人員陞遷法
  - 在職訓練
    - 行政中立訓練 → 保訓會辦理 → 訓練進修法／保訓會組織法／文官學院組織法
    - 專業訓練 → 各主管機關或授權所屬機關辦理 → 訓練進修法
    - 一般管理訓練 → 各主管機關或授權所屬機關辦理 → 訓練進修法
    - 人事人員訓練 → 保訓會、人事總處規劃，所屬訓練機關執行 → 保訓會組織法／人事總處組織法／文官學院組織法／人力學院組織法
    - 行政院所屬機關及地方機關中高階公務人員之在職培訓 → 人事總處規劃、所屬訓練機關執行 → 人事總處組織法／人力學院組織法
  - 發展性訓練
    - 升官等訓練 → 保訓會規劃文官學院執行 → 各訓練機關(構)協辦 → 訓練進修法／保訓會組織法／文官學院組織法
    - 高階公務人員之中長期培訓 → 保訓會規劃，文官學院執行 → 保訓會組織法／文官學院組織法
- 進修
  - 國內進修
    - 入學進修 / 專題研究 / 選修學分 → 公餘進修 / 部分辦公進修 / 全時進修 → 訓練進修法
  - 國外進修
    - 入學進修 / 專題研究 / 選修學分 → 全時進修 → 訓練進修法
- 終身學習
  - 參與公務人員專書閱讀活動等其他學習活動

圖9-4 我國公務人員培訓架構體系圖

資料來源：考試院（2012）。

伍、訓練發展的成效評估【7】

一、成效評估

在訓練的過程中，產生和影響訓練成效的因素非常多，學者Noe（1986）指出學習動機是學習的直接前置變數，換言之，**學習動機直接影響學習成效**。效率面是一種手段的成果展現。

改革的運動中，評估作為一種誘因機制：誘因機制是以評估來檢驗效率和生產力的改變，若再配合適當的獎懲措施則更加強化績效評估的激勵效果。績效評估作為一種管理工具：定期的評估對於一個現代化的企業組織甚為重要，因為它可以了解一個企業組織運用資源之成效，以作為獎懲的依據。

對於訓練之效果的基本標準，參考下列幾項作為評估的基準，例如損失減少或作業過程上錯誤率的減少、作業方法及作業流程的改善、缺席率與員工異動之減少、教育訓練時間之減少、管理監督者的負擔減少、設備維護費用減少、加班時間減少、員工抱怨減少、品質改善、生產力提高、意外事故率減少、溝通的改善、及士氣提昇……等。

訓練結束回工作崗位的評估可獲得：

(一)結訓後每隔相當時間，調查受訓員工的工作效益。

(二)調查或訪問受訓員工的上級主管或下屬。

(三)實地觀察結訓員工的工作實況。

(四)分析結訓員工的人事紀錄。

(五)根據曾受訓與未受訓員工工作效率比較。

(六)根據訓練目標的有無達成。

為了有效達成學習（訓練）目的並落實其成效與價值，針對其成效進行有效的評估是必要的。依據成人教育學家Brookfield S.D.（1986）Understanding and facilitating adult learning書中強調成人教育的目的

【7】　本段主要參酌李沐恩（2016），學習（訓練）成效評估之應用實務。

是要進行有意義的學習，就須先針對學員本身特性需求及對學習目標了解，安排符合學員期望的授課內容與方式，在學習評量方法上亦應納入需求導向的評鑑方式以協助學員達成學習目標。

二、 成果追蹤

在成果評估階段，在國內主要是參考**TTQS國家訓練品質標準**在Outcome（產出階段）的評估模式，也就是**柯氏四階層的教育訓練評估模式**（Kirkpatrick's Four Levels of Evaluation），其中最重要者，第三階層、第四階層對學員本身的行為與學員對組織的影響，了解學員於學習（訓練）完成後在行為態度、工作績效之改變等進行進一步評估如下：

評估階層	主要評估指標
階層一 評估反應/Reaction	(1) 課程內容規劃。 (2) 講師授課技巧與表現。 (3) 授課應用的工具與教學方法。 (4) 場地相關軟硬體設備。 (5) 執行單位的整體訓練設計與服務。
階層二 評估學習/Learning	(1) 對課程內容的了解程度與吸收程度。 (2) 對學習內容與實際工作之契合度。
階層三 評估行為/Behavior	(1) 知識：企劃能力、提案能力等核心專業。 (2) 技能：效率提昇、工作品質；顧客抱怨率。 (3) 態度：工作信心、團隊合作。
階層四 評估結果/Results	(1) 績效：工作效率提昇程度、業績提升程度。 (2) 態度：出勤狀況、工作企圖心等行為態度之改變。

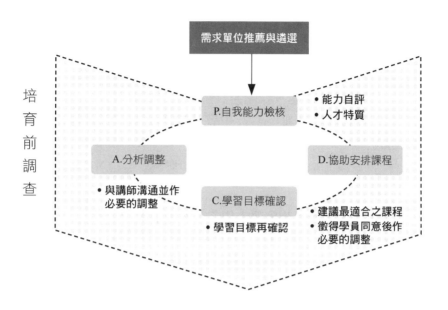

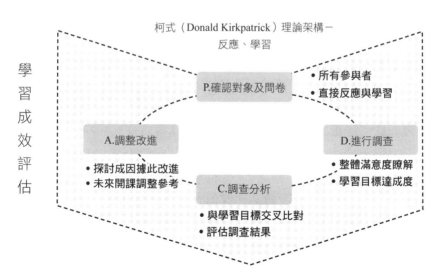

圖9-5 柯氏四階層的教育訓練評估模式

資料來源：李沐恩（2016）。

陸、重要議題：公務人員面對課題與建議

（2012年考試院「強化文官培訓功能規劃方案（修正版）」

現行公務人員的訓練課題，我國考試院分別於2010年、2012提出「強化文官培訓功能規劃方案」，其中就公務人員訓練進修課題提供建議，敘述如下：

一、面臨課題

(一)公務人員訓練進修協調會報未能充分發揮功能：

保訓會與人事總處依公務人員訓練進修法第3條規定，會同相關機關成立協調會報，由會及總處就公務人員培訓重要政策及作業方式進行報告，另各主管機關及訓練機關（構）就執行公務人員培訓事項研提具體興革建議提會報討論，會及總處並將決議交各業務主管機關參考辦理。惟目前各機關及訓練機關（構）提報議案多屬執行性、細節性提案，未能充分發揮協調會報功能。

(二)線上學習課程未能充分交流分享：

各訓練機關為提升培訓成效，除開辦實體訓練課程外，部分訓練機關（構）亦規劃建置線上學習網站，提供公務人員不受時間、地點限制均能從事學習活動，如文官學院建置「文官e學苑」、人力中心建置「e等公務園」、研習中心建置「e學中心」、臺北市政府公務人員訓練處建置「臺北e大數位學習網」、高雄市政府建置「港都e學苑」等線上學習網站。惟仍有部分訓練機關（構）尚未建置線上學習網站。因建置線上學習網站所耗經費甚鉅，為有效運用資源，宜協調訓練機關（構）之線上學習共用平台，提供尚未建置學習網站之機關放置研發之線上課程，以節省建置與後續維運成本。另各訓練機關（構）開發之線上學習課程，亦應加強交流與分享，提升其使用效益。

(三)訓練供需資訊網路平台尚未完整建置：

公務人員訓練機關（構）大部分均已建置機關網站，並提供所辦理之訓練計畫、訓練課程、場地租借服務、線上學習課程等資訊，其

中部分訓練機關（構）為擴大服務，亦提供其他訓練機關（構）之簡介或網站連結，惟目前尚未建置訓練供需資訊網站平台，無法全面提供國內各訓練機關（構）設備、訓練檔期、課程資訊及師資等資訊，造成培訓資訊未能充分流通，培訓資源不易分享及運用。

(四)**人事人員訓練、初任各官等主管人員訓練、進用初任公務人員訓練等訓練依個別機關組織法規定，由各機關分別辦理，分工有待釐清，功能有待提升：**

依保訓會、人事總處、文官學院、人力中心及研習中心相關組織法規，有關人事人員訓練、初任各官等主管人員訓練、進用初任公務人員訓練各有其職司，其間分工仍有待進一步釐清，以避免重複開班及調訓，造成訓練資源浪費。另公務人員考試錄取人員訓練部分，考、訓政策有改進之必要，占缺訓練之缺點允宜俟機修正。

(五)**訓練機關（構）人力、經費、設備有限，致影響培訓成效：**

各公務人員訓練機關（構）人力經費有限，資源普遍不足，而辦理訓練業務卻不斷增加，對於訓練業務之推動，產生不利影響。同時亦因人力有限及欠缺研發專業能力，導致各機關（構）辦理培訓技術與方法之研發成果受限。宜協調主管機關編列充裕經費，並尋求與其他訓練機關（構）、大學院校及產業界合作與協助，以提升培訓及研發成效。

二、 具體建議

(一)**強化公務人員訓練進修協調會報功能為加強公務人員訓練進修資源協調及相互支援**，提升會報實施成效，應配合研修公務人員訓練進修協調會報實施及設置要點，研議採行下列方式辦理：

1. 提升會報主持層級，由會及總處首長或首長指派之副首長主持。
2. 明列應提會報討論之重要訓練進修計畫或重大議題。
3. 增加舉辦會報頻率，由每年1次修正為每年2至3次。

(二)**協調線上學習共用平台，分享線上學習資源文官學院、人力中心及研習中心等訓練機關**業已建置線上學習網站提供公務人員線上學習

課程服務，為有效分享線上學習資源，應建置線上學習共用平台，各訓練機關（構）間擴大分享線上學習課程：

1. 由文官學院或人力中心擴大建置現有線上學習共用平台，並訂定線上課程製作及掛置平台等相關作業規範。

2. 協調尚未建置線上學習網站之訓練機關（構），依其職掌分工原則研發公務人員線上學習課程，並連結線上學習共用平台。

(三) **建置訓練資源網路平台為加強各訓練機關（構）培訓資源共享，保訓會與人事總處應協調建置訓練資源網路平台，各機關及訓練機關（構）應將訓練相關資訊登載於網路平台**，俾使培訓資訊相互流通，供各機關規劃訓練課程參考運用，並擴大訓練設施之合作支援，落實訓練容量之有效互補：

1. 蒐集訓練機關（構）、大專院校、民間機構及國營事業機構有關訓練設施之相關資訊，並建置訓練場地設施（含軟硬體設備）及開辦訓練檔期等資料庫。

2. 建置各機關及訓練機關（構）訓練需求調查資料庫、開辦訓練課程資料庫。

3. 建立訓練師資推薦、審核、公告及篩選之作業機制，並建置師資資料庫。

(四) **落實培訓業務分工及運作機制：**

1. 落實人事人員訓練業務分工為落實人事人員訓練業務分工，參照99年7月9日本院召開之公務人員培訓業務分工協商會議結論，由人事總處辦理行政院暨所屬機關人事人員訓練，由保訓會辦理行政院以外機關人事人員訓練。現階段人事人員訓練業務分工應依協商結論辦理。

2. 規劃進用初任公務人員訓練，作為各主管機關辦理之參據依公務人員訓練進修法規定，進用初任公務人員訓練（指依公務人員任用有關法律規定進用或轉任，如醫事人員、聘任人員、派用人員、專門職業技術人員轉任人員等，初次至各機關學校任職人員所施予之訓練）由各主管機關辦理或授權所屬機關辦理。茲考量是項訓練應以充實初任公務人員應具備之基本觀念、品德操守、

服務態度、行政程序及技術暨有關工作知能為主，為符合受訓人員及用人機關之需求，並確保培訓品質，未來進用初任公務人員訓練由保訓會規劃，各主管機關、授權所屬機關或委託相關機關辦理。

3. 原則性界定「發展性訓練」之內涵發展性訓練屬公務人員具備晉升下一階段職務所需知能或為擔任政務性人員預為儲備及養成所實施之訓練。為應國家未來發展與實務運作需要，應原則性界定「發展性訓練」之內涵。

4. 配合增額錄取計畫，強化選訓篩選功能配合公務人員考試法修法計畫，增加考試成績及基礎訓練成績併計為總成績，以總成績決定正額、增額錄取人選。透過增加錄取名額，於訓練後擇優任用，以落實選訓功能，完善考選機制。

(五) **加強與各訓練機關（構）、大學院校及產業界合作交流：**

1. 加強運用社會各界資源，以委訓、代訓或選訓方式，引進企業經營理念或專業知識為妥適運用培訓資源，除加強辦理公務人員訓練機關（構）間培訓資源之支援及合作外，亦應加強運用大學院校及產業界培訓資源，借助其在教育訓練方面之經驗與專長，經由委訓、代訓及選訓之作法，以引進企業經營理念及專業知識，為公務人員培訓注入新的觀念與作法，並提升公務人員素質。

2. 研議大學教授於「休假研究」期間，至訓練機關（構）協助進行公務人員培訓技術與法規研發機制依各大學訂定教授休假研究辦法規定，大學教授、副教授服務滿一定年限，得申請休假研究。為加強與學術界之合作，研議「休假研究」之大學教授、副教授前強化文官培訓功能規劃方案往訓練機關（構）從事研發工作之可行性，期經由上開人員協助進行培訓技術、課程研發或培訓制度、法規之研究，以提升學術界與培訓機關之合作交流，並達互惠互利之目標。

3. 研議法官、檢察官於「休假研究」期間，至訓練機關協助進行公務人員培訓技術與法規研發機制依99年9月8日本院第102次院會通過之法官法修正草案第80條第1項規定：「實任法官每連續服

務滿7年者，得提出具體研究計畫，向司法院申請自行進修1年，進修期間支領全額薪給，期滿6個月內應提出研究報告送請司法院審核。」為加強與司法界之合作，研議「休假研究」之法官、檢察官前往訓練機關（構）從事研發工作之可行性，即由各訓練機關提出有待研發之議題，送請即將「休假研究」之法官、檢察官參考，使法官、檢察官除在國內外進修以外，亦得選擇在培訓機關從事研發工作，經由上開人員協助進行培訓技術、課程研發或培訓制度、法規之研究，以提升司法機關與培訓機關之合作交流，使司法人員得以貢獻學識及經驗，提升公務人員培訓技術研發成效及培訓品質與效能，並達互惠互利之目標。

向大師學習高階文官職務見習方案

郝培芝（公務人員保障暨培訓委員會主任委員劉約蘭）
發表於「國家人力資源論壇」

隨著全球化的影響，世界各國面臨高度競爭、資訊爆炸、民意高張及要求善治的社會氛圍，政府必須處理愈來愈複雜而且棘手的公共事務議題。最近3年，在疫情和全球經濟的變局下，公共政策必須從以往封閉環境的思考模式，轉型為全球治理的思考模式，具全球化治理能力的現代文官，亦成為國家競爭力之關鍵。如何提升文官全方位的治理能力，建立一支強而有力的高階文官團隊，是現代政府的重要課題之一。

高階文官培訓飛躍方案—培育政府優秀接班人團隊

我國簡任官等的公務人員約占公務人員總數5%，主要擔任政府機關首長、副首長、單位主管或副主管等職務，亦統稱為「高階文官」。高階文官位居銜接政務官與事務官的關鍵階層，同時肩負政治、管理與專業行政等三種角色，是國家政策規劃、協調與執行的主力，政府各項政策能否周延完善、跨部門業務協調是否順暢，端賴高階文官能否充分發揮職務角色。

考試院這幾年來，在國家人力資源發展上做了許多的改革，除了致力於培育雙語文官、強化公務人員數位治理素養，更積極推動跨域人才交流。尤其，每年配合國家重要政策與未來發展願景，辦理「高階文官培訓飛躍方案」（Take Off Program for Senior Civil Service，簡稱TOP–SCS），以「職能」為設計基礎，運用創新的培訓方法，激發高階文官的潛能、拓展國際視野與跨域整合的能力，為政府儲備優秀的治理人才。自99年開辦以來，已逐步發展為成熟穩定的培訓制度，截至111年底已為國家培育出541名優秀文官菁英，其中不乏表現傑出，而被網羅成為政務官的例子。

戰略核心產業董座跨界加持，高階文官領導力再升級

管理學大師彼得•杜拉克（Peter Drucker）曾說：「先作好跟隨者（follower），才能作好領導者（leader）。」高階文官要學習的不是知識，而是思維模式，專業的養成可以仰賴日常工作經驗的累積，而領導與管理思

維的進化，則需要標竿典範人物讓他們近身觀察與學習，日本高階文官培訓中，亦有向企業經營者學習的課程安排。高階飛躍方案採用這種以身教為主的「影子學習法（shadow learning）」精神，引進民間企業泛行的業師制度，綜整受訓人員專長背景及跨域學習需求，進行業師與見習學員配對，量身訂製專屬業師，藉由互動討論、近身觀察及請益諮詢，學習願景策訂、決策思維、策略管理知能，並感受體驗業師工作態度、領導藝術及溝通技巧等，進而將所學真正回饋到公務職場。

高階飛躍方案110年訓練結合「六大核心戰略產業」領域，延聘崇越集團董事長郭智輝、外貿協會董事長黃志芳、中華電信前董事長謝繼茂、臺灣金融科技公司董事長王可言、中華航空董事長謝世謙、桃園捷運董事長劉坤億、鼎泰豐董事長楊紀華、國家衛生研究院院長梁賡義、聯合再生董事長洪傳獻等9位傑出領導菁英擔任業師，112年更獲義美食品高志明總經理、台灣微軟葉怡君及陳守正總經理肯認，共同投入培育高階文官的行列。

業師們深知文官對國家穩定、進步與發展的重要性，有感於政府的運作除了高瞻遠矚的領導外，必須仰賴優秀文官來推動政務，同時也感佩國家對於培育高階文官的用心與付出，讓文官有機會參與產業界的運作與決策過程，因而願意投身為國家未來發展貢獻一己之力，共同承擔培育優秀高階文官的重大使命，分享企業治理經驗，並藉此機會進一步瞭解公務系統的施政思維，促進產官攜手，共創多贏的局面。

見習及蹲點雙管齊下，加深政府與民間實質跨域交流

高階飛躍方案最具特色的業師職務見習制度頗受各界好評，110年訓練更倍增學習內容及時數，導入短期蹲點機制，由業師參酌見習學員學習需求，安排旗下適合的機關（構），以深度交流、工作觀摩、實務參與及專案研究等方式實施蹲點學習，讓高階文官們走出

舒適圈，第一手瞭解產業需求及發展趨勢，加深政府與民間的跨域交流，讓政府政策再Upgrade，更接地氣、更符合人民需求及社會發展脈動。

職務見習著重學習業師之決斷力、溝通力及領導力，感受業師之使命感、宏觀視野及人文素養；短期蹲點則擴大高階文官跨域學習及增加職務歷練之機會，深入瞭解跨域工作型態及企業商業管理新趨勢，從外部角度提出蹲點機關面臨問題與建議。學習互動過程中，業師及受訓人員間降低本位主義、充分換位思考，有助於未來政府政策獲得民間企業之支持與順利執行，進而能結合民間資源，鏈結政府政策，以生態思維帶動產業前瞻新興發展，達成跨機關組織、跨公私部門、跨政策領域、跨專業之典範轉移（paradigm shift）之效。

結語

身為現代高階文官，每天面對的難題與挑戰經緯萬端，在緊要的關頭如何做正確的決定，是每位高階文官應具備的關鍵核心能力，也是高階飛躍方案培育全方位治理人才的重要使命，期待我國高階文官培訓能秉持與時俱進、求新求變的精神，兼顧組織目標、高階文官職涯發展及國家發展需要，規劃更優質的訓練內涵，為政府培育優秀接班人團隊，讓國家整體競爭力再升級。

模擬試題

試說明我國公務人員訓練制度的核心意涵。

本題重點：熟悉我國公務人員的訓練制度。

解　(一)目前公務人員之訓練，依公務人員訓練進修法第2條規定，事
　　　關全國一致之性質者，由公務人員保障暨培訓委員會辦理之；
　　　公務人員考試錄取訓練、升任官等訓練、行政中立等，由由公
　　　務人員保障暨培訓委員會辦理或委託相關機關（構）、學校辦
　　　理之；而公務人員專業訓練、一般管理訓練等，則由各中央二
　　　級以上機關、直轄市政府或縣（市）政府辦理或授權所屬機關
　　　辦理。
　　(二)前揭關於公務人員考試錄取、升任官等之訓練，主要係由隸屬
　　　於公務人員保障暨培訓委員會之「國家文官學院」辦理；另
　　　外，尚有公務人力發展學院（隸屬於行政院人事行政總處），
　　　辦理行政院所屬機關及地方機關中高階公務人員在職培訓發展
　　　等事宜。

關鍵核心

1 待遇在人事行政上的觀點：
  (1) 傳統人事資源：
    →工作報酬；
    →待遇；
    →俸給。
  (2) 當代人事資源：
    →底薪；
    →功績薪；
    →服務；
    →福利。

2 政府待遇設計：
  (1) 設計與考量因素：
    透過此制度所賦予的社會經濟地位水準，能夠延攬、留用與激勵人才
    外，亦兼顧平衡國家整體支出與工作付出之用途。
  (2) 給付關係與雇主認定：
    公務員所擁有的「俸給權」，係法律明定之給付行為，也就是政府機關
    對公務員做出的行政處分。

3 公務人員俸給原則：
  (1) 要能維持工作效能為基準；   (2) 要顧及公務人員的社會地位；
  (3) 要與民間企業薪給求得衡平；   (4) 要有一個客觀的根據或標準；
  (5) 要有普遍一致的水準；
  (6) 要有彈性增減的機制。

4 俸給決定因素：
  (1) 人力供需與生活水平；   (2) 同工同酬與生活俸給；
  (3) 策略管理與績效俸給；

5 俸給體系：

俸表	(1) 俸級： 　A. 委任： 　　第一職等本俸為七級，年功俸為六級；第二職等至第 　　五職等本俸各分五級，第二職等年功俸分六級，第三 　　職等、第四職等年功俸各分八級，第五職等年功俸分 　　十級。 　B. 薦任： 　　第六職等至第八職等本俸各分五級，年功俸各分六 　　級，第九職等本分分五級，年功俸分七級。 　C. 簡任： 　　第十職等至第十二職等本俸各分五級；第十職等、第 　　十一職等年功俸各分五級；第十二職等年功俸分四 　　級；第十三職等本俸及年功俸均分三級 　　第十四職等本俸為一級。 (2) 俸級額：公務人員各等級應支領的待遇。 (3) 俸階：俸級幅度，指同一俸級額內劃定幅度，目的在於劃 　分初任與久任之差別。
加給	(1) 加給：鑒於服勤地的經濟、地理等條件不同，為期不同地 　域工作者的實質所得，因此給予加給的調整。 (2) 特殊加給：因職位任務與職責間相異的問題，以及為顧及 　職員與其眷屬之生活，予以眷屬津貼等。

6 公務人員福利之目的：

項目	內容
一	(1) 政府多因早期國庫或公庫收入不共充裕，對公務人員俸給 　支付，不能臻於合理的高度水平，往往低於企業的薪資。 (2) 為求公務人員生活改善，乃採取福利措施，以為補助。
二	(1) 早期政府雖有待遇調整，但增加比例仍多趕不上漲的 　幅度。 (2) 為減輕公務人員的待遇追不上物價指數，遂採行福利 　措施。

項目	內容
三	公務人員因生活改善,足以促進其身體與精神愉快,自然是勝任工作的先決條件,而此也是福利措施積極的作用與目的。
四	培養公務人員的向心力與認同感,以促進機關團體意識與合作精神。
五	(1) 現代的政治思想已由法治國家進為福利國家,公務人員需擔任積極的角色,為全民謀福利。 (2) 為適應現代化的政治潮流,應予重視公務人員的福利措施。

7 公務人員福利制度:
(1) 保險性福利;
(2) 其他福利措施(急難貸款、集團結婚、健康檢查、文康活動、補助購房、生活津貼等)

重點精要

壹、待遇的概念

一、定義

待遇(compensation)是**指個人在從事勞務工作結束後,所獲得的基本報酬**,而大致上可區分為**金錢**與**物質**兩種層面。

學者Lawler(1995)認為,薪資待遇是實現組織目標的一種手段工具,透過指導、建構與控制之方式,作為管理組織中的個人行為。

(一)傳統人事行政觀點

依據學者馮惠平的觀點：

1. 「**工作報酬**」：係屬<u>最廣義</u>者，指的是因工作所得的精神性與物質性酬勞，包括內在無形的精神性酬勞，以及外在有形的物質性酬勞等。

2. 「**待遇**」：指<u>外顯性報酬</u>，包括<u>廣義的俸給與福利</u>。

3. 「**俸給**」：專指政府為安定公務員生活，酬勞其服務，所定期給付之財務酬勞。**<u>狹義的俸給</u>係指<u>基本俸給（本俸、年功俸、加給等），廣義的俸給則包括績效俸給（考績獎金等）</u>**。

(二)當代人力資源觀點

由於薪資待遇與俸給涉及的概念甚多，學者Milkovich與Newman（2005）以「**總待遇**」（total compensation）一詞，統攝待遇相關用語和內涵。總待遇係指：人員領取的各種形式給付、服務與福利措施，包括：

1. **底薪**：反映員工所負責的職務與工作價值。

2. **功績薪**：獎勵過去的工作表現與成就，並設計績效薪等誘因來引導員工未來的表現。

3. **服務**：指各種給假，包括陪產假、育嬰假，甚至員工協助方案與心理諮詢等。

4. **福利**：包含保障性的項目，例如醫療保健、保險或退休年金等。

二、 政府的待遇設計

(一)設計與考量因素：

政府設計公務人員薪資待遇之目的，在於人員基本生活需要的基礎上，從制度化管理面建立一套健全、合理的法制制度。期盼透過此制度所賦予的社會經濟地位水準，能夠延攬、留用與激勵人才外，亦兼顧平衡國家整體支出與工作付出之用途。

(二)給付關係與雇主認定：

公務員所擁有的「俸給權」，係法律明定之給付行為，也就是政府機關對公務員做出的行政處分。同時給付的範圍、種類與金額，在

基層的公務人員也是普遍優於一般在私人企業的勞工（相對於勞資雙方議定而言）。

三、 公務人員俸給原則

承接前述政府之待遇設計，有關公務人員的俸給原則，在規劃上可濃縮成以下6點：

(一)要能維持工作效能為基準；　　(二) 要顧及公務人員的社會地位；

(三)要與民間企業薪給求得衡平；　(四) 要有一個客觀的根據或標準；

(五)要有普遍一致的水準；　　　　(六) 要有彈性增減的機制。

四、 俸給決定因素

從上述俸給原則，可知工作報酬的決定因素相當複雜，可能包括社會、政策、經濟發展、心理趨向斗有關涉。雖然政府不同於企業，其俸給較不受競爭影響，但政府仍是社會的次系統，必須與其他社會系統相應，以達一致之目標，故可進一步分成下述三種方向：

(一)**人力供需與生活水平：**

政府的俸給係基於政府業務的獨佔性，較不受到激烈競爭的影響，可視國家財政收入自由決定。

而依照人力市場上所訂的「市場薪給率」，在公務人員、教師、警員的聘用有其困難，學者Upson即建議應依照公務人員所期望在社會中的生活水平，而定其俸給；也就是說，不需按人力市場競爭價值決定薪給，而採生活水平薪給。

(二)**同工同酬與生活俸給：**

鑒於生活水平薪給，可能產生違反同工同酬的原則之虞（因為訂定生活俸給，即必須對照社會一般通行的生活標準加以考慮，但尚可能因地、因時而異），所以除了決定一般生活標準外，亦應研究生活費的預算，進而分析出同工同酬的生活俸給。

然而，基於國家對於公務人員負有相當責任，公務人員亦基於特別權利義務關係，尚缺乏有效的工會組織，進而限制其罷工權、團體協約權。故此種生活俸給之規劃方式仍有待允宜調整。

(三)**策略管理與績效俸給**：

　　在新公共管理運動中，政府為學習民間企業的管理策略與技術，進而引進績效管理的理念與方法。包括：

　　1. 釐清組織的功能、目標與哲學；

　　2. 認識組織面對的內外在環境；

　　3. 評估組織的優勢、劣勢、機會與挑戰；

　　4. 規劃具體目標；

　　5. 形成適當的行動策略。

　　如此，在人力資源管理，亦可運用策略管理的內涵，如採策略性薪資、策略性甄補、陞遷等。因而，「績效俸給制度」創造了一個競爭式的工作文化，其具備以下幾點：

　　1. 只要努力工作，即可達成預期的工作績效；

　　2. 工作績效雖因人而異，但只要在一定績效程度之上，即可得到更多的獎金或獲得調薪，且調幅會隨績效程度而有差異；

　　3. 若工作績效不佳，則調薪的情形將不再發生；

　　4. 努力工作為組織成員最理性的選擇。

　　此外，公務人員俸給的決定，除應考慮人力供需與生活水平、同工同酬與生活俸給、策略管理與績效俸給之因素外，也須要進一步考量國民所得增加與物價指數變動等兩因素。

　　1. **國民所得增加**：因經濟成長導致，公務人員在間接方面亦有其貢獻，國家利益合理分配乃屬必然；

　　2. **物價指數變動**：影響公務人員薪俸之實質所得，對公務人員生活有直接影響。

貳、俸給決定的程序與要件

一、 政府擬訂俸給方案

政府擬訂方案時，其基本資料有下述四項，與是否能夠訂定公平合理的俸給方案息息相關。

(一)**機關現況**：即職位分類、工作分配、俸給水平、工作條件與人員異動情形；

(二)**機關外條件**：包括私人企業與其他公務機關之俸給水平資料；

(三)一般生活水平與生活費用；
(四)國民所得與物價指數。

此外，尚須考量行政因素：
(一)職位職務之繁簡難易；　　(二) 所具資格條件；
(三)任期的久暫或地位的安定性；　(四) 職務職級間的責任輕重；
(五)升遷發展機會。

二、 俸給體系

所謂俸給體系，係指將薪俸支給方法，加以具體規定。包括俸給表的研訂、各項加給標準、俸給調整等規定，可列表如下：

表10-1　俸給體系概念

俸表	(1) 俸級： 　A. 委任： 　　第一職等本俸為七級，年功俸為六級；第二職等至第五職等本俸各分五級，第二職等年功俸分六級，第三職等、第四職等年功俸各分八級，第五職等年功俸分十級。 　B. 薦任： 　　第六職等至第八職等本俸各分五級，年功俸各分六級，第九職等本分分五級，年功俸分七級。 　C. 簡任： 　　第十職等至第十二職等本俸各分五級；第十職等、第十一職等年功俸各分五級；第十二職等年功俸分四級；第十三職等本俸及年功俸均分三級 　　第十四職等本俸為一級。 (2) 俸級額：公務人員各等級應支領的待遇。 (3) 俸階：俸級幅度，指同一俸級額內劃定幅度，目的在於劃分初任與久任之差別。
加給	(1) 加給：鑒於服勤地的經濟、地理等條件不同，為期不同地域工作者的實質所得，因此給予加給的調整。 (2) 特殊加給：因職位任務與職責間相異的問題，以及為顧及職員與其眷屬之生活，予以眷屬津貼等。

資料來源：蔡良文 (2018)。

表10-2　現行公務人員給與簡明表

現　行　公　務　人　員　給　與　簡　明　表

113.1.1

員　工　給　與

生活津貼 / 俸（薪）額 / 加給

生活津貼	俸（薪）額	教育警察員	雇員	技工（窳驗）工友	官等職等	專業加給表（二）	主管職務加給
婚喪生育及子女教育補助	公務人員	月支數額 薪額	薪級 薪點 月薪額	工 月支數額 薪點 普通工友 技工 窳驗工友			

子女教育補助	婚喪生育補助	薦任第八職等	薦任第九職等	薦任第十職等	薦任第十一職等	薦任第十二職等	薦任第十三職等	薦任第十四職等	月支數額	薪額				14	46,250	40,410
大學及獨立學院	結婚					800 61,660	800 61,660	800 61,660	61,660	770 十六 22,830 三 310 22,070	20,050 170		年功俸簡任（派）	13	43,350	32,740
公立 13,600 私立 35,800					五 790 58,480	790 58,480	790 58,480		58,480	740 十五 21,330 二 290 21,330	19,460 165					
夜間學制（含進修學士班、進修部）14,300	2個月薪俸額，結婚雙方同為公教人員，得分別申請補助。（離婚後再與原配偶結婚者，不得補助）		五 780 57,740	四 780 57,740	780 57,740	780 57,740		57,740	710 十四 十三 20,590 一 280 20,590	18,870 160	九		12	42,090	29,520
			四 750 55,510	750 55,510	750 55,510	750 55,510		55,510	680 十三 19,850						
五專後二年及二專			三 730 54,020	730 54,020	五 730 54,020	730 54,020		54,020	650 十二	18,280 155 八			11	38,040	19,130
		七 710 52,540	710 52,540	710 52,540	四 710 52,540	710 52,540		52,540	625 十一 260 19,100						
		六 690 51,050	690 51,050	690 51,050	690 51,050			51,050	600 十 250 18,360						
公立 10,000 私立 28,000		五 670 49,570	670 49,570	670 49,570	670 49,570			49,570	575 九 240 17,620	17,690 150	年功俸七本俸六		10	35,590	13,110
夜間部 14,300		四 650 48,080	650 48,080	650 48,080	650 48,080			48,080	550 八 230 16,870						
		六 630 46,590	630 46,590	630 46,590	630 46,590			46,590	525 七 220 16,130	17,100 145			9	30,020	9,710
		五 610 45,110	610 45,110	610 45,110	610 45,110		薦任第七職等	45,110	500 六 210 15,080		六本俸五				
五專前三年	喪葬	四 590 43,620	590 43,620	590 43,620			六 590 43,620	43,620	475 五 200 15,080	16,510 140			8	28,980	7,520
		三 550 40,650	550 40,650			薦任第六職等	五 550 40,650	40,650	450 四 190 14,560		十二 五				
公立 7,700 私立 20,800		535 39,540	四 535 39,540		委任第五職等	六 535 39,540	四 535 39,540	39,540	430 三 180 14,030	15,920 135 十 四			7	26,040	5,750
		520 38,420	520 38,420		九 520 38,420	520 38,420	520 38,420	38,420	410 二 170 13,510						
		五 505 37,310	505 37,310		八 505 37,310	四 505 37,310	505 37,310	37,310	390 一 160 12,980	15,330 130 九本俸四			6	25,130	4,720
高中		四 490 36,190	490 36,190		八 490 36,190	490 36,190	490 36,190	36,190	370 155 12,540						
公立 3,800 私立 13,500	父母、配偶死亡，補助5個月薪俸額；子女死亡，補助3個月薪俸額（大學或其他親屬同為公教人員者，對同一死亡事實，以報領一份為限）	475 35,080	475 35,080		七 475 35,080	五 475 35,080	475 35,080	35,080	350 150 12,540	14,740 125 八本俸三			5	22,060	4,190
		460 33,960	460 33,960		委任第四職等	460 33,960	四 460 33,960	33,960	330 145 12,130						
		445 32,850	445 32,850		八 445 32,850	五 445 32,850	445 32,850	32,850	310 140 11,710	14,150 120 七					
			委任第三職等		430 31,730	430 31,730	四 430 31,730	31,730	290				4	21,460	
高職			415 30,620		415 30,620	415 30,620	415 30,620	30,620	275	13,560 115 六					
公立 3,200 私立 18,900			七 400 29,500		七 400 29,500	400 29,500	400 29,500	29,500	260				3	21,110	
			六 385 28,390		五 385 28,390	385 28,390	385 28,390	28,390	245	12,970 110 五					
實用技能班 1,500	生育		五 370 27,280		370 27,280	370 27,280	370 27,280	27,280	230				2	21,050	
			四 360 26,530		四 360 26,530	360 26,530		26,530	220	12,380 105 四					
			350 25,790		350 25,790	350 25,790		25,790	210				1	20,870	
國中（公私立）			委任第二職等		340 25,050	340 25,050		25,050	200						
	2個月薪俸額（雙生以上者，按比例增給）；配偶為各種社會保險（全民健康保險除外）之被保險人，應優先適用各該社會保險之規定申請生育給付，其請領之金額較上開規定之補助基準為低時，得檢附證明文件請領二者間之差額（夫妻同為公教人員者，以報領一份為限）		六 330 24,300		330 24,300	330 24,300		24,300	190	11,790 100 三					
			五 320 23,560		五 320 23,560	320 23,560		23,560	180						
國小（公私立）			四 310 22,820		四 310 22,820	310 22,820		22,820	170	11,210 95 二					
			300 22,070		300 22,070	300 22,070		22,070	160						
		委任第一職等	290 21,330		290 21,330			21,330	150	10,620 90 一					
		二 280 20,590			280 20,590			20,590	140						
500		270 19,850	五 270 19,850					19,850	130						
		260 19,100	四 260 19,100					19,100	120						
		三 250 18,360	250 18,360					18,360	110						
		240 17,620	240 17,620					17,620	100						
		230 16,870	230 16,870					16,870	90						
500		二 220 16,130													

專業加給表 工友技工（窳驗） 17,740 18,060

雇員 20,870

說明
1. 各職等之下所列數字，右上為「俸點」，右下為月俸額「新臺幣元」，左為「俸級」。
2. 婚、喪、生育之補助，均以薪俸額一項計算。
3. 各職等粗線以下為本俸，粗線以上為年功俸。

婚喪生育及子女教育補助均比照職員辦理。

原房租津貼併入數額1簡任第14職等700元、薦任第7職等至薦任第4職等600元、委任第3職等以下及雇員500元，技工、工友400元。居住公有房舍之現職人員，應由服務機關將所併入之房租津貼數額，按月如數扣回，繳歸公庫。

夫妻同為公教人員者，應自行協調由一方申報。

資料來源：行政院人事行政總處（2023）。

從晉敘空間看公務人員俸表結構合宜性

陳美江銓敘部銓審司司長
留靖雯銓敘部銓審司專員

公務人員俸表（簡稱俸表）是由俸級與俸點構成，屬於靜態結構；而公務人員職涯屬於動態歷程，透過考試、任用、考績、退休等各種制度的交互運作，都可能影響整體公務人員敘俸的面貌，因此關於俸表調整的各種討論，都不宜單從俸表結構本身著墨，而藉由分析銓敘部銓審資料庫現有的大量資料以觀察現象及確認問題所在，應可為未來俸表研修工程提供更有力的論證基礎。

俸表與整體人事制度共同譜出的「停年現象」

每當論及俸表調整的可行性，勢必面臨一個大哉問：各職等的俸級數是否足夠？然而俸表調整影響層面廣泛，增加或減少任何一個職等的俸級數均應具備充分理由，因此理想上仍希望為這個問題尋找較科學化的答案，具體或可從「停留年數」進行觀察。

「停留年數」—在俸表議題中我們姑且稱為「停年」—可指涉兩種情形：第一，公務人員在銓敘審定某個職等後，受任用、考績等制度影響，導致須於該職等繼續停留一段時間，不論是否有級可晉，其於該職等持續停留的時間均為停年的表現；第二，當晉敘至某個職等的最高俸級後，受職務結構等限制，在無級可晉的情形下被迫在該最高俸級持續原地踏步，而該等原地踏步的時間亦為停年的表現。

「洋蔥式」觀察111年初在職公務人員的晉敘空間

單從俸表結構外觀言之，除簡任第十四職等外，其餘各職等的俸級數從6級至15級不等，總俸級數高達146級；但扣除俸級重疊的部分後，總俸級數僅有46級，說多不多但說少也不少。然而實際運作情形究竟如何？

首先，比較各職等尚未敘至審定職等最高俸級者與已敘至審定職等最高俸級者的人數（如圖1），在委任及薦任官等各職等，均以尚未敘至審定職等最高俸級的人數較多，其與已敘至審定職等最高俸級的人數比，從委任第一職等至薦任第九職等分別為148.5、121.7、34、122.6、4.1、7.8、1.5、1.1及1.1倍；但簡任官等則相反，各職等尚未敘至審定職等最高俸級者的人數均少於

已敘審定職等最高俸級者，人數比從簡任第十職等至簡任第十四職等，分別為0.7、0.2、0.1、0.03及0倍（註：簡任第十四職等僅有本俸一級）。

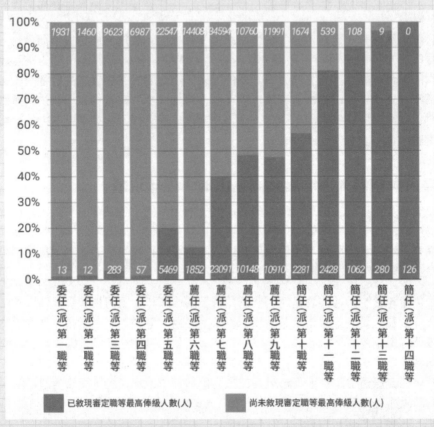

圖1　各職等尚未敘至審定職等最高俸級者與已敘至審定職等最高俸級者人數比較

資料來源：整理自銓敘部銓審資料庫

接著，以公務人員在現審定職等的停年平均數，與現行俸表各該職等的俸級數作比較，分別計算中央及地方公務人員各職等的俸級數使用率（如圖2），以觀察各職等俸級數是否足夠，可以看出中央及地方各職等人員於現審定職等的停年平均數，除簡任第十四職等外，均少於各該職等的俸級數目，亦即平均而言，除簡任第十四職等外，每個職等的俸級數似乎都還夠用。

官職等	委任(派)第一職等	委任(派)第二職等	委任(派)第三職等	委任(派)第四職等	委任(派)第五職等	薦任(派)第六職等	薦任(派)第七職等	薦任(派)第八職等	薦任(派)第九職等	薦任(派)第十職等	薦任(派)第十一職等	薦任(派)第十二職等	薦任(派)第十三職等	薦任(派)第十四職等
中央 停年平均數(A)	2.2	1.82	3.19	1.56	8.27	2.73	7	5.97	7.37	5.17	5.49	5.33	4.53	4.24
剩餘晉敘空間(B-A)	10.8	9.18	9.81	11.44	6.73	8.27	4	5.03	4.63	4.83	4.51	3.67	1.47	0
現行俸表俸級數(B)	13	11	13	13	15	11	11	11	12	10	10	9	6	1
俸級數使用率(A/B)	16.90%	16.60%	24.60%	12.00%	55.10%	24.80%	63.60%	54.30%	61.40%	51.80%	54.90%	59.20%	75.50%	423.80%
官職等	委任(派)第一職等	委任(派)第二職等	委任(派)第三職等	委任(派)第四職等	委任(派)第五職等	薦任(派)第六職等	薦任(派)第七職等	薦任(派)第八職等	薦任(派)第九職等	薦任(派)第十職等	薦任(派)第十一職等	薦任(派)第十二職等	薦任(派)第十三職等	薦任(派)第十四職等
地方 停年平均數(A)	2.21	1.77	2.47	1.66	6.91	2.72	7.46	7.1	5.94	4.76	5.22	4.2	2.8	2.48
剩餘晉敘空間(B-A)	10.79	9.23	10.53	11.34	8.09	8.28	3.54	3.9	6.06	5.24	4.78	4.8	3.2	0
現行俸表俸級數(B)	13	11	13	13	15	11	11	11	12	10	10	9	6	1
俸級數使用率(A/B)	17.00%	16.10%	19.00%	12.80%	46.10%	24.70%	67.80%	64.60%	49.50%	47.60%	52.20%	46.60%	46.60%	248.10%

圖2　中央及地方各職等公務人員於現審定職等停年平均數及俸級數使用率

資料來源：整理自銓敘部銓審資料庫

最後，進一步從已敘現審定職等最高俸級人員進行觀察，分別計算中央及地方這類人員在該職等的停年平均數及於最高俸級的停年平均數，分析各該職等實際晉敘空間。又各職等晉敘空間的起點，即為公務人員初任該職等的起敘點，因此起敘點越低，可晉敘空間越大，實際晉敘空間比率越高。另由於委任第一職等至委任第四職等，及薦任第六職等這5個職等現已敘至年功俸最高級的人數占比過低，因此僅就其餘9個職等敘俸狀況進行分析，較具實益。

基於上述邏輯並進行統計，觀察從委任第五職等、薦任第七職等至簡任第十四職等的實際晉敘空間比率（如圖3），可以發現公務人員在升任這些職等後，能夠在該職等晉敘的空間大多低於50%，簡任官等甚至多低於30%，更有幾無晉敘空間的情形。這些消失的晉敘空間究竟去哪了？

官職等（中央）	委任(派)第一職等	委任(派)第二職等	委任(派)第三職等	委任(派)第四職等	委任(派)第五職等	薦任(派)第六職等	薦任(派)第七職等	薦任(派)第八職等	薦任(派)第九職等	薦任(派)第十職等	薦任(派)第十一職等	薦任(派)第十二職等	薦任(派)第十三職等	薦任(派)第十四職等
停年平均歲(A)	15.18	12.81	13.89	7.72	17.74	6.96	12.38	9.96	11.16	7.53	6.28	5.67	4.63	4.24
敘至最高俸級後繼續停年平均歲(B)	6.56	6.4	3.75	2.89	6.03	3.45	5.83	5.62	5.03	4.08	4.11	4.19	4.26	4.24
有使用到之晉敘空間(C=A-B)	8.62	6.41	10.14	4.83	11.71	3.51	6.55	4.34	6.13	3.45	2.17	1.48	0.37	0
現行俸表俸級數(D)	13	11	13	13	15	11	11	11	12	10	10	9	6	1
實際晉敘空間比率(C/D)	66.30%	58.30%	78.00%	37.20%	78.10%	31.90%	59.50%	39.50%	51.10%	34.50%	21.70%	16.40%	6.20%	0%

官職等（地方）	委任(派)第一職等	委任(派)第二職等	委任(派)第三職等	委任(派)第四職等	委任(派)第五職等	薦任(派)第六職等	薦任(派)第七職等	薦任(派)第八職等	薦任(派)第九職等	薦任(派)第十職等	薦任(派)第十一職等	薦任(派)第十二職等	薦任(派)第十三職等	薦任(派)第十四職等
停年平均歲(A)	15.59	13.15	15.35	10.5	16.61	8.55	12.45	10.44	8.91	6.75	5.93	4.85	2.86	2.48
敘至最高俸級後繼續停年平均歲(B)	5.63	4	4.32	3.96	5.06	4.37	6	6.08	4	3.39	3.88	3.32	2.86	2.48
有使用到之晉敘空間(C=A-B)	9.96	9.15	11.03	6.54	11.55	4.18	6.45	4.36	4.91	3.36	2.05	1.53	0	0
現行俸表俸級數(D)	13	11	13	13	15	11	11	11	12	10	10	9	6	1
實際晉敘空間比率(C/D)	76.60%	83.20%	84.80%	50.30%	77.00%	38.00%	58.60%	39.60%	40.90%	33.60%	20.50%	17.00%	0%	0%

圖3　中央及地方已敘現審定職等最高俸級公務人員於該職等晉敘空間比率

資料來源：整理自銓敘部銓審資料庫

職務結構、俸級重疊、考績升等影響晉敘空間

觀察我國111年初銓敘審定各職等的在職公務人員分布，明顯呈現「中廣型」樣貌（如圖4），整體上將近70%的人員集中在薦任官等的4個職等中，約5%集中在簡任官等5個職等內，約25%則集中在委任官等5個職等內，其中薦任第七職等人數更高達總數的33%。如按中央及地方作區分，薦任第七職等以下人數多以地方多於中央，尤其薦任第六職等及第七職等，地方人數為中央的1.5倍之多。但從薦任第八職等開始至簡任第十四職等，一路都是中央人數多於地方，人數比依序為1、2.4、2.6、3.2、10.4、8、11倍，尤其簡任官等各職等的人數更加懸殊。而如此人員分布的原因在於職務結構。

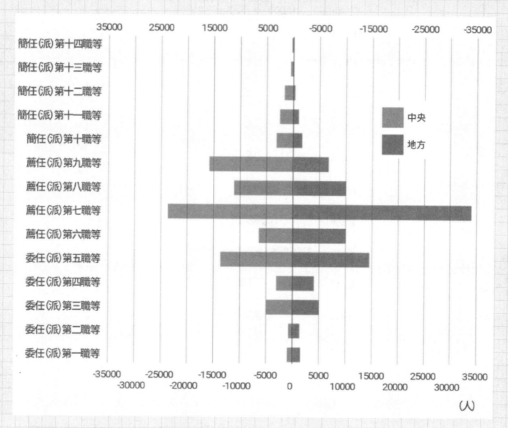

圖4　111年1月1日銓敘審定各職等的公務人員分布（中央vs地方）

資料來源：整理自銓敘部銓審資料庫

依公務人員任用法規定，必要時一個職務可列2至3個職等，例如常見的委任第五職等或薦任第六職等至第七職等的科員。而搭配公務人員考績法有關升職等的規定，每個人最少都能升到所任職務的最高職等。以此邏輯將每個職務按職務列等最高職等分類，便呈現出與人員分布相似的中廣型外觀（如圖5），可知公務人員的職涯發展必然受職務結構所限制。

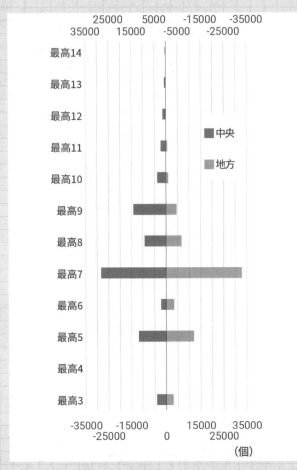

圖5　111年1月1日職務按最高列等分布（中央vs地方）

資料來源：整理自銓敘部銓審資料庫

此外，由於現行職務列等多有跨列職等的情形，使得公務人員在所任職務相同但職等不同時，敘俸有所不同。因此俸表具備的俸級重疊設計，可以使任相同職務公務人員間的敘俸基礎較為公平，也有利於人員久任。

這些制度設計都有其意義，但相互碰撞後所生的化學反應，確實為俸表結構增添了不少難題。以應高考三級及格的公務人員為例，其自薦任第六職等開始任用，嗣歷任科員、專員、科長等職務，期間循著考績升等機制搭配職務

列等設計，最快約11至13年即可取得簡任官等任用資格。但受限簡任官等職務數量稀少，陞遷機會不足，公務人員普遍會在薦任第九職等停年許久；俟取得簡任官等職務的陞遷機會時，換敘至簡任第十職等的起敘點多半已被墊高，進而壓縮到日後的實際晉敘空間。

另據銓敘部銓審資料庫，最近10年以委任第五職等以上各職等退休人數約占總數的98%，且普遍會晉敘至退休職等的最高俸級才退休，尤其薦任及簡任官等各職等退休人員，敘至最高俸級的人數大多占了各該職等退休人數的8成以上（如圖6）。

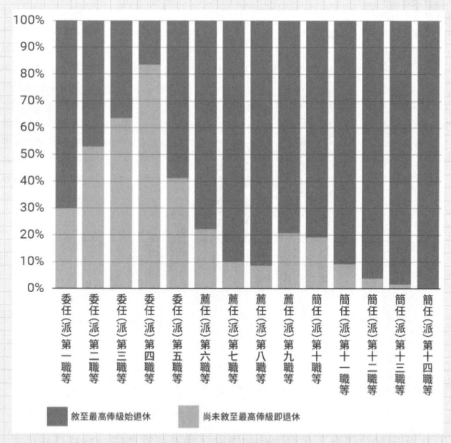

圖6　最近10年於各職等退休者敘至最高俸級與否的人數比較

資料來源：整理自銓敘部銓審資料庫

而從最近10年敘至退休審定職等最高俸級始退休者的資料，觀察其於敘至最高俸級後仍繼續停年的情形，可以發現以委任第五職等以上各職等退休人員，多數會在敘至退休職等最高俸級後再繼續停年0至7年才退休；而退休人數較多的委任第五職等、薦任第七職等至薦任第九職等，繼續停年數均有逐年增加的趨勢（如圖7）。

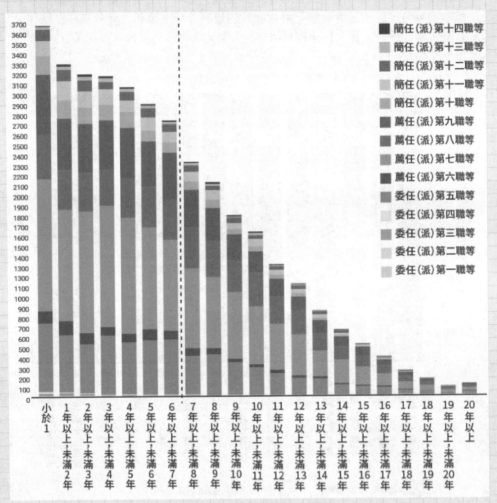

圖7　最近10年退休人員於退休審定職等敘至最高俸級後繼續停年情形分布

資料來源：整理自銓敘部銓審資料庫

以委任第五職等為例,如區分繼續停年「7年以下」、「7年以上未滿14年」
及「14年以上」等3個區段,觀察各區段退休人數占該年度敘至最高俸級始退
休之總人數的比例變化,於101年分別為73.1%、24.8%及2.1%;於105年分別
為59%、35.9%及5.1%;至110年則分別為54.5%、31.5%及13.9%,可看出繼
續停年數確有向後推移的趨勢(如圖8)。

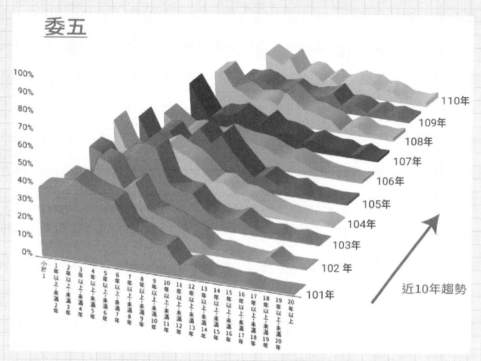

圖8 最近10年於退休審定職等敘至最高俸級後繼續停年趨勢(以委任
**　　第五職等為例)**

資料來源:整理自銓敘部銓審資料庫

另據最近10年退休人數及退休年齡統計,平均退休年齡已有逐年上升趨勢,
但整體退休人數卻有逐年減少趨勢(如圖9),可以推論在平均退休年齡達到
65歲前,公務人員於各職等最高俸級繼續停年數將會持續成長。

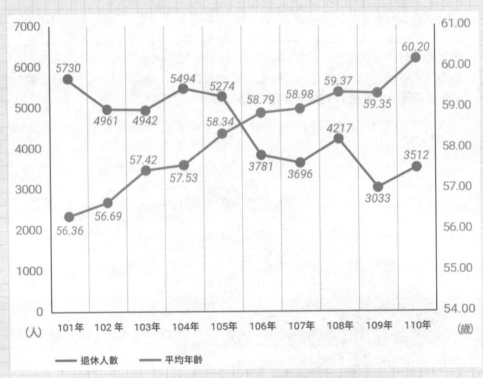

圖9　最近10年退休人數及退休年齡趨勢

資料來源：整理自銓敘部銓審資料庫

未來目標─追求足以支撐公務人員永業發展的俸表結構

現今政府機關職能不斷擴張，加以考試、任用、考績、退休等相關規定幾經
變動，職務結構、人員結構及職涯狀況必定不同以往，現行俸表能否繼續支
撐公務人員永業發展，值得深省。根據現職及退休人員銓敘審定資料所作的
幾項分析，現行俸表確實正面臨公務人員停年議題的嚴峻挑戰，銓敘部未來
將持續研究，期使俸表能更加契合我國人事制度及公務人員職涯發展歷程。

資料來源：https://www.exam.gov.tw/NHRF/News_EpaperContent.aspx?n=3778&s
　　　　　=45910&type=DED5DAB0D6C7BED6

參、公務人員的福利意涵與措施

一、 福利的意義

組織成員的福利，即除了俸給之外的待遇。通常行政機關得視需要及依其能力，酌情辦理福利措施，常被稱為「優餘福惠」（surplus welfare），或「邊緣利益」（fringe benefit）。

俸給與福利雖屬人員待遇的範疇，但亦有不同處：前者為法定的主要待遇，其意義為工作之報酬；後者則是從屬的待遇，主要在於生活的保障。

需要福利的原因，可歸納如下：
(一)**成員福利措施可以彌補俸給之不足。**
(二)**俸給之決定多以工作程度及資歷深淺為主要因素，故俸給待遇體制須顧及植物與資歷，往往不能兼顧生活。**
(三)**福利給與以互助、互惠為宗旨，保障成員生活可以獲致為目標。**
(四)**各公私機構之成員在任職期間，雖不免發生與職務無關臉，卻能影響工作情緒的事件。**
(五)**良善合理的福利互助措施，確能鼓舞成員的心理與士氣。**

二、 目的

行政機關之所以要採行福利措施，學者張金鑑教授之觀點，可整理成下表：

表10-3　福利之目的

項目	內容
一	(1) 政府多因早期國庫或公庫收入不共充裕，對公務人員俸給支付，不能臻於合理的高度水平，往往低於企業的薪資。 (2) 為求公務人員生活改善，乃採取福利措施，以為補助。

項目	內容
二	(1) 早期政府雖有待遇調整，但增加比例仍多趕不上漲的幅度。 (2) 為減輕公務人員的待遇追不上物價指數，遂採行福利措施。
三	公務人員因生活改善，足以促進其身體與精神愉快，自然是勝任工作的先決條件，而此也是福利措施積極的作用與目的。
四	培養公務人員的向心力與認同感，以促進機關團體意識與合作精神。
五	(1) 現代的政治思想已由法治國家進為福利國家，公務人員需擔任積極的角色，為全民謀福利。 (2) 為適應現代化的政治潮流，應予重視公務人員的福利措施。

資料來源：蔡良文（2018）。

三、現行公務人員福利制度

(一) 保險性的福利：

主要法制：**公教人員保險法**。

主要內容包括：**明定本法保險屬於修法前的虧損及潛藏負債，由財政部撥補，屬於修法後的虧損，應調整費率挹注**；本保險事務費由政府編列預算撥付；放寬保險養老給付的請領條件並改善給付標準；公務人員保險和私立學校職員保險原有保險年資合併計算；殘廢標準依身心障礙法等。

(二) 其他福利措施：

1. **急難貸款**：

本項貸款旨在紓解公教人員的緊急困難，有利於端正政風，遂制定中央公教人員急難貸款實施要點，省、市地方機關得比照辦理。

2. **集團結婚**：

本項措施旨在倡導婚嫁節約，祛除社會奢靡風氣，由中央向由各
機關自行酌辦。（臺灣省政府曾於民國66年發布「公教人員集團
結婚要點」）

3. **健康檢查**：

中央與地方政府除做健康檢查外，也個別舉辦，以照護公務人員
身心健康，提升工作效能。

4. **員工文康活動**：

此向包括文藝類與體能類文康活動，旨在提倡正當休閒活動，維
護身心健康，培養團隊精神，鼓舞工作士氣。（其依據為：「中
央各機關學校員工文康活動實施要點」）

5. **補助購置房屋貸款**：

依照「中央公教人員購置住宅輔助要點」，凡機關學校興建或自
行購建住宅，均可申請貸款輔助，分20年按月平均償還本息。

6. **生活津貼**：

包括結婚、生育、喪葬、子女教育補助等4項。（依據：「全國
軍公教員工待遇支給要點」）

四、 公務人員福利法制化規劃

「公務人員福利制度法制化之研究」專案小組對銓敘部原擬「**公教人
員福利條例草案**」建議修正條文對照表及其說明如下：

表10-4 「公教人員福利條例草案」建議修正條文對照表

建議修正條文	銓敘部原擬條文	說明
〈法規名稱〉公務人員福利條例	〈法規名稱〉公務人員福利條例	配合條例之適用範圍，建議將法規名稱由原「公教人員福利條例」修正為「公務人員福利條例」。

建議修正條文	銓敘部原擬條文	說明
第一條 為增進公務人員福利，安定其生活，發揚互助合作精神，以提升工作效率，特制定本條例。本條例未規定者，適用其他有關法令之規定。	第一條 為增進公教人員福利，安定其生活，發揚互助合作精神，以提升工作效率，特制定本條例。本條例未規定者，適用其他有關法令之規定。	一、本條係規定本條例之立法目的，並明定本條例未規定者，依其他有關法令之規定。 二、將「公教人員」乙詞配合修正為「公務人員」。
第二條 本條例所稱公務人員，係指支領一般公教待遇之行政機關、民意機關、司法機關及公立學校編制內之人員。	第二條 本條例所稱公教人員，係指各級政府所屬機關學校編制內之公務人員及教育人員。	一、本條係規定本條例之適用範圍。 二、本條例之適用範圍建議修正為以支領一般公務待遇之人員為對象，以達簡併待遇類型之目標。 三、將「公教人員」乙詞配合修正為「公務人員」。
第三條 本條例所稱福利，包括基本福利項目及彈性福利項目，基本福利項目，全國一致，由中央政府統一辦理；彈性福利項目由各機關學校自行辦理。 基本福利項目包括生活津貼、福利互助、紓困貸款及住宅輔購。	第三條 各級政府應規劃辦理所屬公教人員生活津貼、福利互助、紓困貸款及住宅輔購等基本福利事項。 前項基本福利事項僅適用於支領一般公教待遇之行政機關及公立學校。	一、本條係規定公務人員福利之種類辦理方式及基本福利項目之內容。 二、本條第一項建議修正規定福利之種類，並增訂辦理方式；第二項規定基本福利項目之內容；至原第二項，以修正條文第二條已界定其適用範圍，爰建議刪除。

建議修正條文	銓敘部原擬條文	說明
第四條 各級政府應發給所屬公務人員生活津貼。 前項公務人員生活津貼支給辦法，由考試院會同行政院定之。	第四條 各級政府應發給所屬公務人員生活津貼。 前項公教人員生活。津貼支給辦法由行政院定之。	一、本條係規定公務人員之生活津貼及支給辦法之訂定權責。 二、第一項未建議修正，第二項生活津貼支給辦法之訂定，以人事法制係考試院主管事項，不宜授權由行政院單獨訂定，爰建議修正由考試院會同行政院定之。 三、將「公教人員」乙詞配合修正為「公務人員」。
第五條 政府應籌設公務人員福利互助基金，並由公務人員配合繳納經費，設立基金管理委員，辦理福利互助事項。情事之一者，得請領福利互助事項。	第五條 各級政府應籌設所屬公教人員福利互助基金，並由所屬公教人員會配合繳納經費，辦理福利互助事項。 公教人員具有下列情事之一者，得請領福利互助金： 一、結婚。 二、重大災害。 三、退休、退職或資遣。 四、眷屬喪葬。	一、本條係規定公務人員福利互助基金之籌設及管理事項。 二、建議增訂應設立基金管理委員會由其決定辦理之福利互助事項，原第二項毋庸明示，爰予刪除。 三、將「公教人員」乙詞配合修正為「公務人員」。 四、配合第三條條文修正，刪除「各級」、「所屬」等文字。

建議修正條文	銓敘部原擬條文	說明
第六條 政府為紓解公務人員緊急困難應籌設紓困貸款基金貸與公務人員。	第六條 各級政府為紓解所屬公教人員緊急困難，應籌設紓困貸款基金，貸與所屬公教人員。	一、本條係規定公務人員紓困貸款基金之設置。 二、將「公教人員」乙詞配合修正為「公務人員」。 三、配合第三條條文修正，刪除「各級」、「所屬」等文字。
第七條 政府應籌設住宅購建貸款基金貸與公務人員購建住宅。政府得興建住宅配售或租與公務人員。	第七條 各級政府應籌設住宅購建貸款基金，貸與所屬公教人員購建住宅。各級政府得興建住宅，配售或租與公教人員。	一、本條係規定公務人員住宅購建貸款基金之設置及購建住宅之種類。 二、將「公教人員」乙詞配合修正為「公務人員」。 三、配合第三條條文修正，刪除教人員。「各級」、「所屬」等文字。
第八條 公務人員福利互助、紓困貸款及住宅購建貸款等基金之設置、收支、保管運用及其核給等事項由中央政府分別訂定相關規定統籌辦理。	第八條 公教人員福利互助、紓困貸款及住宅購建貸款等基金之設置、收支、保管、運用及其核給等事項，在中央由行政院；在省〈市〉由省〈市〉政府；在縣〈市〉由縣〈市〉政府分別訂定相關規定統籌辦理。	一、本條係規定公務人員福利互助、紓困貸款及住宅購建貸款等基金之設置、收支及核給等事項，應由中央訂定相關規定統籌辦理。 二、按現行公務人員，並無中央公務人員

建議修正條文	銓敘部原擬條文	說明
		或地方公務人員之分，且常有互相調職情事，為期各機關做法一致，兼顧權益衡平，爰建議修正為由中央政府訂定規定統籌辦理。 三、將「公教人員」乙詞配合修正為「公務人員」。
第九條 各機關學校得籌設所屬公務人員托兒、育幼等設施並得聯合其他機關學校共同辦理。	第九條 各機關學校得籌設所屬公教人員托兒、育設幼等設施，並得聯合其他機關學校共同辦理。	一、本條係規定各機關學校得籌托兒育幼等設施。 二、將「公教人員」乙詞配合修正為「公務人員」。
第十條 各機關學校得視實際需要提供所屬公務人員膳食、住宿、購物、車輛停放及其他服務設施。	第十條 各機關學校得視實際需要提供所屬公教人員膳食、住宿、購物、車輛停放及其他服務設施。	一、本條係規定各機關學校得提供之服務設施。 二、將「公教人員」乙詞配合修正為「公務人員」。
第十一條 各機關學校辦理前二條福利事項，得向所屬公務人員酌收必要之費用。	第十一條 各機關學校辦理前二條福利事項，得向所屬公教人員酌收必要之費用。	一、本條係規定各機關學校辦理第九條及第十條福利事項時，得本於「使用者付費」原則，就其所提供之設施或服務，向使用者酌收必要之費用。

建議修正條文	銓敘部原擬條文	說明
		二、將「公教人員」乙詞配合修正為「公務人員」。
第十二條 各機關學校得辦理所屬公務人員自強活動、休假旅遊及文康活動。 前項各機關學校自強文康活動實施辦法,由考試院會同行政院定之。	第十二條 各機關學校得辦理所屬公教人員自強活動、休假旅遊及文康活動。 前項各機關學校自強文康活動實施辦法,由行政院定之。	一、本條係規定各機關學校得辦理自強文康活動及其實施辦法之訂定權責。 二、以人事法制係考試院主管事項,爰建議修正為由考試院會同行政院定之。 三、將「公教人員」乙詞配合修正為「公務人員」。
第十三條 各機關學校得設福利委員會,策進福利事項。 前項福利委員會之委員,應包括各機關學校首長指定之單為主管及所屬人員推選之代表。	第十三條 各機關學校得設福利委員會,策進福利事項。 前項福利委員會之委員,應包括各機關學校首長指定之單為主管及所屬人員推選之代表。	一、本條係規定各機關學校得設福利委員會及其組成委員。 二、本條未建議修正。
第十四條 各機關學校應本公平、公正、公開原則辦理所屬公務人員福利事項。	第十四條 各機關學校應本公平、公正、公開原則辦理所屬公教人員福利事項。	一、本條係規定辦理福利事項之原則。 二、將「公教人員」乙詞配合修正為「公務人員」。

建議修正條文	銓敘部原擬條文	說明
第十五條 各公立學校教師之福利事項，比照適用本條例。 各機關學校聘僱人員等之福利事項，準用第九條至第十二條規定。	第十五條 各機關學校聘僱人員等之福利事項，準用第九條至第十二條規定。	一、本條係規定比照適用及準用本條例之對象。 二、以公立學校教師與公務人員同係支領一般公教待遇之人員，惟其非屬公務人員範圍，爰建議增訂其福利事項比照適用本條例，並置於第一項。至原準用人員部份，改置於第二項。
第十六條 本條例施行細則，由考試院會同行政院定之。	－	一、本條係增訂。 二、以本條例之實施，尚需由考試院會同行政院訂定相關規定以資配合者，爰建議增訂本條例之施行細則，由考試院會同行政院定之。
第十七條 本條例施行日期，由考試院以命令定之。	第十六條 本條例自公布日施行。	一、條次變更。 二、本條係規定本條例之施行日期。 三、以本條例之實施，尚需要考試院會同行政院或由中央政府訂定相關規定以資配合者，爰建議修正如上。

資料來源：考試院（2010），考試院研究發展委員會專題研究報告彙編(二)。

模擬試題

有謂我國公務人員待遇調整機制在決策過程、調整參考因素及法制化方面均有值得商榷之處。請就己見論述之，並提出改進建議。

本題重點：了解公務人員待遇調整機制之過程，以及其法制化後的優缺。

解 (一)我國公務人員待遇調整機制之制度依據、決策過程及調整參考因素：

　　1.制度依據：依公務人員俸給法（下稱：俸給法）第18條規定，本法各種加給之給與條件、類別、適用對象、支給數額及其他事項，由考試院會同行政院訂定加給給與辦法辦理之。本俸、年功俸之俸點折算俸額，由行政院會商考試院定之。

　　2.決策過程與調整參考因素：行政院依據「全國軍公教員工待遇支給要點」辦理調整公部門年度待遇，且訂有「全國軍公教人員年度待遇調整標準作業流程」，以作為調整薪資之依據。而行政院根據平均每人國民所得、家庭收支狀況、民間企業薪資水準、經濟成長率及消費者物價指數等變動情形，以及國家財政負擔等原則，由產官學代表組成「軍公教審議委員會」，審議軍公教員工待遇調整方案，並經立法院通過，方能施行。

(二)值得商榷之處：

　　1.公務人員團體未能參與待遇調整決策過程：雖前述訂有「全國軍公教人員年度待遇調整標準作業流程」，以作為調整薪資之依據，但身處體制內之公務人員並無正式反應意見之管道。

2. 待遇調整參考因素未能合理化：考試院所提出的文官制度興革規劃方案中，提及目前俸給調整的狀況，缺乏客觀具體之標準，欠缺理性決策模型可資運用。因此，考試院建議建構民間薪資調查及配合國家財政收支情形調升或調降俸給的機制，以建立客觀具體的俸給調整標準。

3. 待遇調整法制化之建構不完整：俸給法雖在第3條、第5條規定公務人員俸給項目，但對於調整之實質、程序規定仍付之闕如，而僅由「全國軍公教員工待遇支給要點」之行政規則加以填補，於法制建構上實不完備。

(三)改進建議：

究竟公務人員俸給制度應確切參照哪些因素，目前尚無定論，但仍可歸納出以下大方向，作為改進建議：

1. 公務人員參與機制之調整：基於俸給調整公開化與透明化之要求，本文建議至少必須授與公務人員或代表公務人員之公務人員協會，提供待遇調整之實質建議。

2. 參考因素合理化之調整：從外國立法例加以觀察，美、加等國係由獨立機構負責民間薪資調查，本文以為，我國似可借重中央研究院等專業領域之專家學者，在衡酌民間企業薪資水準、物價指數變動情形、經濟成長情形、財政負擔等因素後，建立較具權威性之調查報告，以利建立理性決策模型。

3. 法制建構之調整：就法治主義面向加以探討，我國既有俸給法之法律規定，本文建議應可在該法中將俸給調整之實質及程序加以規範，俾利在有實質拘束力之法規範下，讓公務人員之俸給調整有明確路徑可資遵循。

11 政府友善工作職場與勞資關係

關鍵核心

1 OECD設立「優質生活與幸福評量」，設定政府評量民眾幸福感的11項指標來進行各國評比：
   (1) 居住（Housing）、
   (2) 收入（Income）、
   (3) 職業（Jobs）、
   (4) 社區（Community）、
   (5) 教育（Education）、
   (6) 環境（Environment）、
   (7) 公民互動
      （Civic Engagement）、
   (8) 健康（Health）、
   (9) 生活滿意（Life Satisfaction）、
   (10) 安全（Safety）、
   (11) 工作生活的平衡（Work-Life Balance）。

2 勞動三權：
   (1) 團結權：
      勞動者團結權係基於勞動者團結自助，謀求改善勞資關係中不合理現象之重要途徑權利依據。
   (2) 團體協商權：
      勞動者組織團體並與雇主進行談判，相互協調、交涉，以爭取和保障各自之利益。而團體協商係勞動者集體權之核心，因為勞動者如果要改善勞動條件，提升經濟地位，主要是透過與雇主交涉來達成而團結權

為權利行使組成之主體，其目的在於取得與雇主團體交涉訂定團體契約。因此，團體協商權可說是鏈結勞動三權之軸心權利。
   (3) 爭議權：
      工會為了貫徹其對勞動條件之主張，而採取爭議行為的權利。其行使之目的在於項雇主施壓，以確保協商地位之對等。

3 公務人員協會法重點：
   第6條 公務人員協會對於下列事項，得提出建議：
   一、考試事項。
   二、公務人員之銓敘、保障、撫卹、退休事項。
   三、公務人員任免、考績、級俸、陞遷、褒獎之法制事項。
   四、公務人員人力規劃及人才儲備、訓練進修、待遇調整之規劃及擬議、給假、福利、住宅輔購、保險、退休撫卹基金等權益事項。
   五、有關公務人員法規之制（訂）定、修正及廢止事項。
   六、工作簡化事項。

   第7條 公務人員協會對於下列事項，得提出協商：

一、辦公環境之改善。

二、行政管理。

三、服勤之方式及起訖時間。

有下列各款情形之一者，不得提出協商：

一、法律已有明文規定者。

二、依法得提起申訴、復審、訴願、行政訴訟之事項。

三、為公務人員個人權益事項者。

四、與國防、安全、警政、獄政、消防及災害防救等事項相關者。

第8條 公務人員協會得辦理下列事項：

一、會員福利事項。

二、會員訓練進修事項。

三、會員與機關間或會員間糾紛之調處與協助。

四、學術講座之舉辦、圖書資料之蒐集及出版。

五、交流、互訪等聯誼合作事項。

六、接受政府機關或公私團體之委託事項。

七、會員自律公約之訂定。

八、其他法律規定事項。

全國公務人員協會得推派代表參與涉及全體公務人員權益有關之法定機關（構）、團體。

4 我國公務人員勞動三權與美國之比較

	美國	我國
公務人員分類	聯邦、州、地方公務人員	各級政府機關、公立學校、公營事業機構擔任組織法規所編制內植物支領俸給的人員
團結權	有權自由組織、參加或支持任何勞工組織	基於結社自由，可以選擇加入協會
團體協商權	有限度的協商權	有限度之協商權
締結協約權	機關與工會可以締結團體協約	不得請求締結團體協約

	美國	我國
罷工權	(1) 美國聯邦公務人員不能擁有罷工權； (2) 地方政府公務人員可擁有罷工權	禁止擁有

5 勞工安全衛生法時期已適法的「事業全部」、「事業的部分工作場所」，該等機關全部勞工或進出部分工作場所勞工（包含公務人員）將繼續適用職業安全衛生法全部規定。

重點精要

壹、工作與生活平衡

依據立法院在2021年針對公務人員離職與留才報告顯示，「**個人**」、「**工作**」、「**管理**」係三大離職的影響因素。根據學者謝儲鍵、陳敦源（2022）的說法，近年公務人員制度中，師法企業責任制的議題陸續浮現，讓應扮演政府幕僚及執行功能的菁英文官，卻陷入處理行政瑣事的困境。

透過上述研究發現，「頻繁的加班及自認健康狀態不佳」，已是公務人員職場工作影響的主因。

一、OECD對幸福生活的倡議

經濟合作暨發展組織（OECD）於2001年出版了「**國家的幸福：人力與社會資本的角色**」（The Well-being of Nations：The Role of Human and Social Capital），主張在全球生態面臨過度開發，以致生活環境變動日益劇烈的趨勢下，各國政府在廿一世紀的發展重心，應超越只注

重提高國內生產毛額（GDP），並採更宏觀的思維提升全國人民的幸
福感（well- being），唯有如此，國民生活才能在物質需求與生態保育
間維持平衡並永續發展（OECD, 2001：12）。基於此理念，OECD乃
設立「優質生活與幸福評量」，並設定政府評量民眾幸福感的11項指
標來進行各國評比，分別是：

(一)居住（Housing）。

(二)收入（Income）。

(三)職業（Jobs）。

(四)社區（Community）。

(五)教育（Education）。

(六)環境（Environment）。

(七)公民互動（Civic Engagement）。

(八)健康（Health）。

(九)生活滿意（Life Satisfaction）。

(十)安全（Safety）。

(十一)工作生活的平衡（Work-Life Balance）。

二、 員工協助方案

我國各級政府公務人力由於是依據全國性人事法制考試進用，工作地
位與職權內容都有也法律規範，故與國外政府人事管理強調變動、彈
性等概念，具有根本上的不同，然而在今日時空背景下，各級公務人
員回應環境變動與民意挑戰的需求卻是一致的，故本部分將探討正向
工作價值對我國人事管理的啟發。

(一)**日益增加的工作內容與壓力：**

儘管公務人員身分地位受到法律保障，然而在社會開放、民眾對政
府要求日益增加情境下，政府自然也要隨時主動回應外界影響，特
別是近日各級首長常強調「民眾有感」施政要求，常任公務體系即
使仍不能改變「依法行政」的基本原則，但是執行各項法令規範的
方式、步驟等，勢必要隨之調整，因此亦可能產生如前文所述，因
為工作將面臨更多的不確定性與壓力，而有改變工作態度的需求。

(二)運用知識管理策略來融合工作與價值：

　　欲改變公務人員工作價值觀，最簡便且根本的解決的方式，莫過於透過立法規範，然而固定的法條內容，或只能針對已發生的事實課以責任，或只能提出原則性的規範，因而在實務運作上可能難以因應高度變動的機關環境與工作內容。另一方面，若只是將正面價值觀視為個人修養，或只是運用溝通傳播方式期望人員自我提升，則效果將模糊且不明確。因此較可行的方式，應是採行前述策略性人事管理的途徑，將其融入機關人員管理工作中。

　　至於具體的做法，則可以採行「知識管理」（knowledge management）策略。由於今日政府運作需要不同利害關係人（stakeholders）運用不同領域知識，並相互支持協助，因此運用知識管理就是使知識或資訊能在利害關係人間快速交流，同時滿足需求的過程，至於具體方式，可由下圖表示之（Riege & Lindsay, 2006）。

利益與議題關連程度

權力影響議題程度	高：應優先關注的利害關係人（優先遊說）	低：間接的同事（監測或其他人事作為）
	關鍵的利害關係人（預防處置）	非優先利害關係人（監測）

圖11-1　不同利害關係人的知識管理方式

資料來源：Riege & Lindsay（2006）。

貳、勞動三權概述

一、團結權

勞動者團結權係基於勞動者團結自助，謀求改善勞資關係中不合理現象之重要途徑權利依據。有關團結權的定義，謹整理學者之見解如下：

表11-1　「團結權」之定義彙整

學者	「團結權」定義
史尚寬	雇用人或受雇者各為擁護或擴張其勞動關係上的利益，而有組織團體的權利。換言之，即受雇者為其勞動及經濟條件之維持或改善，得組織勞動團體。
黃越欽	係指保障勞工得自由結合、組織，並保障其團體之存在及活動自由而設。
片岡昇	係指勞工為維持或改善其勞動條件，並以進行集體交涉為目的，組織或加入勞動者團體的權利。

資料來源：吳瓊恩等（2006）。

綜上所述，由於勞動者與雇主之間的地位可能是不對等的，因此透過團結權的行使，其意義在於勞動者為維持或改善其勞動條件，或以進行集體交涉為目的，而組織或加入工會或其他團體之權利。

二、團體協商權

表11-2　「團體協商權」之定義彙整

學者	「團體協商權」定義
國際勞工組織 （ILO）	「團體協商」（collective barganing）乃是指勞動者與管理階層共同決定雇用條件與期限之制度化過程。

學者	「團體協商權」定義
衛民	乃指勞工有權透過自組之工會，就工資、工時和其他事項與雇主進行協商，雙方達成協議後簽訂團體契約，並依其約定履行權利與義務。

資料來源：吳瓊恩等 (2006)。

因而，團體協商權可以簡要定義為：勞動者組織團體並與雇主進行談判，相互協調、交涉，以爭取和保障各自之利益。而團體協商係勞動者集體權之核心，因為勞動者如果要改善勞動條件，提升經濟地位，主要是透過與雇主交涉來達成而團結權為權利行使組成之主體，其目的在於取得與雇主團體交涉訂定團體契約。因此，團體協商權可說是鏈結勞動三權之軸心權利。

課外小知識

「團體協商之內容」

(1) **經濟議題**：

　A. **薪資**：為雇主主要之生產成本，亦為勞工生存之工具。

　B. **員工福利**：包括特別休假、各種保險、年金給付之退休金等。

　C. **工時**：包括每週工作總時數、彈性上下班、彈性工時等。

(2) **制度議題**：

　A. **工會安全**：為避免工會在自由入會制度下，因不團結情形過於普遍而影響工會的價值，有些國家一方面尊重消極團結權的行使，但又使工會享有一定之權利。→工會安全條款。

　B. **不罷工條款**：團體協約中載明工會在存續期間內不罷工。

　C. **共同決定權**：指勞工參與企業組織之決策機制，通常指工會會員或幹部成為公司董、監事，而公司之營運措施由勞資雙方共同決定。

(3) **行政議題**：

　包括**員工年資、紀律、安全衛生、工作外包**等。

公部門的團體協商優點,可整理如下:

(一)**明確界定資方之權利**,並**明訂某些權利不應列入討價還價的空間**;

(二)**促進勞資雙方的溝通**;

(三)**促進員工參與**,達成更大的工作滿足感;

(四)**透過勞方申訴體系,以警惕資方**。

三、 爭議權

(一)意義:

指工會為了貫徹其對勞動條件之主張,而採取爭議行為的權利。其行使之目的在於項雇主施壓,以確保協商地位之對等。

(二)類型:

1. **罷工**:

　(1)**廣義**:多數勞工有計畫地不法拒絕履行其義務;

　(2)**狹義**:工會有組織與計畫地發動多數勞工透過違反勞動契約義務之手段,對雇主施加壓力,以達改善共同勞動及經濟條件目的之行動。

2. **怠工**:

指勞動者在形式上仍提供勞務,但故意讓作業效能低下之爭議行為;因此怠工實質上受工會支配,而排除雇主之勞務指揮。

3. **生產管理**:

指勞動者團體占有企業設施、工場、機械、原料、資材等生產工具,排除雇主的指揮與命令,由勞動者經營、作業之爭議行為。

4. **杯葛**:

指勞動者阻礙雇主或與其有交易關係之企業購買商品(即:「商品杯葛」)

及勞務爭議(即:「勞動杯葛」)之行為。

5. **糾察**:

為非獨立之爭議行為,通常附屬其他爭議行為而為輔助之手段,其目的在於保護罷工或怠工之效果。

6. **占據：**

勞動者以違反雇主之意思，滯留於企業設施或加以占據之行為。

(1)單純在企業設施滯留或集會（並不違法）。

(2)為確保罷工等本體爭議行為之時效，而占據生產設施或附隨之占據工廠；

(3)將占據企業設施之本身做為主要爭議行為。

參、他國公務人員之勞動關係—以美國聯邦公務人員為例

一、 團結權

「聯邦公務人員勞雇關係條例」對於公務人員參加勞工組織之規定：「下列人員得加入勞工組織：凡受雇於機關之公務人員，由於不公平勞動行為而被停止雇用之人員，且未獲固定與實質的工作者。」

(一)適用對象：

1. 除了在美國境外聯邦機關工作之非美國公民、非正式公務人員、基層主管人員及管理人員、某些機關駐外人員，以及違反本條例參與罷工者外，所有聯邦公務人員均適用。

2. 會計總署、聯邦調查局、中央情報局、國家安全局、田納西流域管理局、聯邦勞工關係委員會、聯邦僱局處理小組、美國特勤人員不適用。

3. 軍職人員不得組織或參與工會（依據1969年「賽蒙德法」）。

(二)權利：加入工會採自由入會，有組織權與協商權。

二、 協商權

「聯邦公務人員勞雇關係條例」規定，「團體協商」係指機關代表與機關內人員彼此有義務，對於公務人員的雇用條件進行交涉、協商，

並達成團體協約。同時，若有一方請求，團體協約得以不拘形式的書面文件制定，但任何一方不得強迫對方同意提案或讓步。

(一)**應協商事項：**

政府與具代表協商權之工會，將「應協商事項」列入議程，並秉持誠信之態度，且有義務使其達成協議。

(二)**得協商事項：**

指雙方可就此事項進行協商，但無義務就此事向達成協商。但應協商事項與得協商事項不易區分，常引起爭議。如遇爭議，則交由聯邦勞資關係委員會解決。

(三)**不得協商事項：**

法令明定禁止協商之事項。在聯邦政府方面，人事政策、薪俸、福利、工時、休假等，均由法令規定。因此工會可協商事項其實寥寥無幾。

美國公、私部門團體協商之差異，或政府部門之團體協商，存在以下特色：

(一)公務人員有多個雇主，包括行政、立法、司法、人民等，使得協商對象頗為複雜，且不易達成目標。

(二)由於公務人員缺乏罷工權或被高度限制，使得政府部門必須發展出更多不同手段，以解決勞資雙方之僵局。

(三)政府部門可協商範圍較小，使得公務人員協會改以遊說或介入政治的方式，以解決無法上談判桌之問題。

三、 爭議權

美國聯邦勞動法及各州法律多數是禁止公務員罷工的。1947年《Taft-Hartley法》第305條規定，禁止聯邦公務員罷工，參與罷工者會受到立即免職，取消文官資格，而且三年內不得再擔任聯邦公務員。

1978年《文官制度改革法》將罷工、阻擾工作或怠職等行為，視為公務員組織對政府雇主的不公平勞動措施，參加者不得擔任公務員。而

且，聯邦政府受僱者在就職時，要宣示不參加罷工活動。至於美國50州中，多數的州政府都禁止公務員罷工，有些州對於罷工的員工、工會幹事和工會本身還會給予嚴峻的處罰，或是罰款，或是判刑入獄。

雖然傳統上一般的觀點反對公務員有罷工權，但是美國的部分州對於公務員的罷工權，或是直接允許，或是採取不禁止的態度，美國大約有20%的公務員被允許有罷工權。美國阿拉斯加州等十個州法及加州等四個州的判例法，允許公務員享有有條件的罷工權，但擔任基本服務或公共安全的公務員，原則上不得罷工。

Richard C. Kearney與David G. Carneval歸納出以下4點美國公務員罷工受到禁止的理由：

(一)違反主權原則：

即評量政府本身為爭議當事人之一之爭議，是一個主權政府具有的固有及特殊權力；而在民主國家裡，主權屬於人民，允許政府工作者進行罷工，等於是政府決定公共政策權威的退讓；在理論上，是對人民意志的直接挑戰，在實務上，會製造不尊重政府及法律的氣候。不過這項觀點，已經很少再被引用。

(二)扭曲政治過程：

指公務員罷工會威脅正常的政治過程，讓公務員會取得比其他利益團體有利的政治及政策利益，此一過度的權力，會扭曲政治過程及減損民主決策的屬性。

(三)公部門欠缺市場機制的箝制理由：

指因為公共服務的專屬，沒有其他的競爭對手，因此工會會以罷工為威脅，提出及取得過度的要求。

(四)中斷基本服務：

公務員存在的目的就是提供基本服務，罷工會對公共衛生、安全、福祉服務的提供造成中斷。

伍、我國公務人員之勞動關係

公務人員協會法

第1條 公務人員為加強為民服務、提昇工作效率、維護其權益、改善工作條件並促進聯誼合作，得組織公務人員協會。

公務人員協會之組織、管理及活動，依本法之規定；本法未規定者，適用民法有關法人之規定。

第2條 本法所稱公務人員，指於各級政府機關、公立學校、公營事業機構（以下簡稱機關）擔任組織法規所定編制內職務支領俸（薪）給之人員。

前項規定不包括下列人員：

一、政務人員。

二、各級政府機關、公立學校首長及副首長。

三、公立學校教師。

四、各級政府所經營之各類事業機構中，對經營政策負有主要決策責任以外之人員。

五、軍職人員。

第3條 公務人員協會為法人。

第4條 公務人員協會之組織分為下列二級：

一、機關公務人員協會。

二、全國公務人員協會。

前項機關公務人員協會包括：

一、總統府、國家安全會議、五院之機關公務人員協會。

二、各部及同層級機關之機關公務人員協會。

三、各直轄市、縣（市）之機關公務人員協會。

第5條 公務人員協會之主管機關如下：

一、全國公務人員協會、總統府、國家安全會議、五院、各部及同層級之機關公務人員協會，其主管機關為銓敘部。

二、直轄市、縣（市）之機關公務人員協會，其主管機關
　　為各該直轄市政府、縣（市）政府。
公務人員協會所興辦之事業應受各該目的事業主管機關之
指導、監督。

第6條　公務人員協會對於下列事項，得提出建議：
一、考試事項。
二、公務人員之銓敘、保障、撫卹、退休事項。
三、公務人員任免、考績、級俸、陞遷、褒獎之法制事項。
四、公務人員人力規劃及人才儲備、訓練進修、待遇調整
　　之規劃及擬議、給假、福利、住宅輔購、保險、退休
　　撫卹基金等權益事項。
五、有關公務人員法規之制（訂）定、修正及廢止事項。
六、工作簡化事項。

第7條　公務人員協會對於下列事項，得提出協商：
一、辦公環境之改善。
二、行政管理。
三、服勤之方式及起訖時間。
有下列各款情形之一者，不得提出協商：
一、法律已有明文規定者。
二、依法得提起申訴、復審、訴願、行政訴訟之事項。
三、為公務人員個人權益事項者。
四、與國防、安全、警政、獄政、消防及災害防救等事項
　　相關者。

第8條　公務人員協會得辦理下列事項：
一、會員福利事項。
二、會員訓練進修事項。
三、會員與機關間或會員間糾紛之調處與協助。
四、學術講座之舉辦、圖書資料之蒐集及出版。
五、交流、互訪等聯誼合作事項。

六、接受政府機關或公私團體之委託事項。

七、會員自律公約之訂定。

八、其他法律規定事項。

全國公務人員協會得推派代表參與涉及全體公務人員權益有關之法定機關（構）、團體。

第9條　公務人員得依本法組織及加入機關公務人員協會。

第10條　公務人員協會之發起及籌組，依下列規定：

一、機關公務人員協會

(一)總統府、國家安全會議、五院，經各該機關公務人員三十人以上之發起；各部及同層級機關，經各該機關或其所屬機關公務人員三十人以上之發起，得籌組機關公務人員協會。機關公務人員人數未達三十人者，得加入同層級機關之機關公務人員協會。

(二)各直轄市、縣（市）經行政區域內地方機關之公務人員三十人以上之發起，得籌組各直轄市、縣（市）之機關公務人員協會。

(三)總統府、國家安全會議、五院、各部及同層級機關公務人員協會應冠以各該機關名稱；各直轄市、縣（市）之機關公務人員協會應冠以行政區域名稱。

(四)各機關成立之機關公務人員協會以一個為限。

二、全國公務人員協會

(一)依本法成立之總統府、國家安全會議、五院、各部及同層級機關公務人員協會數超過總統府、國家安全會議、五院、各部及同層級機關總數五分之一時及各直轄市、縣（市）之機關公務人員協會數超過直轄市、縣（市）總數三分之一時，得共同發起、籌組全國公務人員協會。

(二)全國公務人員協會應冠以中華民國名稱。

各部及同層級機關其所屬機關、各直轄市、縣（市）行政
區域內地方機關之公務人員會員，得於服務機關內組成各
該部及同層級機關公務人員協會之分會或各該直轄市、縣
（市）機關公務人員協會之分會。但同一機關以設一分會
為限。

前項分會受其機關公務人員協會之指導處理一切事務。

第11條　發起、籌組公務人員協會，應由發起人檢具申請書、章程
草案及發起人名冊，向主管機關申請立案。

發起人經向主管機關申請立案後，應組成籌備會，辦理會
員招募、召開成立大會等籌備工作。但機關公務人員協會
成立大會之召開，於招募會員人數已達八百人或超過機關
預算員額數五分之一，且不低於三十人時，始得為之。

召開成立大會應函請主管機關備查，主管機關得派員列席。

公務人員協會應於成立大會召開後三十日內，檢具章程、
會員名冊、理事、監事及會務人員簡歷冊各一份，報請主
管機關許可。合於本法規定者，由主管機關發給立案證書
及圖記。

第11-1條　主管機關先後收受多組發起人申請立案時，應優先受理先
申請者之案件；其同意立案以一組為限。

發起人經向主管機關申請立案同意後，應於六個月內召開
成立大會，逾期廢止其立案同意。但報經主管機關核准
者，得延長之，其期間以三個月為限。

第12條　公務人員協會章程應載明下列事項：

一、名稱。

二、宗旨。

三、會址。

四、組織。

五、會員之入會、出會及除名。

六、會員之權利與義務。

七、理事、監事與候補理事、候補監事之名額、權限、任
期及其選任與解任。

八、會議。

九、經費及會計。

十、財產之處分。

十一、章程之修改。

十二、定有會員代表大會者，其組織、會員代表之權限、
任期及其選任與解任。

十三、定有獎懲事項者，其事項。

十四、設有基金者，其設立與管理事項。

十五、興辦事業者，其事業名稱及相關事項。

十六、其他依法令規定應載明之事項。

公務人員協會章程之訂定或修改，應有全體會員或會員代
表過半數之出席，並經出席會員或會員代表三分之二以上
之同意。

公務人員協會章程之修改，應函請主管機關備查。

第13條　公務人員協會置理事、監事，分別組成理事會、監事會。
理事、監事由全體會員或會員代表就會員中選任，其名額
依下列之規定：

一、機關公務人員協會置理事五人至十五人。

二、全國公務人員協會之理事總額不得逾三十五人。

三、各級公務人員協會之監事名額不得超過該協會理事名
額三分之一。

四、各級公務人員協會均得置候補理事、候補監事，其名
額不得超過該協會理事、監事名額三分之一。但不足
一人時，以一人計。

前項各款理事、監事之變更，應函請主管機關備查。

理事、監事名額在三人以上者，得分別互選常務理事及常
務監事，其名額不得超過理事或監事總額之三分之一；並
由理事就常務理事中選舉一人為理事長，對外代表協會，

其不設常務理事者，就理事中互選之。常務監事在三人以
上時，應互推一人為監事會召集人。

第 14 條　公務人員協會理事、監事之任期均為二年，連選得連任。
理事長之連任以一次為限。

第 15 條　公務人員協會理事會、監事會應依章程及會員或會員代表
大會之決議，分別執行職務。
理事會處理公務人員協會之事務，監事會監督章程之遵守
及會員或會員代表大會決議事項之執行，並審核理事會所
提出之帳冊。

第 16 條　公務人員協會之理事、監事有下列各款情形之一者，應即
解任：
一、喪失會員資格者。
二、因故辭職經理事會或監事會決議通過者。
三、被罷免或撤免者。
四、經會員或會員代表大會決議停權處分，期間逾任期二
　　分之一者。
前項第二款情形應提請會員或會員代表大會追認。

第 17 條　公務人員協會理事、監事執行職務，如有違反法令、章程
或會員或會員代表大會決議情事者，除依有關法令及章程
處理外，得經會員或會員代表大會通過罷免之。

第 18 條　公務人員協會理事會、監事會，每三個月至少舉行會議一
次，候補理事，候補監事均得列席。
前項會議之決議，各以理事、監事過半數之出席，出席人
數過半數或較多數之同意行之。

第 19 條　公務人員協會理事長或監事會召集人，無故不召開理事會
或監事會超過二個會次者，應由主管機關解除理事長或監
事會召集人職務，另行改選或改推。

第20條　公務人員協會理事、監事應親自出席理事、監事會議，
　　　　不得委託他人代理；非有正當理由不得請假，無故連續
　　　　二次缺席者，視為辭職，由候補理事、候補監事分別依
　　　　次遞補。

第21條　公務人員協會如有違背法令或章程、逾越權限，妨害公益
　　　　情事或廢弛會務者，主管機關應為下列之處分：
　　　　一、警告。
　　　　二、撤銷其決議。
　　　　三、停止其業務之一部或全部。
　　　　四、撤免其理事、監事。
　　　　前項第一款至第三款之處分，目的事業主管機關亦得為之。

第22條　公務人員協會之理事、監事出缺時，其缺額由候補理事、
　　　　候補監事依次遞補；其任期至原任理事、監事之任期屆滿
　　　　為止。

第23條　公務人員協會以會員或會員代表大會為最高機關。
　　　　下列事項應經會員或會員代表大會之議決：
　　　　一、章程之修改。
　　　　二、理事、監事之罷免。
　　　　三、會員之除名。
　　　　四、財產之處分。
　　　　五、有關公務人員法規制（訂）定、修正及廢止之建議。
　　　　六、收支預算之編列。
　　　　七、會務報告及收支決算之承認。
　　　　八、理事會、監事會提案之審議。
　　　　九、全國公務人員協會或國際性組織之加入或退出。
　　　　十、其他應經會員或會員代表大會決議事項。

第24條　會員或會員代表大會分定期會議及臨時會議二種，由理
　　　　事長召集之，理事長因故不能召集時，由理事互推一人
　　　　召集之。

定期會議每年至少召開一次。臨時會議經理事會決議、會員或會員代表五分之一以上之請求或監事會之請求,應召開之。

定期會議及臨時會議,應分別於十五日及五日前將召開會議之事由、時間、地點連同議程通知各會員或會員代表,並報請主管機關備查。

第25條　會員或會員代表大會應有全體會員或會員代表過半數之出席,出席會員或會員代表過半數之同意,始得議決。但第二十三條第二項第一款至第五款之決議,應經出席會員或會員代表三分之二以上之同意。

第26條　全國公務人員協會以總統府、國家安全會議、五院、各部及同層級機關公務人員協會及各直轄市、縣(市)之機關公務人員協會為會員共同組織之,並分別自各該機關公務人員協會推選會員代表,其會員人數在一千人以下者,各推選一名,超過一千人者,每一千人增加代表一名,尾數未滿一千人者,以一千人計,分別代表各該機關公務人員協會行使職權。

第27條　公務人員協會經費來源如下:
一、入會費。
二、常年會費。
三、捐款。
四、委託收益。
五、基金及其孳息。
六、政府補助費。
七、其他收入及孳息。

前項第一款、第二款之數額及繳納方式,應經會員或會員代表大會議決。

捐款人依第一項第三款之捐款支出,得依所得稅法規定,列為扣除額。

第28條　　全國公務人員協會或機關公務人員協會依第七條規定提出
　　　　　協商時，應就協商事項之性質向各該事項主管機關提出。
　　　　　接獲協商案件之機關如非協商案件之主管機關，應將協商
　　　　　案件移轉至該案件之主管機關。

第29條　　受理協商案件之主管機關與相關機關應自接獲協商之日起
　　　　　三十日內，指定人員與公務人員協會進行協商。並應就協
　　　　　商之議題、時間、場所、參加人員及其他相關事項先行會
　　　　　商決定。
　　　　　正式協商時，如發生未經指定之代表出席、或有妨礙機關
　　　　　之正常運作、或有阻礙協商進行之虞者，得停止協商。

第30條　　公務人員協會與協商案件之主管機關及相關機關協商所獲
　　　　　致之結果，參與協商之機關及公務人員協會均應履行。
　　　　　公務人員協會不得向主管機關或相關機關請求締結團體
　　　　　協約。

第31條　　公務人員協會依第二十八條規定提出協商，而受理機關未
　　　　　於期限內進行協商，或協商不成，或未完全履行協商結果
　　　　　時，公務人員協會得向其主管機關申請調解。

第32條　　公務人員協會申請調解時，主管機關應組成調解委員會處
　　　　　理之。
　　　　　前項調解委員會置委員三人，以下列人員組成之：
　　　　　一、由爭議當事人雙方分別選定之第三人各一人。
　　　　　二、公正並富學識經驗人士一人。
　　　　　前項第二款之委員，應由爭議當事人雙方選定之調解委員
　　　　　共同推選，並為會議之主席。
　　　　　調解委員會應於主席確定後十日內召開之。

第33條　　主管機關於接獲公務人員協會申請調解後，應於三日內通
　　　　　知爭議當事人於五日內選定調解委員，並將調解委員之姓

名、性別、年齡、職業及住所或居所具報，逾期不為具報者，視為調解不成立。

第34條　主管機關於接獲爭議當事人雙方選定之調解委員名單後，應於三日內通知雙方調解委員於五日內依第三十二條第三項規定共同推選公正並富學識經驗人士為調解委員，逾期不為具報者，視為調解不成立。

主管機關應備置公正並富學識經驗人士名單，供推選參考。

第35條　調解成立者，主管機關應作成調解書，並由爭議當事人及出席調解委員簽名；調解不成立者，應於七日內發給調解不成立證明書。

第36條　調解申請得於調解期日前撤回，調解申請經撤回者，不得復提起同一之申請。

申請調解之公務人員協會無正當理由，於調解期日不到場者，視為撤回調解申請。

第37條　參與調解之相對人無正當理由，於調解期日不到場者，視為調解不成立。但主管機關認為有成立調解之望者，得另定調解期日。

前項另定調解期日之次數以一次為限。

第38條　全國公務人員協會或機關公務人員協會之主管機關於接獲調解申請後，未依期限進行調解或調解不成立時，原申請調解之公務人員協會得於期限屆滿後或收到調解不成立證明書之日起七日內向其主管機關申請爭議裁決。

全國公務人員協會或機關公務人員協會申請爭議裁決時，全國公務人員協會、總統府、國家安全會議、五院、各部及同層級機關公務人員協會之主管機關應於接獲申請之日起十四日內組成爭議裁決委員會處理之。各直轄市、縣（市）機關公務人員協會之主管機關應於接獲申請之日起十日內提出爭議裁決申請書，函請銓敘部組成爭議裁決委

員會，銓敘部應於接獲爭議裁決申請書之日起十四日內組成爭議裁決委員會處理之。

第39條　爭議裁決委員會置爭議裁決委員九人，以下列人員組成之，並由爭議裁決委員互選一人為主席：

一、銓敘部、公務人員保障暨培訓委員會及行政院人事行政局各指派一人為當然委員。

二、相關機關及公務人員協會之代表就爭議裁決委員名冊中各選定爭議裁決委員二人。

三、由前款爭議裁決委員就爭議裁決委員名冊中專長與爭議事件領域相關者，抽籤選定爭議裁決委員二人。

前項第二款之爭議裁決委員，應由爭議當事人雙方於接到主管機關通知之日起五日內分別選定具報，逾期不為具報者，即由主管機關代為指定。

爭議裁決案件，如因其性質特殊，而無法於第四十條所聘人員中覓妥適當人選擔任時，於經主管機關同意後，雙方當事人得選定其他人員擔任爭議裁決委員。

第40條　銓敘部每二年應函請全國公務人員協會及相關業務主管機關分別推薦公正且富學識經驗者十二人至四十八人聘為爭議裁決委員，並建立爭議裁決委員名冊備選。但全國公務人員協會未成立前，僅就相關業務主管機關推薦之人員，建立爭議裁決委員名冊備選。

爭議裁決委員會之行政作業，由銓敘部相關人員兼任。

第41條　爭議裁決委員會開會時，得邀請爭議當事人或其他關係機關派員列席說明。

第42條　銓敘部應於爭議裁決委員會組成後二十日內召開爭議裁決會議，並將開會處所及期日，通知爭議當事人及其他關係機關。爭議裁決委員會應於會議結束後三個月內作成裁決書；必要時，得予延長。延長以一次為限，最長不得逾二個月。

第 **43** 條　　爭議裁決委員會之裁決過程均不公開。

爭議裁決委員會應有全體爭議裁決委員過半數之出席，始得開會；其裁決以出席委員過半數同意為之；可否同數時，取決於主席。對裁決有不同意見之委員及其意見，得列入紀錄。

第 **44** 條　　爭議裁決委員會之裁決送達後，有拘束爭議當事人及其他關係機關之效力。爭議當事人及其他關係機關對於爭議裁決委員會之裁決，不得聲明不服。

爭議裁決委員會裁決應為一定行為之關係機關，應於接獲裁決書之次日起二個月內，將辦理情形回復銓敘部。必要時，得報請銓敘部同意延長一個月。

第 **45** 條　　各關係機關未依前條第二項規定辦理者，銓敘部應檢具證據將違失人員移送監察院依法處理。但違失人員為薦任第九職等以下人員由銓敘部通知服務機關之上級機關依法處理；無上級機關者，應通知本機關依法處理。

前項違失人員如為民意機關首長，由銓敘部處新臺幣十萬元以上五十萬元以下罰鍰，並公布違失事實。

前項罰鍰，經通知限期繳納，逾期不繳納者，依法移送強制執行。

第 **46** 條　　公務人員協會不得發起、主辦、幫助或參與任何罷工、怠職或其他足以產生相當結果之活動，並不得參與政治活動。

第 **47** 條　　公務人員協會應於每年三月前將下列事項，函送其主管機關備查：

一、會員名冊。

二、財務收支報告。

三、事業之經營狀況。

四、各項糾紛事件之調處經過。

前項備查事項，主管機關認為必要時，得隨時派員查核或請公務人員協會函送。

第**48**條　公務人員協會與外國公務人員團體之聯合或締結聯盟，應經會員或會員代表大會之議決，並函報主管機關許可。

第**49**條　各機關不得因公務人員發起、籌組或加入公務人員協會、擔任公務人員協會會務人員或從事與公務人員協會有關之合法行為，而予以不利處分。

第**50**條　公務人員協會於不影響服務機關之公務並向機關首長報告後，得於上班時間召開理事會、監事會或進行協商、調解。代表公務人員協會進行協商、調解或列席爭議裁決委員會之公務人員，得請公假。

理事長、理事及監事因辦理會務，得請公假，其時數如下：

一、機關公務人員協會理事長每月不得超過二十小時；全國公務人員協會理事長每月不得超過四十小時。

二、機關公務人員協會理事、監事每人每月不得超過十小時；全國公務人員協會理事、監事每人每月不得超過二十小時。

第**51**條　各機關依法令聘用或僱用之人員得準用第九條規定，加入服務機關之公務人員協會。

第**52**條　本法施行日期，由考試院以命令定之。

表11-3 美國與我國公務人員勞動三權比較表

	美國	我國
公務人員分類	聯邦、州、地方公務人員	各級政府機關、公立學校、公營事業機構擔任組織法規所編制內植物支領俸給的人員
團結權	有權自由組織、參加或支持任何勞工組織	基於結社自由，可以選擇加入協會

	美國	我國
團體協商權	有限度的協商權	有限度之協商權
締結協約權	機關與工會可以締結團體協約	不得請求締結團體協約
罷工權	(1) 美國聯邦公務人員不能擁有罷工權； (2) 地方政府公務人員可擁有罷工權	禁止擁有

資料來源：吳瓊恩等（2006）。

表11-4　美國公務人員勞動三權可供參考之處

	項目	理由	參考價值
團結權	設有聯邦政府勞動關係委員會（FLAR）	專門處理公務人員之勞資關係業務，至於處理一般人事行政業務，則由人事管理局負責。如此權責分明、專一，方不致有混淆現象發生	成立專責單位
	同一機關內能同時成立兩個以上的公務人員協會	促進各協會間的競爭，以提升對會員的服務品質，並藉此引進「顧客服務導向」的理念	一機關可同時成立兩個以上的公務人員協會，以保持進步動力
	會務人員利用工作時間辦理協會會務	唯一談判代表權之公務人員得利用公務時間從事團體協商，同時亦允許公務人員在勤務狀況時間處理僅局進行事務	協會幹部可以彈性運用其時間

	項目	理由	參考價值
團體協商權	協商範疇	美國規定工作條件是談判的主題；另外亦規定機關應就選擇公務人員之數量、類型、職等及相關措施，與工會進行協商	協商項目較廣
	團體協約簽訂	美國法令規定，機關與唯一談判代表之工會所達成的協議，應經首長於30日內批准；若無批准，則超過30日該法令自動生效	談判結果具有強制效力
罷工權	州政府	部分州政府是允許罷工的，但也禁止某些工作具有急迫性或必要性之人員從事罷工	列舉出可供罷工之範圍及其規範

資料來源：吳瓊恩等（2006）。

陸、新公共管理運動下之勞資關係

在新公共管理運動中，勞資關係在過去不但桎梏於法規、流於呆板僵化、背離績效的需求，也助長了勞資雙方的對抗。因此，公務人員之勞資關係進一步提倡以「勞資夥伴關係」（labor-management partnership），以作為未來運作新模式。根據學者林鍾沂之見解，其要點可分述如下：

一、公務人員在實質與程序的決策制定上，應被視為完全的夥伴（full partner），其並在組織結構和工作過程的改造上，扮演相當重要的角色。

二、在問題解決上，公務部門主管與人員間應以共識取代對抗。

三、團體協商須含括以下因素，才能促進公共利益的達成：

(一)品質和生產力的改善。

(二)人民服務。

(三)服務完成。

(四)效率。

(五)工作生活品質。

(六)員工授能。

(七)組織績效。

(八)軍事整備（military readiness，屬於國防軍事範疇）。

四、爭議的化解應力求公平、簡便與具有決定性。

五、工會（協會）的成效，在於它促進了具有生產力的職場夥伴關係。

柒、我國公務人員之職場安全與衛生研討

請問公務人員適用職業安全衛生法嗎？

答 一、在勞工安全衛生法時期已適法的「事業全部」、「事業的部分工作場所」，該等機關全部勞工或進出部分工作場所勞工（包含公務人員）將繼續適用職業安全衛生法全部規定。

二、在勞工安全衛生法時期僅部分工作場所適法的事業單位，其餘未適法的場所在103年7月3日起適用職業安全衛生法。區分機關的行業別是否屬「行政機關」，再按下列方式辦理：

(一)103年7月3日起方適用職業安全衛生法的機關，行業別屬「行政機關」，依勞動公告「適用職業安全衛生法部分規定之事業範圍」，適用公務人員保障法人員優先適用該法；其餘人員（臨時人員、技工工友、約僱人員等），適用職業安全衛生法「部分」規定（不適用職業衛生法第19條：高溫作業工時限制；異常氣壓、高架、精密、重體力

及特殊危害作業，亦應減少勞工工作時間。第20條、21條：體格檢查及健康管理措施。第22條：50人以上事業單位須僱用或特約醫護人員。第23條（部分）：職安衛管理單位及人員設置。第38條：職災統計月報）。例如：環保局局本部人員、職能發展學院未進入實習工廠人員。

(二)103年7月3日起方適用職業安全衛生法的機關，行業別不屬「行政機關」，全部人員（含公務人員身分）適用職業安全衛生法全部規定。例如：「大專院校、高級中學、高級職業學校、國民中學」進出實習工廠、試驗場、實驗室以外之勞工、大專院校從事「工程施工、品質管制、進度管控及竣工驗收」以外之勞工。

三、103年7月3日起方適用職業安全衛生法的機關，行業別屬「行政機關」，依勞動公告「適用職業安全衛生法部分規定之事業範圍」，適用公務人員保障法人員優先適用該法；其餘人員（臨時人員、技工工友、約僱人員等），適用職業安全衛生法「部分」規定。例如社會局、法務局、人事處、警察局、消防局、主計處等機關人員。

四、103年7月3日起方適用職業安全衛生法的機關，行業別不屬「行政機關」，全部人員（含公務人員身分）適用職業安全衛生法全部規定。例如臺北市立美術館、中正紀念堂、國父紀念館屬「博物館、歷史遺址及其他類似機構」。

模擬試題

一、在現行公務人員協會法制架構下，您認為公務人員協會可以推動那些跨領域議題，以兼顧公務人員權益與社會公益？

本題重點：對於調薪之事項，提出公務人員協會可資參與之建議。

解　(一)依據公務人員協會法（下稱：協會法）之規定，公務人員協會得辦理或提出建議之事項如下：

1. 協會法第6條規定，公務人員協會對於下列事項，得提出建議：

   (1)考試事項。

   (2)公務人員之銓敘、保障、撫卹、退休事項。

   (3)公務人員任免、考績、級俸、陞遷、褒獎之法制事項。

   (4)公務人員人力規劃及人才儲備、訓練進修、待遇調整之規劃及擬議、給假、福利、住宅輔購、保險、退休撫卹基金等權益事項。

   (5)有關公務人員法規之制（訂）定、修正及廢止事項。

   (6)工作簡化事項。

2. 協會法第7條規定，公務人員協會對於下列事項，得提出協商，但法律已有明定、依法得提起行政救濟之事項、公務員個人權益事項、與國防、安全、警政、獄政、消防及災害防救等事項相關者，則不得協商：

   (1)辦公環境之改善。

   (2)行政管理。

   (3)服勤之方式及起訖時間。

3. 協會法第8條規定，公務人員協會得辦理下列事項：

   (1)會員福利事項。

   (2)會員訓練進修事項。

   (3)會員與機關間或會員間糾紛之調處與協助。

(4)學術講座之舉辦、圖書資料之蒐集及出版。

(5)交流、互訪等聯誼合作事項。

(6)接受政府機關或公私團體之委託事項。

(7)會員自律公約之訂定。

(8)其他法律規定事項。

(二)依題意所示，本文以公務人員之待遇議題為例，由於公務人員調薪機制不夠健全，屢屢引發聯想與質疑；行政院人事行政總處決定研議強化俸給決策機制，除納入民間企業新之水準外，尚包括物價指數、國民所得、經濟成長率、政府財政負擔衡量等指標，後交由「軍公教待遇審議委員會」議決，並向行政院提出調薪建議。然而，上開決策流程，卻未徵詢過公務人員協會之意見。

(三)本文以為，有關公務人員協會所提出兼顧公務人員權益與社會公益之跨領域議題，可著重在透過調整或修正，使社會能更加熟悉公部門之發展脈絡。依據協會法第6條至第8條之規定，可能包括如下事項：

1. 考試事項。

2. 公務人員之考績、褒獎之法制事項。

3. 公務人員人力規劃及人才儲備、待遇調整之規劃與擬議。

4. 有關公務人員法規之制（訂）定、修正及廢止事項。

5. 服勤之方式及起訖時間。

6. 學術講座之舉辦、圖書資料之蒐集及出版。

7. 接受政府機關或公私團體之委託事項。

二、我國現行制度允許公務人員組織相關團體實踐勞動三權之團結權，試就公務人員協會法，說明其成立目的、適用對象與排除對象各為何？並說明其中央與地方之主管機關為何？那些事項得提出協商？那些事項為協商之排除範圍？

本題重點：了解《公務人員協會法》之立法目的、適用對象與適用範圍。

解 憲法第14條規定人民有集會結社之自由，第15條規定人民之生存權、工作權及財產權應予保障。然而公務人員之勞動結社權，早期一直受到《工會法我》限制，直到司法院大法官釋字第395號，將公務員身分詮釋為「公法上職務關係」，相關權利、義務也因而有重大改變。從而，時至今日，公部門的勞動關係仍受到矚目，並成為重要議題。茲依題意論述如下：

(一)《公務人員協會法》成立目的：

　　1. 憲法第14條：

　　　人民有集會及結社之自由。

　　2. 公務人員協會法第1條：

　　　公務人員為加強為民服務、提昇工作效率、維護其權益、改善工作條件並促進聯誼合作，得組織公務人員協會。（第一項）

　　　公務人員協會之組織、管理及活動，依本法之規定；本法未規定者，適用民法有關法人之規定。（第二項）

(二)適用與排除對象：

　　1. 適用對象：

　　　依據公務人員協會法第2條第1項規定，本法所稱公務人員，指於各級政府機關、公立學校、公營事業機構擔任組織法規所定編制內職務支領俸（薪）給之人員。

　　2. 排除對象：

　　　依據公務人員協會法第2條第2項規定，排除下列人員：

　　　(1)政務人員。

　　　(2)各級政府機關、公立學校首長及副首長。

　　　(3)公立學校教師。

　　　(4)各級政府所經營之各類事業機構中，對經營政策負有主要決策責任以外之人員。

　　　(5)軍職人員。

(三)中央及地方主管機關：

　　依據公務人員協會法第5條規定，公務人員協會之主管機關如下：

1. 全國公務人員協會、總統府、國家安全會議、五院、各部及
   同層級之機關公務人員協會,其主管機關為銓敘部。
2. 直轄市、縣(市)之機關公務人員協會,其主管機關為各該
   直轄市政府、縣(市)政府。
(四)得提出協商事項與排除範圍:
   依據公務人員協會法第7條規定,公務人員協會對於下列事
   項,得提出協商:
   1. 辦公環境之改善。
   2. 行政管理。
   3. 服勤之方式及起訖時間。
   而有下列各款情形之一者,不得提出協商:
   1. 法律已有明文規定者。
   2. 依法得提起申訴、復審、訴願、行政訴訟之事項。
   3. 為公務人員個人權益事項者。
   4. 與國防、安全、警政、獄政、消防及災害防救等事項相關者。

三、試舉美國為例,說明其等對公務員勞動權益的保障情形。

本題重點:熟悉美國之勞動權益保障。

解 工業革命後,為避免資本家與勞動者之生存條件差距過大,結社
權、協商權、爭議權逐漸受到重視,稱為「勞動三權」。又國家
與公務人員之關係,由於權利保障之演進,自「特別權力關係」
逐漸轉變成「公法上的職務關係」,激盪各國政府對公務人員權
益保障化之重視。不過,公務人員之身分仍與一般勞工有別,故
勞動權益亦有些許差異,以下就美國之保障情形:
(一)結社權:以職位分類職公務員為主,考量公共安全與勞管雙方
    地位等因素,故排除軍人、主管或管理職官員、外交人員,以
    及在特定機關服務之人員(如:聯邦調查局人員)等。

(二)協商權：
　　1. 經由工會代表進行團體協商，惟屬於管理權事項（例如：待遇、工作任務、組織、員額等），則不可協商。
　　2. 法律定有強制協商議題，主要涉及執行行政機關決定之事項。
　　3. 勞管雙方善意協商義務之事項，不得牴觸聯邦法律或全國政府適用之法令事項，而且必須是「非屬機關認定為重要需求之事項」。
　　4. 2009年後，美國建立各層級機關成立勞管架構，由工會代表參與。
(三)爭議權：僅部分州政府允許公務員可行使罷工權。

12 | 轉型中公共人力資源管理的重要議題

重點精要

壹、公共人力資源管理角色的論辯與轉型

一、 美國聯邦政府經驗

從「No, you can't.」轉變為「Yes, we can.」其使命是在使聯邦政府擁有具效能的公務人力,而成功扮演此一角色的不二法門,就是做一個有效的協同作業者。人事管理局應該是建構有效公務人力的「手段」。

二、 我國學者反思

專題

政府專技人員俸給新策略—以工程人員為例

林文燦銓敘部常務次長

何謂稱職人力資源部門

「必也正名乎!」何謂稱職的人力資源部門呢?在公部門特有系絡的理念意涵及制度下,各國中央人事主管機關如何善盡其轉型人力資源(Transformational HR)的角色?經濟合作暨發展組織(Organisation for Economic Co-operation and Development, OECD)在〈人力資源專業〉(Human Resources Profession)一文中,言簡意賅地敘述了OECD會員國中央人事主管機關策略性轉型的角色、功能及其具體內涵,可用為界定稱職人力資源管理部門的最佳指引,茲摘要如後:

「多數OECD國家的中央人力資源管理機構的角色,已從執行轉變為開展人事策略及設定行政指引、規範標準的策略功能。例如,英國內閣辦公室作為該國中央人事主管機構,已轉型為策略機構,專注於建立人事政策的標準及準則,各機關得以遵循、參考之,協助各該部會達成機關策略,不再扮演最終審查者角色。」

OECD所強調「為建構策略性人力資源管理的能力,進而協助各個機關達成其目標。」就是一個所謂「稱職的人力資源管理部門」的最佳表述,同時,也是一般所謂策略性人力資源管理核心理念,而這個概念源自1980年代企業界,因政府再造運動,也引進公部門人力資源管理。人力資源管理領域中的大師級Edward Lawler III指出,如果人力資源職能不以策略為導向,只重視標準化而不重視個體化,也不以現代先進的資訊科技為依託,那麼它就根本不可能設計出符合新的工作形態要求的人才管理原則和實踐,人力資源管理(部門)越發了解須根據組織的預期未來方向,策略性地管理人力資源,並使之付諸實現。

要知,文官制度除法制面外,尚有管理面意涵。長久以來,專技人員相關制度未竟其功,何故?主因之一,本文認為在於未能兼顧法制面及管理面,未能以策略性人力資源管理思維,在考選部、銓敘部及行政院人事行政總處主管權責間,獲致全觀(holistic)式制度協作,各行其事。此際,必須透析強調全觀思維策略性人力資源管理要義。要論該概念精要,學者孫本初的論述很是透澈:「所謂策略性人力資源管理係指人力資源管理與組織目標間的有效聯結,各項人事作為的最終目的均在支持總體目標的有效達成、創造組織績效與價值,以及發展一種能夠促進創新與彈性的組織文化。策略性人力資源管理則強調全觀性(holistic)與目的性,運用創新及彈性化的人力資源管理策略,達成組織目標」。

策略性待遇新趨勢

待遇管理學術領域中,有一本重量級待遇專書《待遇》(Compensation),該書在2020年13版序文提及,待遇管理就是聚焦策略選擇(strategic choices)。該書以工作總回報(total returns for work)為分析架構,詳如圖1,多被引為公私部門待遇管理實務的參考指引。本文亦據以完備專技人員因職務所獲得的實質回報的全貌,期有助於規劃專技人員俸給新策略。所謂工作總回報是由總待遇及衍生性回報(relational

returns）等二大項目組成。總待遇包含現金待遇及福利二部分；衍生性
回報則包含認可與地位、就業保障、工作挑戰性及學習機會等。單從現
金待遇觀之，無法解釋專技人員長期流失及不足額錄取的原因，因為，
如果以Frederick Herzberg的雙因素理論（two-factor theory）來看，專技
轉任人員所在乎者不僅是薪水高低的保健因素；或許更在意的是，工作
內容是否具有挑戰性、成就感，以及從工作中所獲得的學習成長。若
然，我們針對配合專技轉任制度的俸給，就要以工作總回報為分析基
礎，以總待遇及衍生性回報等重新設計。

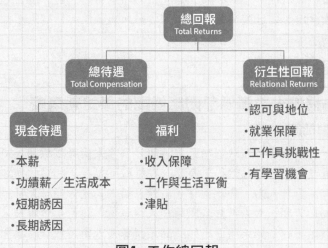

圖1　工作總回報

資料來源：修改自Gerhart&Newman(2020:13)。

策略待遇管理大師Edward Lawler III指出：「任何一個組織的待遇制度
是由許多策略性決定所構成。每一個組織都必須設計出一套匹配本身所
處情境的待遇制度。」「當社會改變了，組織也隨之而變；組織一旦改
變了，就必須改變其待遇制度，各組織隨時隨地都需要有一個與時俱進
的新待遇制度。新待遇的要義專指探討在複雜組織下待遇角色的思考方
式，一種始於組織策略的待遇設計過程。」

在待遇管理實務上，屬公務人員提供勤務相對之金錢給付性質待遇的給
薪基礎，可歸納並簡稱為3P，第一個P是職務薪（position-based pay）：

依據員工所擔任的職務給薪，它就是建立在工作分析、職務說明書及職務評價制度上的職位分類制度，我國公務人員俸給法第3條第1項規定：「公務人員之俸給，分本俸（年功俸）及加給，均以月計之。」第二個P是績效薪（performance-based pay）：依據員工績效給薪，是一種依據員工個人績效表現而不論年資的給薪制度，如醫師獎勵金。第三個P是個人薪（person-based pay）：依據知識工作者（knowledge-worker）所擁有的個人專業價值及技術價值來給薪，如技術薪或知識薪（skill- or knowledge-based pay）。待遇制度就是這3P的組合，而策略性待遇制度就是根據組織特性，將這3P做最適組合的待遇管理設計。配合專技人員考選，設計出足以延攬、留用及激勵專技人員俸給（待遇）新策略，就是上述3P給薪基礎的策略性組合。

轉型為稱職人力資源部門應匹配的俸給新策略

一、瞭解問題

考試院體認部分職系職缺遴補不易，部分公務人員考試相關類科（如：土木工程及建築工程等類科）長期存在錄取不足額之問題，導致機關無法有效補足專業人力。問題何在？對症下藥，人人皆知；尤其是，考選部早自2013年起，大力推動公職專技人員考試，為何至今專技人員仍長期錄取不足額呢？如果待遇不如民間類似專技人員，致無法吸引、留用及激勵是類專技人才，那主責全國公務人員待遇的行政院人事行政總處為何坐視？銓敘部在俸給、任用、陞遷法制能否施予援手？若從學理與實務來看，一言以蔽之，欠缺一個「稱職」人力資源部門應有的政策思維；欠缺聚焦整體的策略性人力資源管理政策作為。考選部在考選方面孤軍作戰多年，仍有賴行政院人事行政總處及銓敘部從任用、陞遷及俸給的協作，尤其是在待遇配套方面，可從前面所提工作上總回報及策略性待遇等思維，另啟「機會之窗」。

銓敘部為紓解此類專技人才進用之困境，已在貫徹考試用人政策優先之前提下，專技轉任制度已作：1.擴大專技轉任人員進用途徑、2.暢通專技轉任人員陞遷管道等二方面之規劃，這就工作上總回報而言，是配合紓解專技人員長期進用不足，使專技轉任人員能有衍生性回報。這個重大突破，是為考試院於2022年送立法院審議的「專門職業及技術人員轉任公務人員條例」（草案）。

為期專技轉任制度之轉型構想周妥可行，銓敘部邀請相關職業公會、現職公務人員及用人機關召開共計3場諮詢會議。就落實專技人員工作總回報的策略性待遇規劃論之：

1.衍生性回報的工作本身是符合專技轉任人員期望：與會人員A君表示：「如果具有多年工作經驗之民間技師，進來公部門只做一些瑣碎業務，無法發揮所長，自然不會想進公部門服務或留不住。」B君表示：「年輕專技人員可能比較重視專業工作內容，著重自我提升、成長及自我成就感是否得到滿足，為主要誘因。」C君表示：「轉任公部門後，經常是要辦理行政業務，偏重工程的採購或履約管理，無法發揮所長與民間土木技師專做設計工作大不相同。」

2.現金待遇的薪資是否足以吸引、留用專技人員。綜而言之，所謂專技人員進用或轉任係指用人機關可經由公職專技人員考試進用具有專門職業證照及工作經驗之專業人力。有關專技人員的現金待遇設計，應從「吸引」、「留用」及「結合工作內容」等角度，規劃具有專門職業證照及工作經驗專業人力之待遇支給方式及數額，這個待遇政策規劃的背後，就是前述3個給薪基礎的最適組合，也就是所謂的策略性待遇思維。

二、建議方案

如何設計呢？本文將上述工作總回報概念及多年負責軍公教待遇所累積之工作經驗，結合身為專技人員的現任嘉義市政府工務處蘇文崎處長的工程專業意見，嘗試作為建構「轉型為稱職人力資源部門俸給新策略」的參考指引。

如前所述，我們針對配合專技轉任制度的俸給面規劃，就要以Gerhart與Newman的工作總回報為分析基礎，使其所謂總回報以總待遇及衍生性回報等項目重新設計。

(一)衍生性回報面：重新設計專技轉任人員的「職務說明書」工作內容，應契合專門職業執業規範
衍生性回報則包含認可與地位、就業保障、工作挑戰性及學習機會等。如前所述，「專技人員可能比較重視專業工作內容，著重自我提升、成長及自我成就感是否得到滿足，為主要誘因。」「轉任公

部門後，經常是要辦理行政業務，偏重工程的採購或履約管理，無法發揮所長與民間土木技師專做設計工作大不相同。」因此，要在專技轉任人員的職務說明書明確載明其工作內容。如現任嘉義市政府工務處蘇文崎處長所言：「工程專業除了薪資報酬差距外，專技轉任人員在公務體系內任職如果能夠在工作上發揮專業技能，讓國家重大建設如期如質完成，所獲得工作成就感與榮耀，亦有助於讓專技轉任人員留任公務體系內。」

(二)現金待遇面：具有專門職業證照公務人員支領證照薪或稱技術薪

技術薪（或俗稱證照薪）是公私部門為因應專業技術日新月異，鼓勵員工持續學習新技術，在待遇制度的策略設計，歐美公部門多有類似制度的創建，我國政府部門尚乏此種待遇（俸給）的設計。有關專技人員的待遇設計，應從「吸引」、「留用」及「結合工作內容」等角度，規劃具有專門職業證照及工作經驗專業人力之待遇支給方式及數額。若就吸引、留任規劃具有專門職業證照及工作經驗專業人力之待遇設計而言，現行地域加給制度的概念即可轉換借用。

我們以銓敘資料庫為基礎運用BI工具數據分析，發現高等考試三級考試及格人員，於分發任用時即自薦任第六職等本俸一級起敘，其陞遷簡任第10職等所需時間最快情形有二：1.任每個職等之年終考績均考列甲等並搭配所（陞）任職務之職務列等，最快約任職11年即可晉升至簡任第10職等；2.如嗣後任每個職等之年終考績多為1年列甲等、2年列乙等，並搭配所（陞）任職務之職務列等，最快約任職13年即可晉升至簡任第10職等，以此為據，規劃下列年資加成之上限。

根據上述數據資料，一個可討論的「兼具吸引及留用專技人員的加給制度構想」，可規劃為在現行「公務人員專業加給表(七)」的備註欄修正增訂中央及地方各級政府實際擔任工程技術之專業人員，持有專門職業證照人員者，1.另按增支專業加給〇〇〇〇元（此為吸引專技人員，故定有基本數額。）2.另每滿一年按其本俸（薪）前5年，每年加2%計給；後5年，每年加1%，最高合計以15%為限（此為留用專技人員，故定有年資加成）。至於，其實際支給數，現行法制上係行政院人事行政總處權責。惟無論

如何，上述建議是綜合專技人員意見，以及本人沉浸政府部門待遇理
論與實務多年之見，雖不在其位，不謀其政，但拋磚引玉；或許有助
於縮小公務體系與業界工作報酬差距；又或許對於專技人員留任在公
務體系內誘因，有些許幫助。

(三)實際辦理公共工程專業技師簽證，可按件領取個案工程簽證費

依據公共工程專業技師簽證規則第7條規定：「第5條所定公共工程應
實施簽證之事項，其屬政府機關、公營事業或公法人依其他法律自行
辦理時，應指派所屬依法取得相關技師證書者辦理，……。」以道路
運輸工程（包括公路及市區道路）為例，其簽證範圍，屬中央機關辦
理者，其工程規模達2億元以上；屬地方機關辦理者，其工程規模達5
千萬元以上，即須辦理技師簽證，如由政府機關自行辦理時，則可指
派所屬依法取得相關技師證書者辦理。惟需負擔責任，卻沒有相對報
酬，自然沒有人員願意簽證，倘能在該類自辦監造工程開工至完工期
間，讓政府機關內部之專技人員願意辦理簽證工作者領取個案工程簽
證費，工期如是30個月就是簽證者可以領取30個月簽證費用。

此舉能有幾項效益，其一，相對於單件工程委託監造或簽證動輒上千
萬元以上費用，政府機關內專技人員簽證費用不到百萬元，節省公
帑；其二，提高專技人員留任公務體系的誘因；其三，專技人員能提
供其工程專業技能、發揮所長，工作有成就感與榮耀；其四，鼓勵專
技人員勇於任事，提升政府效能。

結語

轉型為「稱職的人力資源部門」是做為考銓最高政策機關─考試院的願
景，寓意著以策略性人力資源思維為政策指引；期盼著考選部、銓敘部及
行政院人事行政總處等中央人事主管機關能以全觀性的策略思維及心態，
跨域協作。本篇有關專技人員俸給新策略論述，是一位曾在跨機關服務人
員的粗淺想法，或可參考。

資料來源：https://www.exam.gov.tw/NHRF/News_EpaperContent.aspx?n=377
8&s=45908&type=DED5DAB0D6C7BED6

貳、人力資源管理新趨勢

一、 Dave Ulrich的人力資源新模式

主張HR應由「人力資源專家」轉型為業務的「<u>策略夥伴</u>」，必須從「管理和專業視角」轉變為「<u>業務和經營視角</u>」，裁示人力資源的真正起點。

Dave Ulrich在其2019年的新書《<u>贏在組織一從人才爭奪到組織發展</u>》，提出新的人力資源專業人士應當具備的核心技能如下：

(一)**策略定位者**：

　　能夠為業務定位並贏得市場。

(二)**值得信賴的行動派**：

　　能夠積極主動地建立信任的關係。

(三)**矛盾疏導者**：

　　能夠管理內在的衝突，促使變革發生。

(四)**文化和變革宣導者**：

　　能夠促成變化，將變革活動納入文化變革。

(五)**人力資源管理者**：

　　能夠透過發展員工和領導者來管理人才流動，推動個人績效的提升，打造技術型人才。

(六)**全面薪酬總管**：

　　能夠透過財務或非財務手段來管理人員的幸福感。

(七)**技術和媒體整合者**：

　　能夠使用技術和社交媒體來提高組織績效。

(八)**資料設計和解讀者**：

　　能夠運用資料分析來提升決策品質。

(九)**合規管控者**：

　　能夠遵守政策法規，管理相應的合規流程。

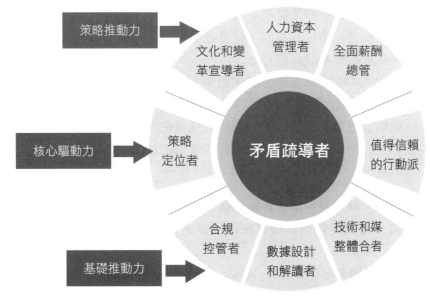

圖12-1　新公共人力資源管理的核心技能

資料來源：詹中原等（2020）。

二、 Edward Lawler III的人才管理新模式

(一)原則一：策略與人才雙向驅動

組織需要確保自己在人才管理方面的舉措，能夠滿足自己在策略能力方面的需求。

每一個組織在制定策略前必須問以下問題：

1. 什麼樣的人是組織需要的正確的人才？
2. 組織是否擁有這樣的人才？
3. 組織是否能夠朝聘到或者發展出實施策略所需要的人才？
4. 組織能否構建人才管理體系、設計人才管理舉措，從而使組織所需要的人才能夠得到有效激勵，並願意對提升組織有效性做出承諾？

（如果3、4的答案有一個是否定的，那就意味著此項策略無法被有效實施，不應予以採納。）

(二)原則二：**以技能和職能為基礎**

傳統組織是以職位為導向（建立在職位分類制度上的設計），以層級結構思維為基礎而建立。

當今的人才管理體系要想確保組織能夠有效運作，並能應對外部環境的不斷變化，最為重要的事情就是**聚焦於個人的需求、技能和工作職能進行體系設計**。亦即，組織既要聚焦於個人已有的技能，也要聚焦在組織為保持自身有效性所需要的技能，並以敏捷、契合策略方式發展。

(三)原則三：**聚焦個人績效對組織績效與競爭優勢的影響**

創建一種高績效的個體與組織的混合體，它能夠產出足夠好的績效，以使組織與眾不同。

人才管理體系必須聚焦於「職能」、「對績效的影響力」，以及「競爭優勢」等要素，而不是關注公平性、資歷、職位等級等問題。

(四)原則四：**保持組織敏捷性**

人才管理體系要能夠從策略的角度，快速地對不斷變化的勞動力市場及經營策略情境做出回應。

(五)原則五：**個性化與區別化管理**

大部分組織的人才管理流程和措施都遵循著「標準化和平等待遇」原則，傾向於給予類似員工相同的待遇。

對於擁有組織所需關鍵技能的人員，**適合他們的職業生涯模型**，未必就適合所擁有的技能不屬於組織競爭優勢來源的那些員工；

在人才管理方面，需要由更合理的「**區別化**」及「**個性化**」的管理模式取代。

(六)原則六：**以證據及資料為基礎**

基於證據進行人才管理，有助於利用數據做出更好的決策、設計出更好的舉措，從而實現組織和員工的雙贏。

「用人機關參與選才」的政策利害關係人分析：兼顧公平公正與適才適所的雙策略

李永騰國立空中大學公共行政系教授

公平公正v.s.適才適所

我國以五權憲法立國，與西方三權分立不同之處，在於考試院、監察院獨立行使職權。現行考選制度的獨立、公平、公正之精神，與自隋唐以來舉行之科舉制度傳統相符。長期以來，國家考試與大學聯考被視為我國階級得以流動、窮人得以翻身的公平制度。考試院掌理國家各種考試，下設考選部承擔考選行政事宜，將攸關取得公務人員任用資格的考選事務，自外國三權分立的行政機關職權中抽離。不論各用人機關或考選機關就衍生了分工的默契，而這種默契又強化了社會上普遍認為公務人員考試理應由考選機關單獨辦理，以免考試結果受人為干預，才能維護考試公平公正的觀念。

現代文官體系是建立在馬克斯‧韋伯（Max Weber）理性法治社會（rational-legal society）的基礎上，其中最重要的概念是「功績制（merit system）」：文官的招募、聘用、升遷、獎懲等皆須經過公平、公正、公開的程序，讓中立、有能力的文官體系成為國家運作不受政黨輪替影響的中流砥柱。功績制是針對美國早期為人詬病的分贓制（spoils system）而提出的改革理論，影響民主國家行政運作發展近百年。而我國考試制度可説是功績制的標準版本，「公平至上原則」深植人心，普獲國人信任。

近一、二十年來，先進國家政府招募人才，多由用人機關自行辦理，因此，機關擁有充分的人事決定權，如美、英、德、法、新加坡等。至於同受科舉制度影響的日、韓兩國，近幾年在政府用人制度，亦有所變革創新。日本公務人員採資格考及用人機關面試兩階段考評，不僅讓應徵者有選擇機關的空間，也授予了用人機關選才的權力。用人機關參與考選是當前各國普遍作法，我國考試院與多位專家學者倡議順應時代潮流，主張應強化用人機關參與選才的機制。

目前用人機關已參與選才制度之規劃，主要在公務人員考試規則之訂修程序，不論應考資格、應試科目、命題大綱、考試方式等設計，考選部均與用人機關會商取得共識後，始報請考試院審查通過後發布施行。尤其單一用人機關之特種考試，常見主動提案與考選部共同檢討考試制度之情形。但前述

均屬於間接參與，亦不涉及選任名單的決定。至於考試進行時，命題與閱卷作業雖亦有實務界的高階文官參與，但人數遠不及各領域學者。整體來看，目前用人機關在考試選才的參與廣度與深度尚非全面。

我國考選制度係採「分發制」，筆試錄取者根據自身偏好選填志願，再按照分數高低分發至各單位。但在此情況下，用人機關不僅無法實際參與人員之選拔、錄取者也不知道究竟會去哪一個機關服務、更不知道是否會被分發到不適合自己的職缺，也就是俗稱的「雙盲（double-blind）」。此種雙盲的制度雖然可以確保最高程度的「公平（fairness）」，但卻無法判斷被分發者的工作態度、人格特質、溝通協調等其他能力與特質，是否適合被分發到的工作職缺。我國大部分的國考分發制度皆讓用人機關被排除在選才過程之外，只能「被動接受」被分發來的人力，與現代普遍追求「策略性人力資源管理（strategic human resource management）」的精神與原則有極大的落差。

用人機關參與選才機制的顧慮

劉約蘭就實務運作的觀察，解釋為何用人機關參與程度不足，有以下五種原因：

一、思維障礙：用人機關在觀念上受五權分立架構綑綁，自認不應涉入考選程序，縱使考選機關主動邀請亦有顧慮；或認為既然有考選機關，其職責就應該選出最優質、最合適的人才給機關，且各機關業務繁忙，無暇參與選才。

二、制度設計：考試方式以筆試為主，且應試科目多與學科理論連結，對於從事實務工作的用人機關形成涉入門檻，不利於其直接參與選才。

三、評量能力：一方面對本機關核心職能的分析掌握度不足，不敢貿然作為選才依據；另方面不具評量專業，不知如何擔任評鑑者的角色，故迴避參與選才工作。

四、關說壓力：用人機關可能擔心一旦參與選才，會有外界推薦壓力，難以抵擋，索性不參與選才程序。

五、成敗責任：用人機關認為一旦參與評量，萬一進用的人員不合預期，必須負擔評量不力的責任，故認為交給考選機關較為安全合宜。

劉約蘭認為,在絕大多數國家視為當然的用人機關自行選才機制,我國因獨特的歷史脈絡及政府體制而多有顧慮,點出實務上用人機關在考選過程被動參與的關鍵。

從政策利害關係人分析考選制度改革的困境

政策利害關係人分析(stakeholders analysis)是政治可行性(political feasibility)分析的一種。政治可行性分析是政策分析過程非常重要的領域,許多重大政策如危樓都更、健保改革的發展與結果,都與政治可行性密切相關。政策利害關係人分析是針對可以影響特定政策或被特定政策所影響的個人或團體,包含政策受益者、政策犧牲者、政策制定者等,分析他們在整個政策過程的得失、利益與成本,整體理解政策的發展過程或面臨到的阻礙癥結,進而尋求相對可行的解決方法與途徑。

以下從政策利害關係人分析的觀點,探討考選制度改革的困境,所指涉的政策利害關係人,包括考選機關、用人機關、受分發的初任公務員、應考人及相關利益團體、立法委員等。

一、從用人機關的角度分析

根據銓敘部統計,2019年至2022年公務人員辭職率均低於1%,平均為0.75%,平均每年辦理辭職登記人數為2,163人,若以一個1,000人規模的行政機關為例,辭職的公務人員一年不到8人,對於用人機關業務推動的影響是鳳毛麟角、微乎其微。況且用人機關有其他的管道可以甄補人力,包括他機關調入(即商調)、自行遴用非現職公務人員、專技人員轉任、聘用、約僱、聘任等方式。

另一方面,用人機關若深度參與考選作業,存在被質疑黑箱作業或不公平的風險,在成本效益/風險的衡量之下,絕大多數的行政機關的心態是多一事不如少一事。目前以筆試分發的考選制度至少維持公平性,能通過國家考試的人才,有一定的品質水準,機關推動業務尚稱平順,沒有改變創新考選制度的急迫性;因此用人機關沒有必要把外界質疑關說、操控的風險壓力攬到自己的身上。

二、從接受分發的初任公務員角度分析

推動用人機關參與考選作業的制度改革，最重要的政策目標是「工作適任性」。根據董祥開、高于涵的研究發現，現職公務人員在做志願序排序時，往往優先考量並非「工作適任性」。當問到現職公務員受訪者究竟是以哪些原則來排序志願時，第一順位往往是看開缺的地點（家庭因素、交通因素考量）或層級（中央或地方），或是打聽工作是否繁重、需不需要常常加班等。反而「工作適任性」，往往不是主要的考量因素。

董祥開、高于涵透過量化的驗證結果，「是否依據國考成績分發的公務人員」與「分發滿意度」不存在顯著關聯，即單純透過國考成績分發進入公職的公務人員並不會比非依據國考成績分發的公務人員低，不同分發方式對分發滿意度不存在顯著關聯。研究發現符合預期，儘管公務人員當初分發到的工作屬於志願序比較靠前的職缺時，其分發滿意度確實會較高。只能說是一種「既然已經分發到比較前面的志願、而志願又是自己填的，那也沒什麼好抱怨的了⋯就如同聯考一樣，分數高低是憑自己實力，受分發的初任公務員自然不會有不滿意程度顯著的情形。

三、從應考人的角度分析

考試院每年舉行超過20種國家考試，近幾年報考人數皆在20萬人以上。大多數應考人拚盡全力準備國考；相當比例是重考生。對他們來說，投入了大量的時間跟金錢成本，只為了追求穩定的公職生涯，「公平」是無可取代的價值。一旦公平性受到質疑，那將會引起數十萬應考人及其家庭的反彈，立法委員在選票的壓力下，個人或黨團的關切與質詢必然跟進，甚至監察院的陳情案調查將會層出不窮⋯原本單純的考選政策改革，可能引發意想不到的政治效應！

突破困境的策略：去風險化與漸進推動

若以SWOT的分析架構來看，當前考選政策改革面臨的大環境，就是用人機關認為現行考選制度沒有改革的急迫性，而不願承擔政治風險；而對於應考人（及其家屬）而言，考選制度的改變，存在著黑箱作業、影響應考人權益的風險。基此，本文建議考試院推動考選政策的改革創新，應採取兩個策略：去風險化（de-risking）與漸進推動（incrementalism）。

一、去風險化策略

制度改革要突破困境，首要同時為用人機關降政治風險、為應考人降公平性風險。舉例來說，即便用人機關參與面試，仍必須在確保公平公正的前提之下實施。因此，考選的業務與程序，不宜貿然授權用人機關自行辦理，仍然應由考試院主導。例如依專業審核建置口試委員人力庫、用人機關與學者專家各占50%，統一由考試院以隨機抽樣方式產生口試委員名單，且口試委員必須簽署保密協定，以避免關說與人為干預。同時，精進結構化的口試，減少主事者人為偏差（bias）、增加評分客觀性，強化口試的信度、效度。

二、漸進推動策略

為了建立用人機關及社會大眾的信心，不妨先以試點（pilot case）的方式試辦，例如「原住民特考」就是一個適當的對象。考試院藉由試辦過程進行社會溝通與政策行銷，藉此機會證明改革創新、適才適所與公平公正可以並存！等到社會大眾的信心建立之後，再逐步擴大實施範圍，全面考選制度改革自然水到渠成。

結語

推動考選制度改革創新，理想很豐滿，但現實很骨感！近年來，考試院與相關專家學者積極倡議推動用人機關參與考選，但相關利害關係人的反應消極，尤其以用人機關最為顯著；傳統國考制度公平性深植人心，應考人與社會大眾對於用人機關參與選才能否維持公平性，仍有疑慮。

既存價值的扭轉需要有智慧的策略與縝密的步驟，本文主張考試院推動考選政策的改革創新，應採取去風險化策略與漸進推動策略，同時為用人機關與應考人去風險，透過政策試辦建立社會大眾與民代的信心。建立社會信心與信任感之後，考選機關與用人機關共同合作空間擴大，方能實現考選適才適所之政策目標，為國家發展奠定堅實的公務人力基礎。

資料來源：https://www.exam.gov.tw/NHRF/News_EpaperContent.aspx?n=3778&s=47787&type=BABE08713E9692FC

模擬試題

我國政府曾經通過「政府人力運用彈性化計畫方案」，其中包括「契約性職位制度方案」，請說明其內容及作法為何？

本題重點：對於考試院於民國98年研提之「政府人力運用彈性化計畫方案」有所了解。

解　「契約性職位制度方案」之內容與做法，約可歸納以下重點：

(一)建立契約性職位的範圍：

各機關符合以下3項條件之職務性質者，不論職位高低，都可申請將原有或新設職位改為聘用職位：

1. 職位性質不涉及公權力之規劃與執行者；

2. 職務性質在主管指導監督下涉及低度裁量決定之執行公權力者；

3. 職務性質需要高度專業知能或技術性工作經驗與教育背景，非現行國家考試方式最能鑑別適任程度者。

(二)建立契約用職位的層級：

聘用人員可擔任機關內二級以下單位主管職務，但擔任一級單位主管者，要有一定資格條件或一定比例之限制。

(三)建立契約用職位的法律定位：

契約性人力採取契約方式進用，其與國家間的法律關係原則上均採取公法上之職務關係；但政府應可保留採取更多類似企業界實務之私法契約內容做法，而非完全比照終身僱用之常任公務人員。此外，政府亦同時可保留機關或職位裁併時，對於契約性人力不予續約之權限。

(四)建立契約用職位的管理制度：

契約性人力和公務人員人力之間並不衝突或混用，乃採各自適用其人力資源管理制度；同時，契約性人力在不同機關間，亦不具備相互遷調之權力。

高普｜地方｜各類特考
共同科目

名師精編・題題精采・上榜高分必備寶典

編號	書名	作者	定價
1A011131	法學知識－法學緒論勝經	敦弘、羅格思、章庠	690元
1A021131	國文--多元型式作文攻略(高普版) 👑榮登博客來暢銷榜	廖筱雯	410元
1A031131	法學緒論頻出題庫　👑榮登金石堂暢銷榜	穆儀、羅格思、章庠	近期出版
1A041101	最新國文多元型式作文勝經	楊仁志	490元
1A961101	最新國文－測驗勝經	楊仁志	630元
1A971081	國文－作文完勝秘笈18招	黃淑真、陳麗玲	390元
1A851131	超級犯規！國文測驗高分關鍵的七堂課	李宜藍	660元
1A421131	法學知識與英文 (含中華民國憲法、法學緒論、英文) 👑榮登博客來、金石堂暢銷榜	龍宜辰、劉似蓉等	690元
1A831122	搶救高普考國文特訓　👑榮登博客來暢銷榜	徐弘縉	630元
1A681131	法學知識－中華民國憲法(含概要)	林志忠	590元
1A801131	中華民國憲法頻出題庫	羅格思	530元
1A811131	超好用大法官釋字工具書+精選題庫	林俐	近期出版
1A051131	捷徑公職英文：沒有基礎也能快速奪高分	德芬	530元
1A711131	英文頻出題庫	凱旋	460元

以上定價，以正式出版書籍封底之標價為準

千華數位文化股份有限公司

■新北市中和區中山路三段136巷10弄17號　■千華公職資訊網 http://www.chienhua.com.tw
■TEL: 02-22289070　FAX: 02-22289076　■服務專線：(02)2392-3558・2392-3559

高普│地方│原民
各類特考

一般行政、民政、人事行政

編號	書名	作者	定價
1F181131	尹析老師的行政法觀念課 ---- 圖解、時事、思惟導引 👑榮登金石堂暢銷榜	尹析	690 元
1F141122	國考大師教你看圖學會行政學　👑榮登金石堂暢銷榜	楊銘	690 元
1F171131	公共政策精析	陳俊文	590 元
1F271071	圖解式民法 (含概要) 焦點速成＋嚴選題庫	程馨	550 元
1F281131	國考大師教您輕鬆讀懂民法總則　👑榮登金石堂暢銷榜	任穎	510 元
1F351131	榜首不傳的政治學秘笈	賴小節	610 元
1F361131	公共人力資源管理	沙斌邱	460 元
1F591091	政治學 (含概要) 關鍵口訣＋精選題庫	蔡先容	620 元
1F831131	地方政府與政治 (含地方自治概要)	朱華聆	690 元
1E251101	行政法 -- 獨家高分秘方版測驗題攻略	林志忠	590 元
1E191091	行政學 -- 獨家高分秘方版測驗題攻略	林志忠	570 元
1E291101	原住民族行政及法規 (含大意)	盧金德	600 元
1E301111	臺灣原住民族史及臺灣原住民族文化 (含概要、大意) 👑榮登金石堂暢銷榜	邱燁	730 元
1F321131	現行考銓制度 (含人事行政學)	林志忠	560 元
1N021121	心理學概要 (包括諮商與輔導) 嚴選題庫	李振濤 陳培林	550 元

以上定價，以正式出版書籍封底之標價為準

千華數位文化股份有限公司

■新北市中和區中山路三段136巷10弄17號　■千華公職資訊網 http://www.chienhua.com.tw
■TEL: 02-22289070　FAX: 02-22289076　■服務專線：(02)2392-3558・2392-3559

國家圖書館出版品預行編目(CIP)資料

(高普考)公共人力資源管理/沙斌邱編著. -- 第一版. --
新北市 : 千華數位文化股份有限公司, 2024.03
面 ; 公分
ISBN 978-626-380-355-8 (平裝)

1.CST: 人事行政 2.CST: 人力資源管理

572.4   113002762

[高普考] 　公共人力資源管理

編 著 者：沙 斌 邱

發 行 人：廖 雪 鳳
登 記 證：行政院新聞局局版台業字第 3388 號
出 版 者：千華數位文化股份有限公司
　　　　　地址：新北市中和區中山路三段 136 巷 10 弄 17 號
　　　　　電話：(02)2228-9070　　傳真：(02)2228-9076
　　　　　網路客服信箱：chienhua@chienhua.com.tw

法律顧問：永然聯合法律事務所
編輯經理：甯開遠
主　　編：甯開遠
執行編輯：廖信凱
校　　對：千華資深編輯群
設計主任：陳春花
編排設計：蕭韻秀

千華官網　　千華蝦皮
／購書

出版日期：2024 年 3 月 15 日　　第一版／第一刷

本書如有勘誤或其他補充資料，
將刊於千華官網，歡迎前往下載。